JN309499

トランシット占星術

Astrological Transit

松村潔

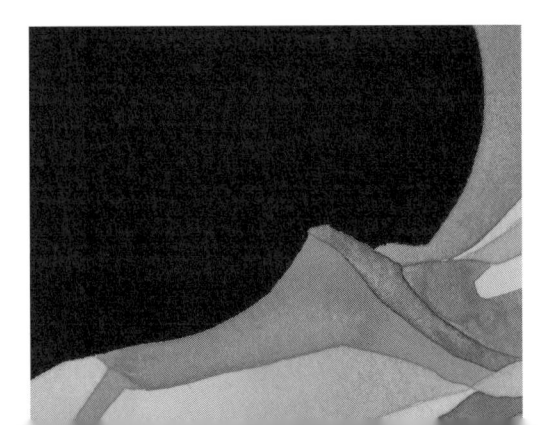

はじめに

　西洋占星術はその人が地球のある場所で生まれた時、その場所を取り囲む天体状況をホロスコープで図示します。太陽系の惑星は、地球から見るとおおまかには、太陽の通り道である黄道に沿って回転していますから、その人が生まれた時の、黄道の天体配置の状況を考えればよいことになります。

　黄道は東側から上がり、天空に、南側に傾斜した円を描いて、西の地平線に降りていきます。東側は個人の力の始まりを表し、西は個人の力の没落を意味します。没落というと聞こえが悪いかもしれませんが、他の人の意見を聞いたり、また人と共同作業する時には、個人の力が強すぎるのはよくありません。

　自分と他というのは綱引きのようなものなので、人との関わりを大切にする人は天体が西に増え、人の意見を押し切ってでも自分を押し出したい人は、天体が東に増えるのです。

　地球の表面に立って天を見上げて、たくさんの星がありますが、占星術でもっぱら使われている太陽系内の惑星は、黄道というラインの前後でしか動いておらず、全方位的な影響ではありません。そのように考えてみると、伝統的な占星術は限定された領域しか考えられない、2次元的な思考法だとわかります。おおまかにいえば、この黄道上の地図しか描いていないのです。

　太陽系の外のあちこちに散らばる星は、ほとんどが黄道とは全く違うところにあります。その影響は私たちにどのように入ってくるのかということに興味が向きます。しかし実際には、私たちは太陽系に属していて、黄道は私たちの生命力の活動に直接関係するサークルで、3次元的にさまざまなところから恒星の影響が飛び込んでこようとしても、黄道上の太陽あるいは惑星というフィルターを通じてしか、入って来ることはありません。これは制限というよりも、ある意味で「安全装置」であって、予想外からの影響の侵入を緩和していると考えてもよいのです。この制限がなければ、私たちの活動は3次元的に、クモの子を散らすようにという言い方が正しいかどうかわかりませんが、ばらばらに分散します。

太陽系の一番外側にガラス球体があって、外に全方位的に見える恒星の影響は、見えてはいても影響がこない。まるで動物園のようで、ガラスの向こうに見えてはいても襲撃はしてこないのです。しかし球体の特定の場所に、四つほどの出入り口があり、そこに接触した時だけは、太陽系の外の影響が持ち込まれると考えてみるとよいでしょう。

　こうした天の影響とは別個に、地上では、特定の場所に強いエネルギーラインがあります。それを「レイライン」と呼んだり、その交点を「パワースポット」と呼んだりします。これは地球という私たちが住んでいる場所においての、強い生命力が走る道筋です。これは太陽の力が格別に強く働く場所で、元気はあるが、その引き換えに、状況が流動的になりやすい場所です。

　占星術の惑星の配置は、個人が生まれた場所を中心にしてホロスコープの図に記録されますが、これと地上のエネルギーのラインは直結していません。しかし、意図的に結びつけるならば、惑星の配置の図式の構造そのままに、拡大表示するかのように、活力を増大させることができます。

　つまり、特定の天体配置ができた時に、特定の強い場所に行くということです。これは昔からされていたことです。例えば、春分の日に「御来光の道」と呼ばれる有名なレイラインの中にある聖地に行き、そこで日の出、あるいは日没を見るという体験をしてみるとよいでしょう。富士山でも、また千葉県の玉前神社でもよいのです。実は、太陽に限る必要はありません。

　あなたのホロスコープのアセンダントに金星とか木星などが来た時に、あるいはもっと短いサイクルで月が来た時に、レイラインの場所に行って「地上エネルギーをチャージし」、そのことで、天体の影響を拡大するということも可能になります。

　天体の配置を示すホロスコープは構造であり、力の大小にはあまり関係しません。しかし地上エネルギーは個体に力を与えます。そのことで天体配置図は、大きく拡大されていくのです。

パワースポットとかレイラインに行く人は、時期について考えたことはあまりないかもしれません。会社が休みの日に、というくらいの範囲で出かけているでしょう。占星術はこの時期についてという点では並ぶもののない専門システムです。ですから、天体配置を計算して、適切な時に出かけてみるのは大変に効果的です。

　占星術は天体配置には詳しいのですが、地球上の固定的な場所に存在するエネルギーラインについては無視しているので、このようなハイブリッドの使い方をしていくと、新しい可能性が生まれてきます。マップやアストロカートグラフィーさえ、実際には、地球の上の固定エネルギーラインとは何ら結びついていないのです。しかし、これは占星術に不足があるという意味ではなく、あくまで天体の影響のみを説明することに徹しているということなのです。

　本書はこれらについて複合的に説明しようと試みています。トランシットの天体を活用するためには、あらかじめ占星術ソフトなどで、自分のホスロコープについて詳しく計算しておく必要があります。例えば、astro.com などでは簡単にホロスコープを作ることができます。スマートフォン用のアプリケーションもダウンロードできます。そこでそれぞれのハウスがどのサインの何度から始まるかを知っておいた上で、トランシット天体について読んでください。

Contents

はじめに　　　　　　　　　　　　　　　　3

Ⅰ　トランシット解説　　　　　　　　　　11
　1　トランシットとは　　　　　　　　　12
　2　多層構造としての占星術　　　　　　16
　3　地球の網の目　　　　　　　　　　　25
　4　本初子午線　　　　　　　　　　　　29
　5　再修復された地球グリッド　　　　　33
　6　地上に張り巡らされた三角形区画　　36
　7　UVG120とは　　　　　　　　　　　40
　8　地上のグリッドと占星術の比較　　　44
　9　北と南の力　　　　　　　　　　　　46

Ⅱ　エーテル体解説　　　　　　　　　　　49
　1　肉体的エーテル体とアストラル体　　50
　2　地球グリッドの不正確さ　　　　　　56
　3　キリストグリッドと頭の中の六角形　61
　4　瑞の御霊と厳の御霊　　　　　　　　69
　5　"正しい"神社とパワースポット　　　75
　6　地球グリッドと都市の関係性　　　　78
　7　バイロケーション　　　　　　　　　84
　8　日本でよく知られているレイライン　89

Ⅲ　トランシット基礎知識　　　　　　　　95
　1　惑星の3分類と12ハウス　　　　　　96
　2　冥王星、海王星、天王星のグループ　105
　　　冥王星　　　　　　　　　　　　　106
　　　海王星　　　　　　　　　　　　　117
　　　天王星　　　　　　　　　　　　　126
　3　土星、木星、火星のグループ　　　　133
　　　土星　　　　　　　　　　　　　　134

		木星	145
		火星	152
	4	太陽、金星、水星のグループ	159
		太陽	160
		金星	165
		水星	172
	5	月	179
	6	12サイン	209
	7	惑星のアスペクト	213
	8	恒星	215
		恒星と惑星のパラン	221
		ヒンドゥーの四住期	223
		月	226
		水星	228
		金星	229
		太陽	230
		火星	231
		木星、土星、天王星、冥王星、海王星	232
	9	ヘリアカルライジング	233
		ソーラーリターン	234
IV	恒星の意味		235
	アルゴル		236
	トゥバン		237
	ベテルギウス		238
	ベラトリックス		239
	リゲル		240
	オリオンの三つ星		241
	シリウス		242
	スピカ		243
	アルシオネ		244
	シェダル		245

アルヘナ	246
ベガ	246
アルデバラン	248
フォーマルハウト	249
ファシーズ	250
ドゥーベ	251
アンタレス	253
デネブ	256
デネブ・アルゲディ	256
サダルスード／サダルメレク	256
アル・リシャ	258
スワロキン	259
アルクトゥルス	260
アルファード	262
カストール／ポルックス	263
ムルジム	265
アキュレウス／アキュメン	265
ファクト	266
アルフェラッツ	266
ミラク	268
アルタイル	268
カノープス	269
カペラ	270
プロキオン	270
アゲナ／トリマン	271
アルデラミン	272
メンカル	272
ディアデム	273
アルフェッカ	274
アルケス	274
アクルックス	275
アケルナル	276

ラス・アルゲティ	276
ラス・アルハゲ	277
アンカー	278
ハマル	278
アクベンス	279
レグルス	280
デネボラ	280
ゾスマ	281
ビンデミアトリクス	282
ズベン・エルゲヌビ	282
ルクバト	283
エルナト	284
マルカブ	284
シェアト	285
ミルファク	285
カプルス	286

V　ケーススタディ　287

1. 会社のケーススタディ①　288
2. 会社のケーススタディ②　294
3. 会社のケーススタディ③　298
4. 会社のケーススタディ④　302
5. 個人のケーススタディ①　305
6. 個人のケーススタディ②　317

おわりに　320
著者紹介　324

I
トランシット解説

〜宇宙の惑星や恒星が時期ごとに
今の自分にどのような影響を与えているのか〜

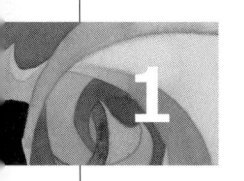

1 トランシットとは

出生図を土台に天体の変化を重ねることで
未来を読み解く鍵を手に入れることができる

　西洋占星術では、人あるいは組織などの状況がどのようになるのかを考える時に、その人あるいは組織が生まれた年月日時と場所から天体図としてのホロスコープを作成し、それを元に特性とか状況などを考えます。生まれた時間は詳しいほど好ましく、分単位、秒単位まで判明すると、それだけ細かく読むことができます。この生まれた時の図を「出生図」と呼ぶことになりますが、生まれた時のその後はどうなるかということを考える場合には、いくつかの方法があります。例えば、出生図を土台にして、その上に時期によって変化する天体の配置を重ねていくのです。

　生まれた時の状況を示す出生図にも、実は、その後の未来のことを読む鍵があります。これはあくまで個人のホロスコープを作成した場合のみ使えることになるでしょう。

　例えば、人生の大枠の動きを考える時に私がよく使うのは、火星ならばもっぱら36歳から45歳くらいまでに強く表れるとみなして、火星のサインやハウス、アスペクトなどから36歳から45歳くらいまでの状況を考えます。これはそれぞれの惑星にはそれに相応しい発達の年齢があるので、その発達の年齢ごとに順番に読んでいけば、人生のコースがある程度わかるというものです。おおまかなものは案外この方法の方がわかりやすいという面もありますし、予想以上に効果的です。

　晩年はどんな生活をしているかは、土星とか天王星などで考えていくということもあるし、また出生図のアングルといわれる場所でも推理されたりもします。東の地平線は若い時、子午線の上部のMCといわれる場所は中年時期、西の地平線は老いた時期、ICは死の時期とまた死後の影響などを考えます。これは、時間のない世界からやってきた存在がそのすべての可能性を時間のあ

る世界の中で体験しようとした時に、一気に全部を体験することはできないので、一つずつ歩いて体験しているというイメージです。地図を順番に体験するのです。

1日の動きは1年の動きと構造が似ている
「雛形」思想は占星術で頻繁に使われる

　ただ、出生図だけから推理すると、おおまかな動きしか考えることができず、ここ十年はこういう傾向だというような読み方になります。さらに細分化するには進行図というものを使うことになります。

　頻繁に使われるものの一つとしては、1日1年法という計算があります。これは1日という地球の自転は1年という地球の公転と構造が似ているという「雛形」思想からきています。雛形というのは、形というものは大きなものにも小さなものにも似た形で反映されるというもので、占星術では頻繁に活用されるロジックです。

　進行図は、私が活用するサインの度数ごとのサビアンシンボルや度数の数字の意味を考える手法を導入すると、1カ月範囲程度のサイクルまでは読めることになります。

　月は一番速度の速い天体ですが、1日に12度か13度くらい進みます。そのため、1日1年法だと、1カ月に1度かあるいは1.1度程度進むので、月ごとの違いがわかるわけです。さらにもっと細かい時期の動きを考えるには、経過図とかトランジット図といわれる、今現在、天を移動している惑星や月などの動きを取り入れた図を使います。

　ここまでくれば日単位あるいは時間単位まで考えることができるようになります。今の移動位置ですから、すべての人にとって共通です。この共通であるということが強みで、集団的に多くの人がその影響を受けて行動し考えるのですから、多くの人に働きかけたい時などには、このトランジットを使うと、多くの動きにタイミングを合わせるタイマーとしては優れているということになります。

人によってメリット・デメリットの差はあるが
誰もが天体配置の影響を受けることになる

　例えば、サブプライムローンの破綻をきっかけにして、アメリカを中心に不景気の嵐が世界を覆ったのは2007年の夏からでした。この頃から少しずつ土星と天王星が180度の関係を作りはじめます。

　土星と天王星が組み合わさると、無駄なものを減らすリストラ的な影響が強まります。木星は余分なものをずいぶんと増やしてしまいますが、土星は余分なものをカットするのです。土星と天王星のハードアスペクトは経済不況の典型的なアスペクト（星と星が特定の角度を作るのをアスペクトといいます）です。こういう時には世界中で不景気になります。

　そして、こういう時にどうすればよいかというようなことを考える時にも、トランシット天体を考えることにより重要な手がかり得るということになるのです。

　ところで、全世界が不景気になった時に、中にはそうならない人や逆にその暗い状況を利用してチャンスをつかむ人もいます。どうしてそんなことが起こるのかというと、例えば生まれた時の天体配置を記録した出生図の中で、この土星と天王星の180度が「ミディエーション」というアスペクトを作った時には、一度転ぶけれども転んだ結果、目の前にもっと良いものがあることを発見したというようなものになるのです。しかし出生図は複雑なので、ある面でメリットを受けても、違うところでは今度は損失になることもよくあります。

　誰もが実は天体配置の影響の全部を体験するのですが、それが個人によって人生の違う分野で受け止められるので、特定の部分に区切っていえば、ある人はメリットを受け取り、ある人はデメリットを受け取っているかのように見えるのです。自己というものを部分的に見た時には、その部分的な場所でたまたま良いことが起きた。もしくは、その部分的な場所でたまたま悪いことが起きたというふうに違いがあるように見えますが、自己というのは、全サインと全惑星を合わせたものだとみなしますから、大きな意味では、誰でもあらゆることをみな等しく体験します。

地球グリッドやレイラインは占星術と親和性が高い
三重円を読み進めるためにも覚えておきたい

　西洋占星術では、土台となる出生図、そしてそのタイマーである進行図、また外からやってくるトランジット天体の状況、この三つを組み合わせた「三重円」というのがかなり一般的に使われています。

　私は進行図を体内時計と呼びます。それは個人に内蔵されたタイマーであり、出生図を元にして計算します。しかしトランジットは個人の中にあるものではなく、地球上に住むすべての人に共通のタイミングで訪れます。それは誰にとっても、外との関わりの同期システムです。人と関わる時や社会と関わる時、外界や環境に関わる時、同じ波の中に乗ってみるということが必要だと思いますが、それが現在天を移動しているトランジット天体だというわけです。

　出生図と進行図だけだと個人は自閉的になってしまい、外とつながるためのきっかけを見失いがちになりますが、トランジット天体があると、多くの人が共通で浸されているリズムの中で開かれた形で生きるということになるのです。これは人に開くというよりも、宇宙に開くという言い方が正確かもしれません。

　本書はこの経過天体あるいはトランジット天体、すなわち現在天を移動している天体からくる影響をどう読み、どう活用するかということを目的にしています。

　合わせて、今まであまり占星術では取り上げられることのなかった、古代の占星術技法であるパランを使って恒星の影響についても書いてみました。パワースポットやレイラインといわれるような土地に潜むエネルギーというものは、占星術の発想と共通点があります。また未来や過去を読むことをアカシックリーディングといいますが、このアカシックの情報は、地球を取り巻く地球グリッドといわれる網の目に蓄積されているといいます。

　地球グリッドとレイラインと占星術は共通点が高く、相補的な関係にあるものなので、これらについても解説していこうと思います。こうした基本的な理屈について説明する部分がかなり増えてしまったために、実際のトランジット惑星の具体的な解説の部分が減ってしまいましたが、トランジットを生かすためには基本的な理屈を説明しないといけないので、読んでいただきたいと思います。

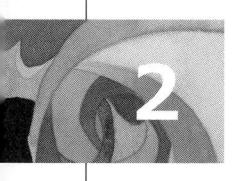

2 多層構造としての占星術

太陽は七つの太陽の中の一つであり
さらに七つの太陽は宇宙の一つである

　雑誌の星占いなどで見ているとその実体は想像がつきにくいと思いますが、占星術のシステムは多次元的な要素が含まれています。西暦紀元前後の宇宙図は同心円の図で描かれ、空気の中に存在する月の世界があり、また私たちの住む地球、その上に七つの遊星天があり、さらにその遠くに永遠性を示す恒星天があり、その先には神に近い所の世界が描かれているものがあります。このような同心円の図は東洋では星曼荼羅として描かれています。

　今日、私たちが使う占星術は、天体の影響を太陽や月、惑星も含めて横並びに平面的に考えるようになったと思いますが、それでも占星術の中には、人の意識の多層次元的なシステムというものが、まだ生き残っているように思えます。それはロシア圏の神秘思想家G・I・グルジェフの考えを借りると、全太陽、太陽、全惑星、惑星、月という縦次元の構造で分類されます。もともとは宇宙論であった音楽の音律は、一つのオクターヴの音の単位が七つで、これを宇宙論にすると、一つの音はより下部の七つの音に分解されます。さらにその一つの音は、その下部にさらに七つの音に分解できるという仕組みです。

　この点では、太陽という一つの音は、その内部で七つの惑星に分解され、さらに一つの惑星は理屈としては、その内部で七つの月に分解されます。つまりこの考えでいけば、太陽は七つの太陽の中の一つであり、この七つの太陽は一つの大きな宇宙サイズの一つの音の中に存在しているものだということになります。

物質というよりも半物質または非物質な存在が神智学用語でいわれる「エーテル体」

占星術を多次元的に考える時、決して忘れてはならないことがあります。私たちは肉体または何かを見ている時に、それはどんなものも触れる実体のあるものと認識しています。目に見えるもの、はっきりと物質的に確認できるものというのは、五感という感覚で見ているものなので、物質というのは感覚で認識するもの、すなわち感覚の世界であると考えることができます。物理的なものは触角を基礎にして認識されます。これは空間に何か存在し、その存在の抵抗というものを感じる感覚です。一般的によくいわれる「現実的」という言葉は、感覚的という意味なのです。

次に神智学やルドルフ・シュタイナーの創設した人智学、または古代の考えや精神世界などでは、この感覚の世界以外にもう一つの物質状態を想定します。物質状態といっても、物質というよりは、半物質、あるいは非物質、流動的な物質、濃密な気ともいえるものです。神智学用語では「エーテル体」と呼ばれています。

この言葉そのものは古いものなので、もっとよい言い方にした方が語弊がなくてよいと思うのですが、本書では、とりあえずエーテル体という表記のままにしておきます。目に見えないが強い力を持つものということでは電磁気などがありますが、エーテル体はこの電磁気よりも振動が高速です。そのため、現代でいえば量子的なものと考えると近いのかもしれません。古い時代からの考えでは、エーテル体というのは、意識や感情などが働く土台となるもので、これらの作用を感光板のように反射しつつ身体に重なり、肉の塊に生命的な働きを付与しているということになります。

エーテル体はそれ以上のもののすべての受け皿となり、その上で、肉体に重なるという構造です。この光の体は、感覚としての肉体よりも少しサイズが大きいと考えられています。天体の階層でいうと、このエーテル体は月に照応していると考えられています。惑星の下の次元に月があり、それは理屈としては惑星の内部の七つの領域を受け持ちます。この七つのうちの一つの下に、物質すなわち感覚があるという序列です。

多層次元の占星術を考える場合には
感覚・物質とエーテル体を区別することが大切

　私は幽霊を見たことがないので何ともいえませんが、幽霊はエーテル体が反射するべき生命の実体としての思考・感情などのユニットが去った後に、エーテル体だけが残滓として残り、あたかも生命であるかのように働くと考えられています。するとまだ実体がその中にあった時のその人の癖とか習慣だけが記憶され、本質は失われているが、外側のモノマネだけはしているような働きをするということになります。

　エーテル体は見えないにもかかわらず、実際には私たちの人生は、感覚的な肉体よりもエーテル体によって運営されると考えた方がよいと思います。例えば、対人関係の場合、見た目だけで相手を判断する人はあまり多くありません。純粋に見た目というのは肉体です。しかしたいていは、誰かを見る時に気質や考え、気持ち、気配、生命力などあらゆるところを総合的に受け取ります。もし感覚的な領域だけで判断するなら、人というよりも人形としてみなしていることになりますし、性能の良いロボットでもよいことになります。そこには気配などありません。

　占星術の作用を科学的に説明しようという試みはたくさんありますが、感覚的な領域では、例えば、惑星である金星が移動していることが、どうして占星術で説明しているような愛情とか金銭、さらには趣味や楽しみ、贅沢な事柄と結びつくのか誰一人説明できません。そもそも、あの天を移動している金星が、金運に関係しているなどと考えること自体が荒唐無稽かもしれません。

　しかし、占星術の影響は、実はエーテル体に働きかけるものであるとすると、光の速度を超えたところで共鳴的に作用する力としてそう矛盾の多くない説明方法が見つかります。多層次元の占星術を考える時には、この「感覚あるいは物質」と「エーテル体」を区別しておくことが不可欠の条件です。しかし今日の占星術ではそれは忘れられているように思えます。

エーテル体の一部を遠くまたは
別の時間に飛ばすのが「バイロケーション」

　感覚は身体の働きと深く結びついていて、基本的には重いセンサーなので認識力には限界があります。そのため、感覚は量子的な身体であるエーテル体を認識することはありません。しかし、エーテル体は感覚に働きかけます。つまり、感覚の芯にエーテル体が貫通していて、エーテル体は感覚をこの地上においてのセンサーとして、また手足として活用しています。

　エーテル体は思考や感情からすると十分に重いのですが、肉体感覚はさらに重いのです。感覚から遠ざかると次第に耳も聞こえなくなり、目を開いても何も見えなくなります。そうした時には、感覚には頼らない別の情報回路が開きます。身体は眠っているが意識は目覚めているという状態で、私たちは感覚のセンサーが拾うことのできなかった印象を受け取ります。あらためて感覚に接続すると、その回路は奥の方に消えていき、眼前に肉体のセンサーが認知する世界がリアルに出現し、人によっては、この奥に引っ込んだ微細な情報の方が全くわからなくなってくる場合もあります。

　霊的な知覚を開発することは、このエーテル体が感覚回路を使うことなく、直接エーテル体自身で印象を受け止めることを示しています。霊的なものというのは感覚の世界から退去していますから、感覚ではどんな兆候さえ見えないものだからです。

　多くのアカシックリーダーたちは、「誰でもバイロケーションで遠くのものを見てくることができる。これがリモートヴューイングだ」と述べています。エーテル体の一部を遠くに、あるいは別の時間に飛ばす。これを「バイロケーション」といいます。

　ノストラダムスが預言をする時に、彼は違う時代・違う場所にバイロケーションしたという話になっています。ノストラダムスは最後の人類のことを書いていますが、これは西暦数千年の時期の事柄で、その時のこともバイロケーションで見てきたということになります。

　エーテル体は光よりも速度が速い、あるいは振動密度が高く、時間・空間の制約を受けないと考えます。

占星術の有効性や当たるかどうかを考える時には
肉体は2種類あることを前提とする必要がある

　私たちは感覚的な肉体を持っていますが、実際には生命はその感覚の上にあるのでなく、エーテル体に種々の意識作用が反映されて生命活動が成り立っているのです。そしてそれが肉体という感覚要素に乗っているわけです。エーテル体が肉体から去ると、肉体はその部品を完全な形ですべて保っていたとしても、動くことのない死体となります。

　このように考えると、金星がなぜ愛やお金に関係するかという質問でも、感覚の目で見た金星は、あの天文学的に見える金星に他ならないが、金星のエーテル的な側面では、それは神話のビーナスに関係した作用が関わっていると答えてもよいことになります。金星は影響を運んでくる物理的な天体であるが、その実体ではなく、実体はエーテル体領域の方にあると使い分けるのです。

　私たちが自分をエーテル体として認識する時には、同じように金星のエーテル体の領域を見ます。肉体感覚で生きている時には、金星を天文学の教科書に載っている写真のあの天体として認識しているということになると考えるとよいでしょう。神秘家の中には、惑星の影響というものはその惑星に関わっている集団意識の作用であり、惑星そのものの作用ではないと説明している人が多くいますが、実際に惑星そのものが影響を与えるということ自体が発想として無謀ですから、占星術の影響を考える場合には、惑星の周囲に存在するエーテル体のような集団意識が影響を与えていると考えた方が自然にみえます。

　結局、肝心なことだと思うのですが、「占星術は有効なのか」とか「占星術は当たるのか、それとも当たらないのか」ということを議論する時に、多くの人はこの感覚とエーテル体という2種類の肉体があるということを前提に考えません。そのため、混同するかあるいは感覚の領域のみで考えてしまい、占星術の有効性の議論が不毛な結果となるのではないでしょうか。

　惑星は地球に影響を与えてきますが、占星術で語られるような意味では影響を与えてくることはないでしょう。しかし私たちのエーテル体という生命の実体を支えている土台に対しては、それは相互作用を持っていると思われます。

感覚主義・物質主義に徹することで
すべての人が平等に発展する可能性を持つことになる

　　覚としての肉体は見た通りのものです。私たち人間が平等に生きるには、
感この見た通りの肉体として人間を認識するとスムーズです。平等主義の
ためには物質主義、すなわち感覚主義にならないといけません。そうすると人
はそれぞれ大差がないのです。占星術は全くのところ、人を平等主義にしなく
なります。それぞれの強い個性を見ることになり、同じものを手に入れることは
できないのです。

　何年か前に、多くの企業家にとってカリスマである神田昌典さんのオーディ
オ教材の対談（『ダントツ企業実践セミナー Vol.114　ビジネスと星を組み合わ
せると、ここまで見える！』）に参加しましたが、神田さんは牡牛座に三つもの
天体があります。しかも、ビジネスとしての頂点を表す度数にあるのです。この
ような人なら年間数億円を稼いでも普通です。しかし多くのビジネスマンたちは
神田さんのノウハウを学習しても、似たような金額を稼ぐことはなかなか難しい
でしょう。神田さんの会社の社員である有能な人は、土のサインに天体がほと
んどなく風のサインの塊でした。ですから、この人は自分自身では多くは稼げま
せん。給料だけで生きるしかないでしょう。しかしその分、情報処理能力や知
恵に関しては素晴らしいものを持っています。

　すべての人は同じ条件で生きていて、平等に発展する可能性を持っていると
みなすためには、感覚主義、すなわち物質主義に徹する必要があるのです。
占星術を使うとこの平等の姿勢が打ち砕かれます。可能なことと無理なことが
峻別されやすいのです。

　しかし、これは良いところを見つけだせば、努力しなくても自分の特技や幸
運が得られるという意味ではありません。積極的なチャレンジのない無気力さ
はその人を感覚の支配に委ねさせてしまいますから、エーテル的な作用はその
感覚の中に埋没して働きにくくなります。こういう場合にはホロスコープが示し
ている可能性そのものが消えていきます。

　エーテル体は少なくとも感覚よりも振動が高いのです。アリストテレスの思
想だと、このエーテル体は月上の物質なのです。振動が高いというのは、無気

力に沈んでいない、感覚に対して優位にいるということです。感覚主義は、人間をある程度同じような規格に収まった工業製品のようにみなすことになりますが、平等性という可能性を与えます。反対に占星術は、人はみな違うと考えることになります。エーテル体というのは、実際に、肉体の差とは比較にならないほどの差を持っています。私にはどちらにも良い面と悪い面があると考えますが、しかし同列に並べて比較できるようなものでもありません。

エーテル体はべたべたとして柔らかく伸び縮みする餅のようなもの

エーテル体は肉体よりも数10cm外にあるオーラというものでもあります。それは肉体という時間・空間に縛られたものの近くにあり、それでいて遠くに拡張することも可能です。ブッダフィールドはインドを覆っていたという話ですが、空間的にだけでなく、時間的にも前後の幅を持つことになります。エーテル体は時間・空間の制約を超えている。ところがそのくせ、この肉体の周囲を取り巻いているのだというと話が矛盾してきます。この点では、わりに柔らかく伸び縮みするものであると考えるとよいのではないでしょうか。そしてそんなに固定的な位置づけを持たないものです。

　日本では、昔からこのエーテル体を「餅」の隠喩で語ってきました。伏見稲荷大社の縁起では、秦伊呂具（はたのいろぐ）は贅沢に奢り餅に矢を射ました。すると餅は白鳥となって飛び出し、枝にとどまった所が稲荷社になったと書いてあります。これは後世の解釈によるもので、贅沢に奢って餅に矢を射たのではありません。餅がエーテル体ならば、白い鳥になって飛ぶのはエーテル体の分割であり、このようなことは環太平洋文化、例えばハワイのカフナなどではよく知られている呪術的な作法です。

　また、十五夜のお月見の満月もその意味です。人の行状はすべて餅のような月に記録されるのです。帝釈天はそれを見て、人を罰するかどうか決めます。べたべたして、伸び縮みして、何でも刻印されてしまう。これがエーテル体のことなのです。占星術では、エーテル体は月に対応していて、強い粘性を帯びくいるのです。

エーテル体は肉体に強く惹きつけられていて、その関心度が強いほど、肉体の輪郭に寄ってきます。肉体しか持つことのできないものとは、感覚的な楽しみです。手を離すとそれはまた広がります。この時には、エーテル体は４次元的な領域に近づきます。

　ここで地球という惑星を３次元的な世界とみなすと、次の全惑星、つまり太陽系の惑星を全部集めたものが４次元的な領域とみなされます。太陽系は太陽を軸にして成り立っています。太陽は恒星として１個で光っています。太陽は太陽系の中においては絶対の静止した軸であり、これを皿を割るかのようにいくつかに分解したものがいくつかの惑星であるという思想から、惑星は３次元、全惑星は４次元、太陽は５次元というふうに考えることができます。

　太陽系の外の恒星は、太陽と兄弟的な関係だと認識してみれば、恒星は自立したものとして、５次元あるいは第５密度的な意識を表します。グルジェフは、太陽の上に全太陽ということも加えていますから、すると全太陽は第６密度です。わりに単純な定義ですが、考える目安としてはこのくらいの方がよいのではないでしょうか。本来はこれに等級という相対的な尺度を持ち込みますから複雑になります。

占星術の意義は狭い牢獄のような私たちの肉体に広大な力を持ち込むことにある

　占星術体系の中で、この本来の第５密度的な太陽というものは認識されません。地球の公転周期をそのまま太陽の運行とみなしているので、占星術の太陽は現実の太陽ではなく地球のことなのです。占星術体系の中で最も誤解されているのが太陽です。占星術での太陽はエゴに近い意味があります。

　占星術は、第５密度的な恒星、第４密度的な惑星の集団の影響が、私たちが住んでいる３次元領域へ反射して持ち込まれる仕組みを説明しています。もし、私たちが肉体という感覚組織を捨てて、幽霊のようにエーテル体に推移した場合には時間・空間という制約はなくなりますから、ここでは、占星術そのものは、そのシステムから宇宙の構造について理解する手がかりにもなりやすいというメリットはあるにしても、計算そのものが無意味になりますから、占星

術を活用する必要性が失われます。

　肉体を取り去ったエーテル体の世界ではバイロケーションもらくらくにできるし、時間・空間の制約がないので、金星の元にあるビーナスの影響力を取り込みたい場合には、それを思い出すだけでよいのです。4次元的な領域では、想像することはもう実際に接触する、あるいは一体化することです。時を待つ必要もなく、またどこかに行く必要もありません。それと違って、この時間・空間の中に縛られている私たちの狭い牢獄のような肉体生活の密室に、広大な第4密度や第5密度のものが持ち込まれるということそのものに占星術の意義があるということになります。

3 地球の網の目

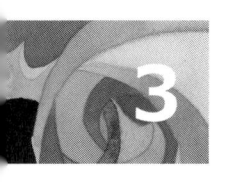

地球のエーテル体に当たるのが惑星グリッド
立体幾何学図形のネットワークとして存在する

　肉体は特定の時間・空間に縛られたものであり、それは私たちの意識が海の中に釣り糸を垂らした針先のようなもので、特定の時間・空間のポイントに焦点化しています。例えば、岩手県に住んでいる人は、肉体が岩手県にいるのですが、実体はこの地球全体とか太陽系全体に存在すると考えます。肉体的に生きている時には、いくつかの感覚のセンサーが集合して、ある特定の場所の情報のみが鋭いエッジを持ってクローズアップされています。あまりにも鋭く集中しているので、近くのことさえわかりません。

　ところが、エーテル体は4次元的な領域にらくらくと移動することができるので、肉体に引き寄せられている面とそうでない部分もあり、その大本はかなり大きなものです。前世の記憶があるとしたら、エーテル体がその記憶を持ち込んできているのです。肉体に前世の記憶があるはずはありませんし、メモリーを伝達する手段もありません。

　ひとたび感覚の鋭い集合が解約されてしまうと、エーテル体は肉体の範囲である限られた時間・空間の緊張から解放されて、ゆるゆると拡張を始めます。それは大きな知覚のネットワークの範囲へと拡大します。それははじめに惑星グリッドに拡張していきます。惑星グリッドというのは、地球のエーテル体に当たるもので、それは地球を取り巻く立体幾何図形の形をしているネットワーク網です。

　そもそもこの地球グリッドについて言い始めたのはプラトンです。プラトンは『パイドン』で、「この大地そのものは、上方から観れば、ちょうど十二面の皮革で縫い合わされた毬のように、それぞれの面が判然と色分けされた、多彩なものに見える」（プラトン全集『パイドン』110C、岩波書店）と書いています。さらにプラトンはこれらの正多面体を『ティマイオス』で詳述しており、『パイドン』で暗示しているような正十二面体以外の正多面体を紹介しています。プラトン

立体というのは、すべての面が同一の正多角形で構成され、同時にすべての頂点に接する面の数が等しい凸型の多面体のことを示しています。正四面体、正六面体、正八面体、正十二面体、正二十面体の5種類があります。

パワースポットやレイラインの大本が
地球グリッドであり惑星グリッドである

　地球のさまざまな場所には、パワースポットやレイラインが走っているのだといわれています。古い時代の神殿や神社、聖なる場所、特別な山、その中の磐座（イワクラ）などがレイラインとか龍脈の上にあるなどという話はよく出てきます。これらの大本の力線の網の目が、地球グリッドないしは惑星グリッドということなのです。

　実は、地球グリッドには五つのプラトン立体以外にもあるといわれており、さらにプラトン立体のそれぞれの辺をたどる線の支線も作られますから、地球の周囲にくまなく張り巡らされています。これがなければ、猿一匹さえ生存不可能だといわれています。というのも、私たちの知覚作用というのは、こういうグリッドの上で成り立っているからです。感覚の上では目の前の自分の周辺のことにしかセンサーが働かないので、自分の肉体がある周辺でのみ自分は生きていると思うかもしれませんが、その背後に、地球に張り巡らされたグリッドから生存に不可欠なあらゆるものが持ち込まれています。この回線とのつながりを失うことはできません。

　私たちの存在というのは階層構造で成り立っていて、複数の次元に存在しているとみなすとよいのです。幽体離脱というのは、肉体からエーテル体が離れてどこかに飛ぶというイメージですが、これはもう古い考え方だとみなされています。むしろ、あるゆる次元に自分が存在し、ただ、現在の自分という意識は、強い欲求に従い肉体に焦点化している。感覚の小窓の中で見える世界で何かしようとしている。だから、感覚に集中しないことにはそれが途切れてしまうので手を離せない。この集中の重心を何らかの方法でリラックスさせ、一時的であれシフトするともっと大きな範囲の知覚領域に視点が移動するとみなすのです。

テトラパックの縁の部分が太陽の力に反応
エーテル的な要素が強く表れる

　地球グリッドは地球のエーテル体に等しいのですが、このプラトン立体の中で最もシンプルな基礎にあるものは、昔の牛乳であった、通称「テトラパック」といわれていた紙パックに似た正四面体です。ピラミッドは底辺が正方形ですが、この正四面体というのはあらゆる面が三角形で、それが4枚あるものです。シュタイナーは『自然と人間の生活』(西川隆範訳、風濤社)で、地球が球体というのは真実ではなく、四面体のそれぞれの面が膨らんだ結果作られたのだといいました。底辺の三角形は中央アメリカ、南極、コーカサスをコーナーにしていて、反対側の頂点には日本があると説明しています。四面体はぴったりと張り合わされておらず、その線に沿って火山があるのです。それはまるで小学生の稚拙な張り合わせのようにつなぎ目はでこぼこしていて、線に沿って盛り上がる山脈があり、縁のところはまだ固まっていないのだというのです。

　シュタイナーは「太陽から発する熱は、この固まっていない場所で、ほかの場所よりも地球のなかに入り込みます。」といいました。人体の中で頭は宇宙の構造として丸い形を模倣しようとしたが、顎のところは、この地球の正四面体の三角形の反映があるのだそうです。太陽はほとんど物質的には空虚な泡のようなもので、中身には何もなく、純粋に霊的またはエーテル的な天体だとも述べています。この地球の三角形を4枚張り合わせた縁の部分は、太陽の力に反応する場所なので、エーテル的な要素が強く、物質的にはまだ流動的な場所と考えてもよいわけです。ここには地球グリッドの基本的な考え方が隠されていると思います。

　『パイドン』で、プラトンは異なる色彩の板を毬のように張り合わせていると記述していますが、この場合でも、異なる色彩が張り合わせてあるのですから、線の部分はまだうまく接合されていない「脆弱な縫合部分」ともいえます。この脆弱な縫合部分というのは物質的には弱く、そしてより上位のエーテル的な力が働く部分なのです。物質的に安定した平面は硬化しており、他の影響が入ってきにくいのです。

人体でも、この脆弱な縫合部分は外部との接触を許す部分で、外部と接触するということは傷つきやすい場所です。目や鼻、耳、口などもそうですし、喉または下半身の性器や肛門などもそのように傷つきやすく、それは情報が行き来する場所です。堅い平面というのは情報の差異が存在せず、縫合部分や段差が情報を生み出します。

　シュタイナーの「太陽から発する熱は、この固まっていない場所で、ほかの場所よりも地球のなかに入り込みます。」という考えそのものが、地球グリッドとそこから発生するレイラインの意義を語っています。日本でも有名なパワースポットはみな、春分・夏至・秋分・冬至の太陽の日の出、日没の通り道にあります。そこはゆるゆると柔らかく、がっちりと縫い合わされてはいないのです。結果として、この太陽エネルギーの強い侵入を受けた場所はそんなに正確に直線に走っているともいえないと私は考えています。

4 本初子午線

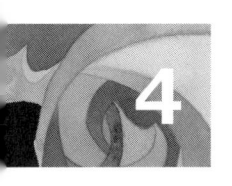

本初子午線は当時の力関係によって決まり
天体の運行を無視した人工的なもの

　地球のエーテル体のグリッドはプラトン立体の辺に対応していると考えた時に、それではどこを基準に地球に当てはめるのかという問題が出てきます。もちろん、誰でも極軸を想定すると思います。

　それでは、経度線はどうなのかということは、もっと気にかかるでしょう。地球の経度のスタート地点はグリニッジです。しかしここには本来そこが地球にとって重要な場所であるという根拠はありませんでした。はじめにグリニッジ天文台は子午線を考える時の仮の観測所として作られました。イギリスの天文学者であるジョン・フラムスティードは、グリニッジ天文台から見たフラムスティード版『天球図譜』を作り、世界のどこの場所でもこのグリニッジとの観測時間の差を計算すれば、経度差がわかると主張したのです。この時期には、まだそれぞれの国が自分の場所で本初子午線を決めようと考えていましたが、1750年代にイギリスが世界を支配する海運国になった結果、フラムスティード版が全ヨーロッパの基準とみなされるようになりました。

　1884年にスコットランドの王室天文学者だったチャールズ・ピアッツィ・スマイスは、地球上での経度の起点である本初子午線の本来の場所は、ギザの大ピラミッドであると言い始めました。古代人はこの場所を本初子午線として使っていたと主張したのです。地球直径を持った大円の中で、ギザが最も陸地面積の多い円の中心、つまり重力の中心に当たっているということもおおいに関係しています。しかしその意見は取り入れられず、本初子午線はグリニッジに決まりました。これは、天体の運行リズムなどを無視したまさに人工的なグレゴリオ暦が活用されたのと同じ構造として、恣意性が高く必然性のないグリニッジのポイントが採用されたとみてもよいでしょう。

ピュタゴラスの時代には数字には意味があったが
現代では人の匂いもしない無機質なものとなった

　博覧強記の作家コリン・ウィルソンは、スマイスの考えを推し進めると、地球上にある聖地は、ほとんど端数なしで割り切れる経度と緯度の場所にあることが判明するとも述べています。あるいはまたそれらはφ（ファイ）に関係している場所にあると述べています（コリン・ウィルソン著、松田和也訳『アトランティス・ブループリント』学習研究社）。

　ティアワナコは西経100度、インカ帝国の首都キトは西経110度、カルデアのウルは東経15度。チベットの首都ラサは東経60度。古地図はピラミッドを起点にして作られていたというのはよく知られていますが、この古い基準に戻してしまうと、数字と意味が結びつく可能性があります。

　私たちはある時代から、数字というものは抽象的で普遍的な尺度であり、そこに精神的なものや感情、心理的な意味は結びつかないと考えてきました。極めて古い時代、ピュタゴラスの時代には、数字には意味があったのです。しかし現代の考えでは、数字は無機質なもので、人の匂いもつかないのです。古代基準においては、このような抽象的な中身が空の定義はこの世に存在していませんでした。意図的に数字と意味は切り離されてきたのです。そのためには偶然性を利用する必要がありました。

　必然というのは、そこに感情や思い、思念がまとわりつきます。あらゆるものがそれぞれにふさわしい位置づけで結びついてしまい、宇宙の全部が関連性を持って同期してしまうのです。しかし、それらを全部どこかに取り残して空の基準を打ち立てるには、それら思念が決してついていけないようなところに基準を立てればよいのです。特に意味はないけどたまたま、というような考え方を持ち込むのです。これは全体性の中で、特定の個人とか特定のものが主導権を握り本来の全体性を曲げてしまうということで果たされます。いったん関連性の絆のどこかに傷を入れてしまうと、糸の切れた首飾りのビーズがばらばらになるように分散します。これが私たちの世界です。

　しかし占星術といつのは、徹底して数字の体系であり、細部に至るまでとことん数字や幾何図形と意味が結びついています。ここに、現代の私たちの発

想である数字は抽象的な基準であり、それは冷たい測定基準であるという考えは入っていません。獅子座は5番目のサインであり、それは5の数字の持つ遊びや創造、一方性というような性格がありますというような考え方であるのです。

ギザのピラミッドを基準点にすると地球は京都の町のように区画整理される

地球の座標である緯度・経度をギザのピラミッドをスタート点にして計算すると、地球のすべての地域は、地球の本来のエネルギーグリッドが放射状に伸びた、まるで京都の町のようにわかりやすいマップになっていくのではないでしょうか。

地球グリッドは、複数の代表的な幾何図形が、ギザのピラミッドを出発点にしています。ある時期から国同士の覇権争いの結果、このグリッドの重要ポイントに軍事基地が置かれるようになったという話もあります。エーテル体というのは肉体のようにばらばらに孤立していません。エーテル体レベルでは、実はすべての人がつながっています。つまりは知覚のネットワークですから、そのマクロな形である地球グリッドの重要な場所は、世界中に信号がばらまかれる放送センターになるのです。

誰でも目を閉じると視床コントロールが解除されて、脳波がα（アルファ）波になり、この集合グリッドに同調するといわれています。地球を取り巻いて巡回するシューマン波は、電離層に当たると反射して地上に向かい、また地上で反射して上空に飛んでいき、地球を取り巻く三角形や四角形の形を描くといわれていますが、低周波は物質に浸透しにくく反射するので、このグリッドに沿って回転するわけです。これが昔、大陸書房などの本でも話題にされた、低周波を使ったマインドコントロール説の根拠になりました。

私は15年前にある物語を書きました。この中で、エジプトのピラミッドを起点にして、最も単純な正三角形を構成する場所の一つは日本の北方領土にあり、そこにグリッドの重要拠点があり、また古代の送受信器も置かれているが故にロシアはそれを日本に戻してこないのだという話を創作しました。

こうしたネットを考えるためには、素朴な発想として、ギザのピラミッドからはじめて、おおまかに三角形、四角形などで分割し、さらにだんだんと細かく細分化していく方法がポピュラーです。単純に東経度数をサインに当てはめた場合、グリニッジ基準にすると、ピラミッドは牡牛座の1度前後にあり、北方領土は乙女座の1度前後で120度のアスペクトです。もちろん本初子午線をギザのピラミッドにすると、そこが牡羊座の0度になり、北方領土のある場所は獅子座の0度になり、火の三角形の起点です。

　ピラミッドを起点にする緯度・経度の尺度で割り切れる整数の場所が強いグリッドの力が流れる場所だという発想はあまりにも単純すぎるように見えるかもしれません。しかしこれは理に適ったものだと思います。なぜかというと、地球という球体に立体の幾何図形を当てはめることがプラトンの考えでした。この場合、幾何図形というのは球や円を割り切れる数で分割する行為そのものなのです。平面で考えてみると、最も単純な分割は、まず二分割で次に三角形の三分割。それから四分割、五分割、六分割と順番に進みます。この中で最も代表的な図形は正三角形と正方形で、分割数としてはそれぞれ3と4の数字です。

　古来から数の基準としては60進法が流通していました。今でもカレンダーや時計は、12：60系の数字が使われています。これは3で割ることができる単位です。それに対して10進法では3は割り切れません。10進法は3という数字を追い払うために考案されたのではないかとさえ思えてきます。

　本初子午線をスタート点にして、緯度・経度を幾何図形分割していくのなら、場所座標となる度、分、秒の数字にも意味が出てくることになるのです。偶然性で埋め尽くされ、計算の基準としてのみ意味の残された数字に、他の多くの意味と連合する意義が出てくるとなると、これらの数字の扱いは全く変わってくるでしょう。

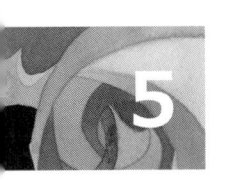

5 再修復された地球グリッド

アンタレスの竜使いの竜とは地球グリッドのこと
日本ではヤマタノオロチといわれている

　火星は争いの多い不安定な天体だと考えられていました。これは見かけの逆行があまりにも多いということもあります。この荒々しい火星に対する防衛網として、アンチアレスという意味のアンタレスが、名前からもわかるようにとても重要視されていました。

　アンタレスは竜使いであると考えられていました。竜とは、地上では地球のグリッドのことであり、それは空を大きく覆う網の目のように見えます。実際、私は深いトランス状態に入った時に、江ノ島で上空に緑色で黒い筋の入ったグリッドを見ましたが、あれは江ノ島の洞窟の中に模型で作られている竜の色にそっくりです。日本ではそれはヤマタノオロチといわれます。ヤマタは放射状に広がる辻を示していて、オロチというのは地に下ろすという意味も含まれています。放射状に広がるネットを地に下ろすのがヤマタノオロチです。

　それに、ヤチマタというのもヤマタと同じ意味ですが、天のヤチマタに立つ、文字通り辻の神様とみなされるのが猿田彦（さるたひこ）です。猿田彦は、天下ったアマテラスの天孫族を伊勢に案内しましたが、それはプレアデス意識といわれるアマテラス族を地球グリッドに引き込み案内したと考えてもよいのかもしれません。

　猿田彦は、ヘルメスと同形の神話型だといわれています。ともに境界の神です。ドランヴァロ・メルキゼデクは、火星人の侵入によって破壊されたグリッドを、エジプトのヘルメスすなわちトートが修復する役割を担ったと、『フラワー・オブ・ライフ』に書いています（脇坂りん訳、ナチュラルスピリット）。

　宗教学者のミルチャ・エリアーデは、古代のチベット人たちはこの網の目を上がって天に戻るという思想を持っていたそうですが、ある時期に破損したグリッドはまた修復され、それぞれの重要な拠点に神殿や重要な建物を配置し、そこで管理している人々がいるということになります。

グリッドの力をうまく取り入れるには
身体全体に網の目を作り上げる必要がある

グリッドが安定していない場合には、すべての人類は、感情面でも思考面でもそうとうに不安定になります。さまざまな外敵にさらされ、それは物理的に侵入してくる存在たちという意味ではなく、精神としてまずは影響を与えてくるのです。

このグリッドと同じ構造が、人体の周囲にあるグリッドであるエーテル体です。地球グリッドと人体グリッドは、共通のプロトコルで共鳴し合います。親機と子機のようなものです。

グリッドの力をうまく受け取るには、シュタイナーが『いかにして超感覚的世界の認識を獲得するか』(高橋巌訳、筑摩書房)で説明しているように、喉を起点にして、身体全体にエーテル体の網の目が出来上がる状態になる必要があります。この喉の位置は、地球を一人の人と見立てた場合に、北緯30度地点にあるピラミッドの場所とも似ているかもしれません。胸が赤道だからです。

エーテル体の網の目は怒りの爆発とかアルコールや薬物の中毒など、過剰なショック体験などで、また秦伊呂具の「餅に矢を射る」という魔術的な行為などで破れます。一度破れると修復には時間がかかります。こういう人々は妄想に取り憑かれたり感情が不安定になったりしますが、防衛網に破れ目があるということなのです。秦伊呂具などの意識的な行為は、初期には精神錯乱を起こすようですが、もちろん、知恵あっての計画的な行為なので、弊害はないでしょう。

地球グリッドはアカシックの情報網と説明していますが、数字に意味があり、座標と意味が乖離していないように、エネルギーグリッドはアカーシャの意味そのものも詰まっていて、アカーシャのエーテルだと考えるとよいでしょう。それは私にはとても魅惑的な深い色を伴っているように見えます。

そもそも気のエネルギーを示すプラナという言葉も、語源は「物語」という意味だったのです。抽象的な空の構造のものはこの宇宙には存在していません。この空の構造こそ、客観的で正確な数学的な意味を持つと考える人は、

実は、法則の普遍性と透明度を追求しているわけではなく、他の人の影響が入るのは嫌だという個人的なエゴの強さをすり替えていることが多いのも事実なのです。

どこからでも接続できて情報が取れる
地球グリッドはインターネットに似ている

身体のグリッドを調整していき開かれて安定した心身・感情リズムを持つと、それは地球グリッドと容易に結びつきます。単に身体をリラックスさせるだけで、地球グリッドすなわちアカシック網からの情報はストレートに入ってくるのではないでしょうか。

　この地球グリッドとの再接続を「リコネククション」と呼んでいる人もいます。日本人の場合には、私はかなり前から、神社リコネクションをしようと提案していますが、人工山や磐座、神社もグリッド上に置かれている通信センターだからです。私の提案は新しいものでもなく、昔からずっと活用されてきた概念に他なりません。そもそも古い神社は、この地球グリッドに詳しい種族が設計したのです。彼らは古墳も作ったのです。

　地球グリッドはインターネットに似ていると考えられています。どこからでも接続すれば、全情報が読めるからです。また個人が肉の鎧としての感覚の中に閉じ込もった状態は、いわば、スタンドアロンのパソコンで何か書いている状況だと考えてみるとよいでしょう。つないでは切り、またつないでは切る人もいれば、常時接続をする人もいます。アプリケーションそのものをネットに託してしまうクラウドというやり方もあります。

　読み取り機としての人間のエーテル体が、地球グリッドの模型のように整列された編み目を作る時、その情報は正しく解釈されます。

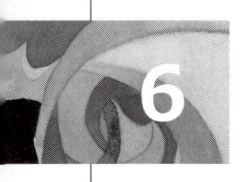

6 地上に張り巡らされた三角形区画

渡辺豊和が唱えた「太陽ネットワーク」とは
地球上に張り巡らされたダイヤモンド型の通信網

建築家の渡辺豊和は、地上に張られた見えない情報の網の目のことを「太陽ネットワーク」と呼んでいます。渡辺豊和の『縄文夢通信』（徳間書店）は1986年に出た本ですが、絶版になった今も人気があり、古書店やオークションでも高く売り買いされています。渡辺豊和の考えは、縄文人は地球上に太陽ネットワークと呼べるようなダイヤモンド型の網の目を張り巡らせて、これを通信網にして、夢で通信していたのではないかというものです。太陽ネットワークと呼ぶ理由は、春分・秋分、冬至・夏至の日の出と日の入りのラインに沿ったものだからです。これはシュタイナーのいう、他の所よりも太陽の力が入り込みすい場所です。渡辺豊和はもっぱら大和地域の例から検証していますが、この大和地域での重要地点のより詳しい研究は、小川光三の『大和の原像』（大和書房）がよく知られています。

渡辺豊和がいう縄文夢ネットワークに接続するには夢でもよいし、エーテル体知覚にシフトすればよいので、たくさん方法があります。リラックスして、身体感覚から離れるだけでよいので、呼吸法とリラックス法で十分なのではないでしょうか。

私はよく夜中の3時くらいに目覚めますが、この時にはまだあまり肉体感覚に戻っていないので、そのまま、特定の目的の場所に集中するということをしています。すると、目的のものが引き寄せられるのか、それとも自分がそこに行くのかわかりませんが、リアルな映像の中に入っていきます。そもそもが早く眠ろうとして編み出した方法で、鮮やかなイメージを見るとそのまま眠りやすいからです。現代であれば、例えばヘミシンクなどを活用してもよいでしょう。

ヘミシンクのアイドリング状態のことを「フォーカス10」と呼びますが、これは身体が眠り意識は目覚めている、すなわち軽い金縛り状態です。このよう

な時には、目覚めている時には決して見えてこないような映像を見たりする人は多いのではないでしょうか。つまり感覚から離れたエーテル体知覚です。このような精神状態に意図的に入った時には、うっかりすると寝てしまいますから、アカシックリーディングを教えている学校では、昏睡しないように、深くリラックスしつつ目覚めているという筋トレを必須課題にします。すれすれの低空飛行のところで、できるかぎり目覚めているように踏ん張るのです。

　渡辺豊和は著書の中で、「冬至・夏至線は東西水平軸に対して二十八度五十分の傾きを持っている。したがって、東西軸に対称な冬至線・夏至線を引き両者の交点を結んでいくと、ほぼ正三角形に近い三角形によって綾なされるワットワークができあがる。これらの線は太陽の運行にかかわるものであるところから、私はこのネットワークを太陽のネットワークと呼ぼうと思う」(『縄文夢通信』徳間書店）と書いています。これは渡辺豊和が大和地域の三輪山を調査している時を想定したものなので、北緯が違うと、この夏至の日の入り、冬至の日の入りの角度も変わります。傾斜角が30度に最も近くなるのは、夏至の場合には北緯34度で29.3度、北緯36度で30.2度。冬至の場合には北緯38度で29.6度、北緯40度で30.5度くらいでしょうか。

春分と秋分は個人の生命力に関係し
冬至と夏至は集団的な圧力に関係する

　折口信夫の小説に『死者の書』というのがあります。若くして死罪となった大津皇子伝承を題材にしたもので、二上山（ふたかみやま）に葬られた大津皇子の魂が、処刑される寸前に垣間見た耳面刀自（みみもとじ）に執着して、死後百年近く経った後に蘇るという話です。春分・秋分には、檜原（ひばら）神社から見て二上山の真上に日没する光景が見えます。二上山は、聖徳太子の他にも飛鳥王朝の御陵群がある場所で、死者が西に沈んだ時、やがては東から再生するという思想が反映された場所です。春分・秋分の時期には、写真家がたくさん集まり、日没の光景を撮影しようと待ち構えていますが、大和地域には、このように日の出・日没のライン、夏至・冬至のラインが多数並んでいて、その線上に重要な建物が多数建っています。

春分、夏至、秋分、冬至のそれぞれの点に太陽が通過するのは、占星術では、それぞれ牡羊座0度、蟹座0度、天秤座0度、山羊座0度です。これらは活動サインの始まりです。占星術では、春分、夏至、秋分、冬至は大変に重視されています。春分、秋分の日の出が貫く東西ラインは、それぞれ牡羊座の始まり、天秤座の始まりですが、それに対して12サインでは、夏至と冬至は、蟹座と山羊座で90度の関係にあります。これは黄道を移動する地球の位置が、それぞれの時期で90度の関係を表すのですが、そこを公転している地球は回転軸に対して傾いています。英語圏では、北回帰線のことを「蟹座の回帰線 (Tropic of Cancer)」と呼び、これは北緯23度26分22秒にありますが、古代バビロニアの時代に蟹座の領域に夏至点があったからだと説明されています。占星術で使うサインは星座ではないので、蟹座といっても時代によってずれていくことはありません。正確に、夏至点の0度から始まる部分を蟹座と呼ぶのです。

　同じように、南回帰線 (Tropic of Capricorn) は南緯23度26分22秒にあり、山羊座の0度は冬至点に当たります。山羊座のサインも星座ではありませんから、時代によってずれていくことはありません。

　占星術では、春分と秋分は個人の生命力に関係しています。冬至と夏至は集団的な圧力に関係し、個人はこの集団的なものの中に吸い込まれていきます。国家、家系、民族などです。となると、30度の傾斜は、個人から集団へ、集団から個人へという交流に関わるラインだということにもなるでしょう。実際に、日本の数多くのレイラインは東西を貫くか、あるいは30度の傾斜のラインで作られています。

お正月に富士山の御来光を拝む風習は
天体の運行から考えると無意味なもの

　渡辺豊和の著書では、遺跡や磐座、巨石、神社、人工山などを調査すると、1620mが単位となり、これを「1縄文里」と定義しています。古代の単位は60進法が多かったということで、これを割ったりあるいは掛けたりします。その発想で、1縄文里が1620m、1縄文町が27m、1縄文尺

が 45cm、1 ツカが 7.5cm という基準を考案しています。

　春分・秋分の日の出と日没のラインは東西に走りますが、この中で最も知られているのは小川光三が『大和の原像』で紹介した北緯 34 度 32 分のラインで、三輪山山頂、長谷寺（はせでら）、室生寺（むろうじ）、伊勢神宮の斎場跡、箸墓、仁徳陵、淡路島の伊勢の森、他遺跡が無数に並びます。これはそのまま中国の西安からエルサレムまで横で並びます。渡辺豊和もこの太陽の道を日本で最も重要な基準ラインと考えたようです。

　日本を取り巻く三角形ネットの一つの単位で最も大きな範囲のものは、南北の 1 辺が 97.2km。1 縄文里の 60 倍です。この箸墓を基準にしたラインの北側一つ上のラインを見るために、この北緯 34 度 32 分に 97.2km を足してみましょう。地球の北緯 1 度は、地球の 1 周が 4 万 30km とすると、それを 360 度で割るので、111.194km になります。太陽ネットワークの基準の北緯 34 度 32 分に 97.2km 足すというのは、北緯に対して 97.2 ÷ 111.194 の比率である 0.8741 度を足す、つまりは 52.449 分足すことになりますから、だいたい北緯 35 度 24 分になります。

　実は、箸墓の入る太陽のネットワークラインよりも一般によく知られているラインに「御来光の道」というのがあるのですが、これはだいたい北緯 35 度 22 分です。御来光の道というのは、東は玉前神社（たまさきじんじゃ）から始まります。千葉県外房の上総一ノ宮にある玉前神社で、真東を向いた参道から登った太陽の光はそのまま一の鳥居、二の鳥居を突き抜けて西へ向かい、寒川神社、富士山頂、七面山、琵琶湖竹生島（ちくぶしま）の弁財天社、大江元伊勢の日室岳、大山の大神山神社、出雲大社へ横断していくラインです。富士山を通過しているということで、太陽の道よりもむしろ多くの人には馴染まれているのではないでしょうか。

　富士山ではお正月に御来光を拝むという風習がありますが、天の運行や生命力のリズムを考えると、お正月はあまり役立ちません。宇宙的な秩序に従わない時間リズムの空洞化の一つの手段がグレゴリオ暦でもあり、その暦でのお正月だからです。御来光の道は東から西へ真っすぐに駆け抜けますが、それは春分と秋分の時だけの現象です。富士山頂での御来光を拝むのは、春分点を太陽が通過する 3 月 21 日や 22 日、または秋分点を太陽が通過する 9 月 21 日や 22 日がふさわしいといえます。

7 UVG120とは

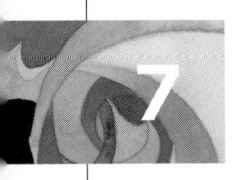

ギザのピラミッドに近い緯度・経度が基準となり
すべてのプラトン立体を組み合わせた UVG120 が誕生

　フットボールの網目のように地球に内包されるプラトン立体を活用して、惑星グリッド研究家のニコライ・ゴンチャロフ、ヴィアスチラフ・モロゾフ、ヴァレリイ・マカロフという人たちが、正二十面体のグリッドに、さらに正十二面体を重ねて 50 地点を追加し、全部で 62 地点の惑星グリッドシステムを考えました。すべての図形の基本にある一番重要なのは、このチームによると「Dodecahedron」つまりは正十二面体です。プラトンの元素対応では、これは「残りの形」として4元素から漏れたもの、つまりはアカーシャのエーテルということになります。もともと正二十面体の頂点から正十二面体が作られ、また正十二面体の頂点から正二十面体が作られますから、この 62 地点は自然に見えます。渡辺豊和も『縄文夢通信』で地球に内接する正二十面体を図示しています。北極と南極を軸にして、とりあえず起点をバビロニア遺跡に設定したものです。後の『発光するアトランティス』（人文書院）では自説との比較をしています。

　このロシア人チームの考えをベースにして、ウィリアム・ベッカーとベス・ヘイガンスはすべてのプラトン立体を組み合わせた惑星グリッド UVG120 を提唱しました。ここで基準となる位置は、エジプトの北緯 31 度 43 分、東経 31 度 12 分で、実際にはギザのピラミッドというよりも、少し上方の海の上です。この図の中で日本に一番近いのは 14 番目の交点で、北緯 26 度 34 分、東経 139 度 12 分くらいです。これが現代の地球グリッドを考える上での代表的なものなのかというと、正確さという点ではやや疑問視されている面もないわけではありません。このグリッドをグーグルアースで表示するためのアプリケーションは〈http://www.vortexmaps.com/hagens-grid-google.php〉にあります。

　ウィルソンのいう、ギザのピラミッドを本初子午線にして地球の緯度・経度

をすべて割り切れる数字で考えると、1度は111.194kmとなり、渡辺豊和の縄文寸法である97.2kmと食い違いが発生します。占星術の12サインは比較的単純な幾何図形分割でなおかつ平面分割ですから、赤道を正三角形、正方形、六角形などで分割した区画を使い、さらに緯度に関しても、フィボナッチあるいは黄金渦巻きを内包する形で、30度ずつ七つの区画に分けたりしますから、ウィリソンの発想に近くなるでしょう。プラトン立体は地球の表面に当てはめると長い直線ラインは引きにくくなります。

　こうしたシンプルな区分けの仕方で、興味深いのは『甦った神々──「歴史封印者」と「日月神示」の黙示録』（文芸社）の著者である藤原定明さんの考えです。藤原さんは渡辺豊和のイワクラ学会の立ち上げの主要メンバーですが、学会の論文の中で、エジプトのピラミッドとメキシコのティオティワカンが経度差にして130度あり、日本の黒又山のピラミッドに関連した大湯環状列石（おおゆかんじょうれつせき）と110度、120度、130度という変形三角形の配置が作られているのではないかという見解を発表しています。この変形三角は、それぞれ北緯40度、30度、20度と綺麗に並んでいて、北から南へなだらかに変形三角を描きながら、降りていく図になります。（藤原定明「メシア再臨と日本の役割──2012年の真実」）。

多数の信者を抱える天理教に見る
太陽の道の力の効率的な取り込み方

太陽の道は箸墓を通過する北緯34度32分前後ですが、三輪山を通っています。もともと箸墓は、三輪山の巫女が死んだ時の墓だといわれていますが、三輪山を通過する太陽の道がシルクロードにも通底する基準線であり、そこからの情報を取ってくるのが、もともと箸墓に埋葬された巫女の役割だったのではないでしょうか。

　個人がそうした巨大な、つまりは自分と同じ構造でありつつもっとマクロなものとつながるのは、個人としての生き方を正すということにもなりやすいはずです。もともとリコネクションというのは、そういう意図で行われるものです。最近、奈良の桜井市とか天理市あたりを散策してみると、例えば天理教もこ

ういう「道」を取り入れることに関わっているのではないかと思うようになりました。

　天理教本部があるのは北緯34度36分で、これは太陽の道から4分くらいのズレはあるでしょうが、それはちょうど良い頃合いのズレかもしれません。近すぎると息苦しく、人がたくさん集まるのに適しているように見えません。天理教には膨大な信者がいますが、教祖の中山みき一人でこれくらい信者が集まるということはあり得ないと思いました。人の力を超えたものがないとそれは不可能です。その意味では、地球グリッドの力を引き込む方法論があるのならば、それは大きな力を持つことになるでしょう。

　私は4月18日の教祖の誕生祭の時にたまたま天理市に行きましたが、膨大な信者の人々が集まります。アーケードには大きく「読んでますか陽気」という布幕が掲げられていますが、これは陽の気の流れをリーディングしてますかと読めるので、近所の34度32分の力を取り込んでいますかというふうに見えてきます。

　エーテル体は感情に最も影響を受けます。それによって変形します。人間が感覚に集中すると、それは緊張し、個人として閉じていきます。信念体系も個人が閉じる原因です。そして何も取り込まなくなります。しかし感情を開くと、グリッドの力、すなわち地球サイズのエーテル体の力は流入してくるものでしょう。そしてそこに踊る宗教としてのアクションが入ってくると、ますますそれは開かれた回路になります。

　踊りにはエーテル体を取り込む踊りとエーテル体を退ける踊りがあります。シュタイナーによるとエーテル体に即応したものには回転運動が増加し、それにバレエなどは誰が考えても後者に属します。

　天理教の場そのものが、4分ズレた所にある太陽の道の力を取り込む装置ならば、それは大変に大きな装置だと考えてもよいのではないかと思います。それに天理教では、創造の場所を「おぢば」といいます。お面をつけて踊ります。また黒服です。おぢばは磁場。お面、黒服というのは、個人の人格を消去するという意味が働くのではないかと思います。信者全員が、太陽の道の春分の東西ラインの力を引き込むための装置として集団的に参加してもらうと、それはとても強い力になる可能性があります。

考え事を減らして地球グリッドを取り込む
演劇と音楽は西欧型ではない方がよい

天理教の音楽と踊りは「みかぐらうた（御神楽歌）」と呼ばれているらしく、祭儀の中で最重要な「おつとめ」だといわれているようです。

毎月 26 日には、「つきなみさい（月次祭）」があり、人間が創造された元の場所「ぢば」を、つとめ人衆十人が取り囲み、人間創造の時の神様の働きを模倣することで、陽気な世界へと立て替えることを祈願する。その後、女鳴り物は、胡弓、三味線、琴。男鳴り物は、鼓、太鼓、横笛、すりがね、拍子木などで、「てをどり」をする。祭典の時には雅楽も加えて、神様に奉納するといいます。

踊りは考え事を減らして気の中に入り込むことで、地球グリッドを取り込むにはかなり適していると思います。その意味ではみかぐらうただけでなく、鹿島神宮の鹿島踊もそういう作用を持っていたのではないかと考えます。鹿島神宮は御来光の道の関東最重要拠点から、東北方向に 30 度ラインを引いた先にあります。

音楽や演劇は、この時に西欧的なものではない方がよいのです。西欧的な芸能は、飽きさせないように作られています。それは感覚を刺激します。そのため個人として閉じていき、人と人の関係のみで作られていく恋愛感情などに真実味を感じるようになり、その分、地球グリッドから遠ざかっていきます。

また、西欧的な芸術は劇的です。この劇的というのは個人が閉じ込められ、個人の中で情熱が蓄積された時にのみ成立します。個人が十分に閉鎖されていて、他者との落差があること、自分と外の間には死の壁がある。そのような時に劇的な表現が成り立ちます。心を開くとこの劇的な性質が消えていきます。音楽はこうした閉鎖性故に発生する自己劇化の盛り上がりが消えてしまうと、何かしら単調に聞こえてくることになります。西欧音楽のセオリーからは明らかに脱落しますし、個人に閉鎖された感情やマインドというところから見ると、退屈でだらだらした音楽です。古い時代のシルクロードの音楽などは開鎖されていないのです。

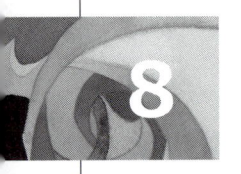

8 地上のグリッドと占星術の比較

春分図、夏至図、秋分図、冬至図の4図が
東西のラインと30度傾斜した夏至・冬至ラインに当たる

　地球グリッドの最も大きなサイズのものは正四面体ですが、三角形のそれぞれの辺の真ん中に点を置いて、三角形の内部にすっぽりと入る反対向きの三角形を描き、さらにその中に、というふうに続けると、正四面体や正二十面体のプラトングリッドをさらに細分化した細かい三角形が出来上がります。これは何段階かに細分化することができます。地球グリッドは2次、3次、4次と細かい距離に分割することで、どの町にもその支線が走ることになるでしょう。

　占星術の場合には、地上が舞台ではなく、天空の天体が移動する黄道の道が中心です。地上に投影される前の天空の太陽の道そのものの中で、どのように惑星が配置されているかを考えます。

　例えば、地上で、どこかの地球グリッドラインで、春分・秋分の時期の日の出、日の入りの時間、巫女さんがこの太陽の道の情報を読み取ろうとしたと仮定してみます。春分・秋分には、檜原神社から見て二上山に日没する光景が見えます。そのため、日本最古といわれる檜原神社からでもよいのです。すると占星術でいうところの、春分図・秋分図の天体配置と同等の印象が入ってくるでしょう。それは毎年の状況をリーディングするようなものでもあるでしょう。

　ホロスコープでは、1年の中で節目といえる春分図、夏至図、秋分図、冬至図の4図を読むことで1年の状況を読みますが、これが地上では、それぞれ東西のライン、30度傾斜した夏至・冬至ラインに流れ込んでくるという理屈になります。太陽が上昇したり下降したりする背後で、惑星はもれなくついてきます。そのため、太陽というよりも、この黄道に沿って動いているもののすべてが、そこに降り注いでくると考えた方がよいのです。

12ハウスにおける四つのゼロポイントは
外から影響が入り込んでくる扉の意味を持つ

占星術には12サインの縮小版のような12ハウスというものがありますが、これは場所とか方位のズレは全く気にしないで、個人から見て星の勢力はどのように入ってくるかを考えたものだといえるでしょう。

占星術のハウスも、地上に敷かれた方位図ではなく、その基準を想定上の天球から考えなくてはなりません。北南の子午線の大円と計算上の東西を結びつけた点を計算上の天頂と呼びます。この計算上の西と東を通るラインを「プライム・バーティカル」あるいは「卯酉線（ぼうゆうせん）」と呼びますが、ハウスはプライム・バーティカルや黄道、天の赤道、移動時間などに沿ってさまざまな種類のものが作られており1種類のみではありません。

しかし占星術では、このハウスを地上に投影して考えることがよくあります。惑星は日周運動で必ず子午線を通過しますが、これを「カルミネート」とか「南中」と呼び、地上ではそのまま南方向へと投影されます。反対に、アンチカルミネートの北側の方は、そのまま北に投影されます。ハウスを地上に投影する時には、斜めに立てかけてあった車輪が地上に倒れてきたというイメージで考えてみるとよいでしょう。

12ハウスには、東の上昇点、西の下降点、南中のカルミネート、北のアンチカルミネートという四つのゼロポイントがあります。ゼロポイントというのは、外から影響が入り込んでくる扉の場所という意味です。日の出、正午、日没、真夜中という四つは、この四つのポイントをおおまかに太陽が通過した時のことをいいます。これは春分、夏至、秋分、冬至の構造の雛形を1日の中に持ち込んだものなので、個人の生まれた場所を中心にした春分、夏至、秋分、冬至の構造の縮小版ですが、同時に地上に投影してみれば、これは東、西、北、南にも対応することになります。

日の出と日没、東と西、春分点と秋分点は個人の力の発生と成果に関係し、正午と真夜中、北と南、夏至点と冬至点は、集団の力の圧力と上下的な関係を表します。

9 北と南の力

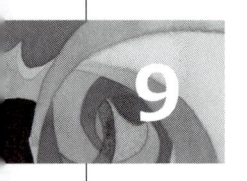

韓国ドラマ『朱蒙』に見る古代の権力社会
階層構造は天体にも当てはまる

　地球グリッドやレイラインでは、東や西の力というものが強調されています。それに対して、北と南というのはどういう意味があるのでしょうか。

　地球の磁極が北と南を作り出しているのはもちろんですが、この地球の軸の延長に北極星があります。現在の北極星は、小熊座のα星で、地球の北の地軸の延長線上の天の北極にあり、一晩中動かない星ということです。実際は、天の北極よりも1度離れています。

　古代の社会では、この地球から見た天球の配置そのものが社会構造を作り出していました。そのため、秦の始皇帝は北極星であるとか、金春流の能の創始者、秦河勝（はたのかわかつ）は北極星であるとかいわれていました。この下に北斗七星があり、それは王や支配者としての北極星を補佐する王妃、参謀などが取り巻き、その外に軍隊、またその下に民衆などという階層構造ができていたのです。

　私は韓国ドラマの『朱蒙（チュモン）』を見て、この古代の社会の権力構造がとてもわかりやすく出ていると思いました。これは高句麗を建国した朱蒙のドラマですが、明確な縦社会を作り出しています。

　すべての星が北極星を中心に運行するので、古代中国で北極星信仰が生まれ、日本では北辰妙見信仰に変化しました。北極星は、「北辰（ほくしん）」と呼ばれ、天帝を指します。辰は竜神のことで、実際にこの北極星の近くには、体をくねらせながら半円形に回る竜座があります。ギリシャ神話では黄金のリンゴを守る火を吐く竜だと考えられ、竜の首あたりには、猫の目のキャッツアイ星雲もあります。

　北辰は道教の中心的な神である太一と同一なので、カバラの生命の樹でいえばケテルです。北辰から、五星（木星、火星、土星、金星、水星）が生まれ、それが五行になったと考えられています。太一は陰陽を生み、ここから五

行が生まれた図は生命の樹そのものです。北極星の部下として、北斗七星も辰と見なされたので、北斗祭祀と北辰信仰は密接な関係があります。仏教では、これが妙見菩薩に対する信仰という形式に変わりました。

東西を基準としたものは火と風になり
南北を基準としたものは水と土になる

北と南を表す線は地位や権力というものを表しています。これに対応する黄道は、夏至・冬至など、蟹座と山羊座の関わりですが、しかし地球の上での地上的な権力ということを考えると、圧倒的に、地上の北と南を貫くラインの線上にある北極星の影響が強いといえるのです。それは地球が太陽系に従属する惑星ではなく、地球それ自身が太陽系の秩序を超えて独立するというような意味合いを含んでいたのです。

ジェイムズ・ハータックは宇宙の創造の中心点をオリオンの三つ星近辺に想定しましたが、この宇宙的な創造的な力に対して暗黒の力が妨害をし、地上は暗黒の力が長く支配権を握ったといいます。それは北極星や竜座の近くにあるということを主張しています。ハータックからすると、中国や韓国、古い日本の北辰信仰こそが暗黒の勢力ということになるのです。

東の日の出や西の日没などからくる思想は個人の生命力に関係しました。そして、夏至・冬至は集団性を表していますが、占星術で活用される子午線は、「子の星」が北を指し、南の方角である「午」を結ぶ線という意味で子午線というのですが、これは縦社会の支配力を表し、ある意味では対立概念だともいえるでしょう。

子午線に東と西方向を走る黄道の天体が接触することをカルミネートと呼びますが、それは社会での地位を表しています。自由に活動して個性的な展開をする人は、東と西を走るラインに強いポイントを持つ人です。その一方で、個人としての能力よりも社会的な権力や地位、縦構造を重視するのが、子午線型になると考えるとわかりやすいかもしれません。これはそのまま北と南に投影されますから、例えば、東の地平線を起点にして、北と南の線を底辺にした三角形を作った時には、個人の力が東から生まれ、それは社会的な地位

をベースに、創造的に（三角形的に）発展していくという図式になります。

この三角形の背後には、夏至・冬至の30度傾斜が重ねられています。三角形あるいは六角形は、東西をベースにしたものか南北をベースにしたものか2種類が出てきますが、占星術の発想でならば、東西を基準に作られたものは火と風になり、南北を基準に作られたものは水と土のグループになるのです。火と風は拡大し、水と土は収縮します。社会から飛び出す、社会へ収まるという意味の違いが出てきます。

日本の「おかみ」主義は北極星信仰の表れ
古代エジプトでは太陽神信仰と星信仰の対立があった

北極星信仰は現代でも、権力指向とか権威主義などに名残があります。日本ではまだ「おかみ」というようなイメージとか官僚主義みたいなものがあると思いますが、それは北極星信仰の名残です。日本は基本的に縦社会的なものが強いのです。

古代エジプトでは、古い時代からいた土着民は太陽神信仰で、そこに、北から移動していた人々がいて、それは北極星信仰やオリオン座信仰など、星信仰だったようです。ピラミッドはオリオンの三つ星を地上に模倣したものだというのは、今では定説になっていますが、太陽神信仰は東と西の力を重視し、星信仰は北極星を指している場合には、南北を重視することになるでしょう。

吉村作治さんは「太陽信仰のように見せて、ピラミッドの形を太陽の光の姿にし、東側に神殿を造り、その一方で入り口は北に造ったんです。すなわち魂は北から来る。ヘムオンはこういう工夫をしながら、表向きは王様の太陽信仰を見せながら、実はちゃんと星信仰を示したのです。ピラミッドがこういう風に並んで、あたかも星を思わせるというだけでなく、北からやってきた祖先の思いもきちっと示したというわけです。実はこれを解き明かしたのは日本人なんですね。外国人にはそういうことはわからなかった。今これは、国際学会に提案された説なんです。」と書いています＜ http://www.yugakusha.net/study/yoshimura_egypt/200504/200504-3.html ＞

II
エーテル体解説

～パワーの強弱はエーテル体で決まる～

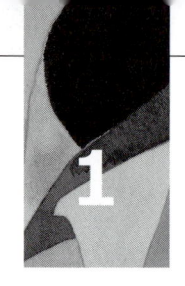

1 肉体的エーテルとアストラル体

地球で育ったダイアードは死後トライアードとなり
ダイアードを捨てて元の故郷に帰っていく

　私たちは生まれた時間のホロスコープを一生持ち歩くように、生まれた場所の力を一生持ち歩きます。地上の活動力は、天から来た力と強い地の力の結合で生まれます。地球グリッドは地に張りついたもので、私たちはそこから他の天体や宇宙系と作り出している網の目を探し出し、この網の目の上を歩かないことには決して地球から脱出することはできませんが、占星術はどちらかというとそうした外とのつながりを探すのは得意分野でしょう。

　人間のエーテル体はどちらかというと、地球グリッドにより近いものだと思われます。エーテル体は肉体の周囲の数10cmのところにオーラの体を作り出しますが、同じような構造として、地球の周囲には月が回転しています。占星術では、月はエーテル体と結びつけられています。そのため、エーテル体は地球の少し近い所にいて、お餅として考えてみれば、惑星や恒星の影響と、地上的なものを結びつける「べたべたした粘性のある」素材と考えてもよいでしょう。

　ゲリー・ボーネルはこのエーテル体を「ダイアードの肉体」と呼んでいるようです。ダイアードを重心にした魂は地球で生まれ、地球で育ったものの中で発達する。だから地球あるいは太陽系から外に出ることはできない。ダイアードの例として、ボーネルはダライ・ラマとかキリストが純粋に地球生まれの魂であると説明しています。

　一方で宇宙からやってきた魂を「トライアード」と呼ぶようで、死んだ後にはダイアードという身体を捨てて、トライアードとしての元の故郷に戻ります。

　これは狭義のものと広義のものがあり、結果的に、この二つの分類では何一つ語れなくなるので、あまり意味のない分類法かもしれませんが、神智学のいう、アストラル体はエーテル体に刻印してアストラルエーテルを作り出すとい

う考え方を占星術に当てはめてみれば、黄道を移動している太陽や惑星は地球グリッドに力をチャージする。つまりこれら惑星の影響はアストラル的なもので、月はエーテル体的なものとみなすことができます。「Astral」は、「星の」という意味ですから、それは言葉のままです。

このように考えてみると、例えば個人は、自分の天体との関係によって作られた性質をより増強するには、地球グリッドとしてのエーテル体を引き込むことで個人としての生命力を図太くすることができる。そうすると、これまでの惑星の影響はもっと強く働くことになります。天体の影響は構造で、それ自身に物質界においての強弱はあまりないのです。ボトムのエーテル体が強まると、結果的にそれらはみな増強されると考えるのです。

受け皿としてのエーテル体が太く強くなると、同じ天体の枠組みでも、その出方はダイナミックになります。エーテル体が強くても弱くても構造としての天体配置は同じですが、その結果の強弱はエーテル体が決めると考えるとよいのです。そのため、御来光の道の中にある大きな神社で祈祷を受けて運を強くするという効果も期待できるはずです。

パワースポットに行くことや縁起を担ぐことは地球グリッドの力をエーテル体内に取り込むこと

天体配置は強力でもひ弱なグリッドの場所で生まれたと考えてみます。こういう時には、アストラル的な力は強いが、それを受け止めるエーテル体の伸縮力が硬直していてバネが弱いため、比較的狭い範囲で天体の影響力を発揮する生活をすることになります。そういう時には、その人が体質的に抵抗さえしないのなら、後天的に地球グリッドの太いラインの力をエーテル体の領域で取り入れて、増強することはできるのではないでしょうか。

この効果は誰でもわかっていることです。多くの人がパワースポットに観光に行く。理屈ではわからないが、そうしようとするのです。成功している人ほど縁起を担ぐのです。最近ちょっと調子が悪いので、とりあえず伊勢神宮に行ったなどという発想をする人は最近特に増えています。

反対に、エーテル体の側ではなく、天体影響が強く働く場所を探してそこに

チャージに行くことも可能なのではないかと思います。その場合、地球グリッドのメインストリームでなく、惑星の力が入り込むゼロポイント地点を探すことになります。

たまたま、エーテル体を示す地球グリッドとアストラル体を示す惑星配置の焦点が似たような場所で重なっている場合もあります。それを狙ってイベントをするというのは過去から繰り返されてきました。重要な惑星の配置の時に聖地に集うという種類のものです。「ハーモニック・コンバージェンス」とか「ハーモニック・コンコーダンス」などという名前でそういうイベントが開かれました。

天の配置から見ることと地の配置から見ること。さらにこの二つを結合すること。占星術の場合には、自分が生まれた場所を世界の中心地としてみなす自己中心的な体系なので、この地球上のどこの場所か、という概念は抜けています。トライアード的であり、ダイアード的ではないのです。ここに大地のへびのグリッドを持ち込むことで活力が勢いづきます。エーテル体は物質界の支配者です。

トランジット天体が来た時にパワースポットに行く
自分に合った強い地点を探すことで開運できる

自分の特定のハウスにトランジット天体が来た時に、それらを増強するのにパワースポットに行くというのは効果的です。後に説明しますが、ハウスの方位の12の方向に移動するのでもよいし、四つのグループの三角形移動でもよいです。惑星のみならず、エーテル体の受容性を示す月の位置が目的の場所に決まった時にそれを使うともっとよいでしょう。

開運したい人は、たんに惑星の位置が自分のハウスの良い場所に来るのをじっと待つだけでなく、土地の力の特性にはおかまいなしの占星術のタイミングに加えて、その影響を受け止める、より強い落下地点を探す方がよいでしょう。自分の手近な場所でそのようなスポットとその巡礼のよい方法を考えると効果的です。

より惑星配置が強く働く場所を探すにはどうすればよいか考えてみましょう。

パランのマップは影響の落下地点を示す

　西洋占星術は今ではパソコンで計算するのが当たり前になってきました。いろいろなホロスコープのソフトが出回ってきましたが、これらのアプリケーションで、たいていマップというものを作ることができます。当人が生まれた時に、世界地図の中で、同じ時間に、どこで惑星が地平線を通ったり、子午線を通過するかを複数のラインで描いたものです。

　レイラインでも日の出のラインを重視するように、惑星の影響が入り込んでくる扉は、地平線の東側にある上昇点、子午線を南中する場所、地平線の西側にある下降点、子午線の北にある場所の四つが、「敏感な縫合部」とみなされていることは既に説明しました。

　太陽・惑星・月というグループ的な力はみな黄道に沿って、地球グリッドに入り込んできますから、レイラインといっても、太陽の道というよりは太陽・惑星・月の道なのです。ただこれはそんなに細かくないことに注意が必要です。惑星は黄緯を前後します。ホロスコープで冥王星がアセンダントにあったとしても、実際には、地平線の下にあったり上にあったりします。地平線に対する黄道の傾斜が原因でこのようなことが起こります。そのため、マップで見た場所をあらためてホロスコープで作り直した時に、食い違いが発生する場合があります。それさえ注意すれば、地球上での惑星の力が侵入した「やぶれ目」を見つけ出せます。

　ヨハネス・ケプラーは、太陽と金星と地球が一直線に並ぶ現象を「ビーナス・トランシット」として重視したようです。これは金星が黄緯ゼロの昇交点で直線に並んだ時のことを示していて、それが時代を切り替えていくという説を地球暦運動の杉山開知さんが取り入れています。惑星のイベントとしては、このようにさまざまに発生する特徴的な現象をもっぱら地球のどこで一番強く働くかを探して、そこで何かお祭りをするというのが流行しているのです。現実には、個人は自分を開いてしまえば、どこにもバイロケーションするのでこんなイベントを狙う必要などはないはずです。しかし、生活や日常という感覚的な生活に結びついたところでは、天体イベントはさほど大きな努力を払うことなく力を取り入れることができるという点でリーズナブルなのでしょう。

　基本的な原則として、肉体は、地上の極めて狭い数10cmの幅の場所に集中・凝固している。それよりも振動密度が高く、物質密度の薄いエーテル体は、何層かに分かれていて、一番小さな肉体に関心が集中した領域では、肉体の数10cm外側に濃密に固まっている。もっと物質密度の薄い領域では、最終的には地球全域に分布しており、地球グリッドそのものと共鳴している。そこから得る情報によって一個人の感

情や思考、心理などが機能している。意識は肉体の中で働いているのではなく、このネットワーク上で働いていて、そこからさまざまなものが流れ込んできている。ただし感覚は、自分の肉体がある場所の狭い周辺からのみ情報を得ているので、もっぱらその周辺のみで成り立っていると錯覚している。ネットワーク全体から持ち込まれる情報は感情とか知性に大きな影響を与えてはいるが、それは感覚が拾ったものではないので、あたかもないかのように思えることもある。

　有機体を支配しているかのように見えるのは、ボトムにある部分です。そこだけを見ていると、あたかもそれだけで働いているかのように感じられます。ラジオやテレビは、ラジオ装置やテレビ装置が番組を作り出しているかのように見えます。しかしそれらは電波や信号を受信して、音声にしたり映像にしたりするボトムの部分です。放送番組全体のことを考えた時に、実体は電波の中にあり不可視です。ラジオ装置やテレビ装置が支配しているわけではありませんし、ラジオやテレビを誤って壊しても、放送全体の力が失われたわけではないのです。同じように、人間の肉体は最下層のボトムの部分に当たります。

　このように考えてみると、太陽・惑星・月などの力が地表に届く場所が海外にあったりアラスカの果てにあったりしても、それは日本に住む自分には何の関係もないとはいえなくなります。肉体の感覚は、目の前のビルの裏側さえ見えないくらいに知覚が狭いので、このことを実感するのはかなり難しいといえます。しかし、例えば、趣味とか好みとか興味のある事柄などについて思いを巡らせてみると、案外難しくないかもしれません。人間というのは、感覚でできているだけでなく、感情、思考、意識などを持っており、想像し、考え、夢を見て、いつでもバイロケーションしています。非常に多くの部分で肉体の外のことを考えます。

　生まれた月日時間のホロスコープのマップを見て、ローマのある場所で、月が地平線に、金星が子午線と黄道の交差した場所であるMCに該当する場所が出てきたとします。これは地図では、月のラインが斜めに走り、金星のラインが北と南を真っすぐ貫くラインとして描かれ、この二つのラインがローマの緯度・経度のところで交差する、というような形で描かれます。これが月と金星のバランのポイントです。

　この場合、月と金星の複合影響はローマで受け取られるのです。この人の感情とか楽しみ、リラックスした私生活の活性化、どんな家具が好きか、社交生活のあるべき好みのスタイルなどは、ローマという地域の地球グリッドの特性と結合します。このエーテル体が受け取った個性を、感覚という肉体に引き寄せようとするならば、その人はローマで作られた調度品とか、ローマの何かを買い込んできて感覚領域に持ち込もうとします。

惑星の影響は、それが受け取られる扉の場所の地球グリッドの個性をそのまま吸い込んで、つまりはブレンドされて持ち込まれると考えるとよいのです。私たちの身体がこの地球の模型とすると、ある場所で受け取られた影響は身体のある場所に対応するところで共鳴的に取り込まれます。そして、ある日そこに旅行したとしたら、これまで間接的に受け取っていたものの最中に立つことになります。

　このように四つの扉から入ってきたものが同時の場合、どの扉からのものであれ、それをブレンドするのがパランという古代の計算法です。このパランという用語は「共に上昇する」という意味のギリシャの占星術用語「Paranatellon」の短縮形だという話です。

1　ある惑星が上昇か下降している時に、
　　他の惑星が天頂点にカルミネートする。
2　ある惑星が上昇か下降している時に、
　　他の惑星が天底点にアンチカルミネートする。
3　ある惑星が上昇している時に、
　　他の惑星が下降する。

　実はパラン二つの惑星ラインが交差する地点と同じ緯度にある場所なら、地球上のどこにあっても影響を及ぼすという考えをしています。

　占星術のソフトのマップでは、線が交差した場所がパランのポイントです。「Stargazer」でも、「ソーラーファイア」でも、「ウィンスター」でも、マップは見ることができます。

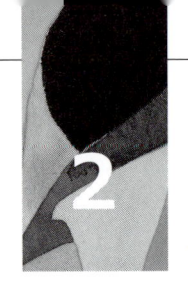

2 地球グリッドの不正確さ

1度のズレを許容するかどうかの問題
地球グリッドでは大きな幅となり違いが出てくる

エーテル体が「お餅身体」で伸縮性があり、さらには何層にもわたっていると考えると、このあたりはとても曖昧であるように見えてきます。多少ズレていてもエーテル体の伸縮性がカバーしてしまうのです。占星術ではオーブというものを設定し、許容範囲がかなり幅広いのです。

そのため、マップを使い、アストロカートグラフィーというものを考案した研究者にしても、1度前後の誤差ならばそれは影響の範囲内だといいます。しかし1度というのは、地球サイズではあまりにも広すぎて、地球グリッドの計算とかレイラインを扱っている面からすると、話にならないほど幅があります。富士山から皇居まで経度としてはだいたい1度の幅があります。それは似たようなものと考える人はいません。

惑星のパランの交点、地球グリッド、レイラインの位置などに関しては全く誤差がないように計算して帳尻を合わせたい誘惑に駆られ、数字の計算での精密さを重視する姿勢というのはいかにも正当性があるように見えますが、地球グリッド、レイライン、パワースポットなどに関しては実はそうでもないかもしれません。

シュタイナーは感覚は12種類あるといいました。シュタイナーはこの12の感覚を、黄道12宮と結びつけようとして10年以上試行錯誤しましたが、おそらくこの結びつけは失敗に終わっています。しかし感覚は五つでなく、12種類あるというのは納得できます。

数学的計算などは、12ある感覚のうちの行動感覚に根づいた衝動だとシュタイナーはいいました。行動感覚というのはある所からある所へ進もうとする感覚ですが、ここには他の感覚の影響をすべて振り切りたい衝動が働きます。他のすべてを無視できるというのは爽快感があります。カウント・ベイシー楽

団の驚くほどの正確なリズム感からくる爽快な印象もこれです。正確なリズムというのは、他のいかなる妨害物も振り切れるほどに自分を強く押し切る時に成り立ちます。私たちの生活の中でこんなことができるチャンスはそう多くはないのです。

　数学的正確さというのは、他の要素を考慮に入れず行動感覚のみが働く時に実現できます。数字的な厳密さを追求している時に、誰もがそれ以外の介在をいっさい拒否したくなります。なぜならそれ以外の介在は狂いということに他ならないからです。これを追求しすぎるとそれは他の感覚を追い払うことになり、つまりは限られた一つの感覚に溺れていることになります。数字的に厳密さを追求する行為は感覚に耽溺しているという意味なのです。

　アスペルガー症候群の人が異様に細かい計算にこだわる時、それは他の情報をシャットアウトして一つの行動感覚という基準のみに専念したいからかもしれません。感覚は12種類もあるので、全部が同時に働くと私たちは大きな労力を使わざるを得ません。しかも感覚は外に引き裂かれた、特定の狭いバンドの領域の情報を引き込むセンサーなので、不注意だとあっという間に自己意識は引き裂かれてしまいます。

地球グリッドのつなぎ目はぎくしゃくした非直線
生死が行き来しやすくサ行＋カ行で表される

　地球グリッドの元になるものが正四面体ですが、シュタイナーがいうように、このつなぎ目は下手な小学生の工作のようにぎくしゃくしています。こうなるともう直線にもなりません。

　正四面体は、最も始源的なグリッドを作り出していますから、ここではエーテル物質の流動性は最も高く、物質の安定性が最も弱い。このグリッドが細分化されるにつれてエーテル的な力が弱まり、反比例的に物質の固さと安定性が高まります。つまり感覚が強固になります。

　グリッドが本来の正多面体に近いような場所では物質性や感覚性の安定性が弱く、その場所では事件が多くなります。日本でも有数のグリッドである奈良時代の大和地域のような所は流動的で、生者の世界と死者の世界が行き来

しやすいのではないでしょうか。しかし弱い支線の場所ではそれはちょっとした気分の変化をもたらす程度で、そんなに大きな転換点、「さか」「さけめ」などサ行＋カ行の結合音が表す脆弱な縫合部としての亀裂にはなりにくいのです。

　レイラインやパワースポットの位置を寸分の狂いもなく正確に測量し線引きをするのは、感覚の世界を中心に見たものであり、エーテル体の視点から見たものではなく、またさらに正確さを追求する度合いが高いほどに感覚性は高まり、エーテル体は度外視されているといえます。それはパワースポットを探すという趣旨と対立した、まさに本末転倒の行為です。

　エーテル体は、それが強いほどに正確な測量で測る発想とは対立した意義を持ちます。プラトンのいう布をつなぎ合わせた鞠のようなもの、ここで重要なのは布でなくそのつなぎ目です。エーテル体と違って物質は鋭いエッジを持っています。数100ｍの範囲を漂っているという言い方はできません。エーテル体と感覚の違いを認識しない場合には、感覚的な面で鋭く誤差を減らそうとしますが、エーテル体が感覚にこだわるとエーテル体は縮んでいき、肉体にぴったりと張りつきます。ぴったりと張りつくと感覚の鋭い輪郭に従いますから、誤差をカバーできない性質になります。

　一方で、エーテル体があまり感覚に支配されていないと、エーテル体はサイズが拡張します。すると誤差をカバーします。誤差を問題にする人は、誤差をカバーできない結果になる。誤差をあまり気にしない人は、誤差をカバーして効果を引き出す結果になるということになるでしょう。

　さらに、エーテル体は想像力と連動しますから、ローマのことを見聞きしたりその文化などを鑑賞したりすると、月・金星の気分であるリラックス感とか、快適なライフスタイルの理想、美意識、個人としての満足感などを増強します。ローマ帝国の歴史などの本を読むのもよいでしょう。

　音楽家のオットリーノ・レスピーギは本気でファシズムの創始者であるベニート・ムッソリーニに信奉していたので、作曲家の間で笑いものにされましたが、『ローマの松』の三部作は極めてローマ風で惹きつけられます。地域の個性とグリッドは密接に関係していますから、こうしたローマの特質の洗いざらいのトーンの流入があります。

　そもそも地域個性はこうしたグリッドから生まれたと考えた方がよいでしょう。

このローマの場所は、パランの理屈からいえば、北海道の函館と東西線において同じであり、つまり北緯の度数が共通しているので、近場としては函館に行けば影響の扉はより大きく開きます。

パランの影響はエーテル体に強く流れ込み
肉体は日本にありながらも特定の場所の影響を受け止める

惑星のパランがもっと直接的な力の場、すなわちグリッドの1次ライン、プラトン立体でいえば正二十面体の三角形の線に近ければ、このパランはより強く影響を発揮すると考えるべきです。もちろん生まれた場所でなくてもよいのです。生まれた場所は肉体の場所なので、肉体には流れ込んできませんが、エーテル体には強く流れ込んでいます。

2次、3次、4次というふうにグリッドの支線に向かうほどに力は薄められ、そこでは静かな日常というものが可能となるのではないでしょうか。例えば、日本で生まれたホロスコープを見て、それがあまり強運な図ではないということを気にする人はたくさんいますが、わざわざそのような場所を選んで生まれてきたのだと考えるべきです。より強力な活動をしたいのなら、その場所を地球上で必ず探せますから、今からでもそこに移動すればよいのです。そうであるにもかかわらず、ちょっと力を弱めた場所で生まれたというのは、この加減がちょうど良いと思ったに他ならないのです。

どこが強いラインなのかはウィルソンが言及したように、ピラミッドの緯度・経度からそのまま幾何図形で、つまりは整数で割り切れる数字で計算してみるとよいことになります。

この幾何図形の細かい分割は、占星術の理論ではハーモニック理論と似ています。これは周波数を倍音化していくもので、ホロスコープを何回転も分割するのです。地球をたくさんの数で幾何図形的に分割することと同じです。どんな音も必ず倍音を持っています。これは赤道をさまざまな整数で分割することになります。地球の赤道が螺旋回転で少しずつ上下に移動するかのように考えてみると、横から見てそれは弦を弾いて音を鳴らした形と同じになります。サインウェーブは螺旋なのです。

ピラミッドの場所は、クフ王のものが北緯29度58分44.46秒、東経31度08分04.05秒。カフラ王のものは北緯29度58分32.85秒、東経31度07分52.32秒です。ついでにいえば、スフィンクスは北緯29度58分30.97秒、東経31度08分15.11秒。北緯は割り切れる数字から1分15.54秒マイナスですから、どこの場所でもこの1分15.54秒を足してみれば、端数は合うことになります。経度は1度08分ずらします。

　私はよくサビアンシンボルなどのような1度ずつに意味がある占星術のサインの読み方では、グループ分けするために5度ずつに分けたりします。つまりは円を72に分割します。6度ラインであればそれは60分割です。人間の体から見ると地球は巨大で、5度や6度は広大な範囲にあるのはもちろんで、これでも大きすぎると思えるでしょう。

　1度、あるいはその半分にしてもまだ太い場所です。反対に、極端に大きなものは三角形、つまりは経度の120度、90度、180度、60度などです。緯度の場合には、北極と南極を入れて七つのグループに分かれます。そして、それらは黄金螺旋で結びついています。

　「四次元のレベルには、地球全体に広がるエネルギー・マトリックスの交差点に建物や構築物などを設置しました。これらすべての建物の所在地は黄金螺旋もしくはフィボナッチ螺旋の比率で割りだされていて、すべてが数学的に、今日では太陽交差点と呼ばれるエジプトのある一地点へと導かれています。」（ドランヴァロ・メルキゼデク著『フラワー・オブ・ライフ＜第1巻＞』）

　渡辺豊和が重視した太陽の道の北緯34度32分ラインは、ピラミッドの北緯から北に4度30分です。マップで考える時、子午線のラインは北から南に貫いていますが、これは集団意識です。つまりそのラインは、あなたがどの集団意識に属しているかを示します。そしてパランの計算で、そこに地平線が交差する場所は個人化という意味です。子午線のプールの中で特定の緯度の場所を選ぶと個人化するという仕組みで考えてみましょう。

　例えば、金星の子午線のラインはあなたの金星が働く地域性です。そのラインでの芸術、風習、楽しみ、風土などを考えてみてください。肉体は日本にありながらエーテル体はその場所の影響を受け止めています。その地域の文化・特性などの集団情報が流れ込みます。

3 キリストグリッドと頭の中の六角形

キリストグリッドとは高度なプラトン立体

地球グリッドの中で、正十二面体や正二十面体は「キリストグリッド」と呼ばれています。そのうちの正二十面体は一つの面が三角形で、それが二十面あるネットワークです。プラトンは自身の五つの立方体に対して、正四面体を火の元素に、立方体を地の元素に、正八面体を風の元素に、正二十面体を水の元素に、正十二面体を最後の5番目の元素に当てはめました。とはいえ正十二面体の元素に関しては名言せず、「残りの形」という言い方をしました。

正二十面体は水の元素です。現代の物理学では液体の分子構造は正二十面体が基本になっているので、水というのは適切なのかもしれません。

渡辺豊和が『縄文夢通信』で作図した地球に内接する正二十面体は、北極と南極を軸にして、とりあえず起点をバビロニア遺跡に設定したものです。大本教の出口王任三郎(でぐちおにさぶろう)は、太白山すなわち金星から12個の如意宝珠の玉が地球に降りてきたといいました。王任三郎は、その拠点は新高山、万寿山、ローマ、モスコー、ロッキー山、鬼城山(きのじょうさん)、長白山(ちょうはくさん)、崑崙山(こんろんさん)、天山、青雲山、ヒマラヤ山、タコマ山にあるといいましたが、これは正十二面体あるいはその裏にある正二十面体の別の表現なのではないかと思います。幾何図形などの作図が嫌いな人は、このような形で表現するでしょう。

王任三郎は、霊的な視点では地球は球体ではなく平面であるという突飛な話もしていますが、これもそんなに奇異な話ではないようにも見えてきます。なぜなら、4次元的な世界というのは、この3次元世界に落とし込まれる時に、二極化した勢力に分かれます。これは地球では対立した軸に投影されて、平面的な位相はそのまま球に投影されるのではないかと思います。

そもそも地球が球体というのは、特定の時間軸とか空間軸で捉えたもの

で、実際には螺旋状に回転しながら移動することを考えると、地球というのは筒の形をしているという発想も出てきます。特定の時間・空間に集中化しない、つまりはまだ個我が明確に形成されていない段階では、私たちは自分を個体でなく筒として、蛇のように認識します。幼児などはまだそういう認識で床を這い回っています。

　シュタイナーの発想だと、エーテル体と肉体の皮膚がまだ合致していない、アトランティス中期の存在状態にとどまっています。この移動の中で、向かう方向と退去する方向の勢力を想定した時に、それはプラス極とマイナス極という二極性が発生するのです。そうして球体の概念が生まれます。さらに細かく肉体に同調することで、ここに手があるとか足があるということを理解するようになります。地球の球体という認識も、それを構成する一つの視点を外した瞬間に違う形に変わってしまいます。

力強い生命力と引き換えにすることで流動性を手にすることを願う人は多くはない

　正二十面体の一つの面である正三角形は、その辺の中点同士を結ぶと、内部にもう一つ小さな反対側の三角形ができます。さらにその内部に三角形を作っていくと、たくさんの細かい三角形の集積した正三角形になり、これは「フラクタルアンテナ」と呼ばれますが、実際にグリッドを活用しようとする場合には、この細かい三角形の集積した地図がターゲットになるのではないでしょうか。

　遠距離に出かけたくない人は近場の支線に接触するしかありません。これらは正立体のメインの縁に比較すると、硬化した平面に作られていくラインですから、次第にエーテル的な諸力は弱まっていくと考えてもよいでしょう。細かい所ほど物質的に堅くなり、そしてエーテル的に希薄になります。

　しかしそれならば、そうした細かい支線は意味がないのかというとそうではありません。シュタイナーの正四面体の話でもわかるように、主となる1次ラインはでこぼこした山脈や火山が多く流動的すぎて、人が住めるような「硬さ」がないどころか、事故多発地帯になってしまいます。

私たちは自分の生活がある程度安定しつつ、その範囲の中で活発な生命力をチャージしていきたいと願っています。力強い生命力と引き換えに人生を根底から覆すような流動性を受け取ることを許す人はそう多くありません。強いラインは大地が流動化してうまく安定を手に入れておらず、弱い支線だと大地が安定し、この中でそれなりに薄められたエネルギーと情報が飛び交うのです。
　物質の安定性とエーテル体の力は反比例するような傾向があり、物質は安定すればするほど硬化して、エーテル体という柔らかいものを受けつけなくなります。反対に、エーテル体に深く入りすぎて、物質的なものを嫌う人もいます。私の知るある人は、好きな男性と一緒に火山の火口に飛び込んでしまいました。物質的な生存を拒否して強いグリッドの中に溶け込もうとしたのです。

思念はグリッドから流れ込むため
気分が悪くなる場所と良くなる場所が存在する

　私たちは、特定の感情・思考を抱いている時に、この地球グリッドのどれかの種類に同調して、そこから情報類をダウンロードしています。そのため、ある感情にとらわれているというのは、特定のグリッドに同調し、そこから流れ込んでいるものをその人がずっと翻訳し続けていると考えるとよいのです。違うグリッドにつかまると、そこでまたそのグリッドが平面として持っている図形にふさわしい感情や思考が生まれます。
　ある深刻な感情にとらわれている時に、場所を変えると急に気分が変わってしまうというのはよくあります。深刻になっている人は動きたがりません。深刻になったり病気になったりする人というのは、そこから切り替えたがらず、そこに溺れます。少し歩いて気分がふっと変わったとすると、その場所で接続のラインが切り替わったのです。
　毎日同じ線路で通勤している人は、いつも決まった場所で気分が悪くなったり良くなったりすることに気がつく人も多いでしょう。ある場所で記憶が途切れたり、またある場所ではいつも歌を歌いたくなるとか。グリッドは細かい支線まで考えると、特定の場所に行かなくても、どれかのグリッドに接続することができます。それにそもそもある程度距離が近いと、エーテル体のバイロケーショ

ンによって、手近なアクセスポイントに接続するのは難しくないでしょう。

　場所によって物質の堅さとエーテル体の反比例的な比率が変わっていくように、人間の側でもこの比率は変わります。グリッドを通過する時、感覚にウエイトが大きくなった時には、何も気がつきません。しかし、深くリラックスしてエーテル体の知覚により深く入り込んだ時には、切り替えに気がつきます。

六角形を描く西欧魔術の追難式は
グリッドの力を引き込む儀式

　部分の中に全体があるとか、大は小と似ているとか、雛形理論というのは、霊的な知覚の領域では鉄則のようなものですが、この理屈を頻繁に使うと、地球グリッドの緯度・経度などの固定的な寸法取りを無力化してしまいます。感覚に縛られる要素が少なくなるほどに、地域・空間・場所などの違いは問題にならなくなってくる、それこそ、手のひらの中に地球サイズのものを想定することも可能になってくることになります。

　ホロスコープでは、ハーモニック理論のように、波長のサイズをどんどん細分化していく発想があり、12サインをジオデティックのように地球の赤道の円周に対応させることもできれば、昔から人体の頭から足までを牡羊座から魚座に当てはめたりもします。

　極付近では、地球の直径は1万2713kmくらいですから、身長180cmの人ならおよそ70627分の1。つまりハーモニック70627で構造が共鳴するという意味になります。肉体に支配されない傾向が強まるほどに地球グリッドはどこでもアクセスできるし、そこに限界はないと考えてもよいでしょう。そして地球グリッドがたくさんの種類が複数乗り入れしていて、どのグリッドに同調するかは、立体幾何図形の一つの面の形が、共鳴のプロトコルとして使われると思います。サイズは気にしなくてよいが、種類ははっきりさせなくてはならないというわけです。

　そこで思い出すのは、西欧魔術では六角形を描くものや五角形を作る追難式の儀式があることです。ウィッチでは地面に五角形を描くというのがあります。これらは、グリッドのどれかの種類を、図形を鍵にして選択し、引き込む

ということでしょう。地面に六角形図形を描くと、それは魔術の世界では召還ですが、地面に五角形を描くと追難です。つまり「呼ぶ」と「追い出す」という違いがあるのです。

　ある時期、天体の配置に惑星の六角形ができた時、ちょうど渋谷では選挙運動真っ最中でした。応援にさまざまな分野の人がやってきて、渋谷全体がお祭り広場のように見えていたのをよく覚えています。六角形の定義の中には魑魅魍魎を呼び出すというのがありますが、お祭りのように楽しい場面でした。

聖地には六角形ネットワークが存在する
六角形は三角形から容易に発展される

　ケプラーは、太陽系の惑星の間に幾何図形の関係性が成り立つことを主張しました。地球に隣り合わせになっている金星との関係は、地球を外接円とし金星を内接円にしたところで、正二十面体の構造が成り立つといいます。地球を内接円とし火星を外接円にしたところでは、今度は正十二面体が成り立つというのです。この場合、正二十面体は一つの面が三角形です。また正十二面体は一つの面が五角形です。

　プラトンの元素対応では、アカーシャのエーテルは正十二面体に関連していますから、ここでは発想の違いはありますが、アカシックリーディングはキリストグリッドという三角形で構成された正二十面体、言い方を変えると、金星グリッドに似たものに接続することでなされます。ここで正確にリーディングしたい時には、力の場の三角形地点を構築し、それが金星グリッドに共鳴するように試みるのはどうでしょうか。

　この場合、三角形は、プラトン式では水の元素の正二十面体と火の元素の正四面体に関連していますから、三角形ということだけ考えると、そこにはプラトン式の元素では火と水が内包されていることになります。また、三角形と六角形の関係ですが、渡辺豊和は建築家のよく使う三消失点法を活用して、正三角形グリッドラインは六角形にもなり、有名な聖所には六角形のネットワークができることを説明しています。つまり三角形は六角形に容易に発展してしまうのです。

三角形あるいは六角形は「召喚」ですから、他の情報やグリッドの他の領域にあるものを地続きで引き寄せます。いながらにして、どこでも何でも情報を引き寄せるという意味では、三角形・六角形ネットでなくてはならないと考えてもよいのかもしれません。

　六角形の図形の真ん中に立つことを想像してみましょう。それは六方向に線が飛び出した「水」という文字に似た配置となります。漢字は擬態字ですから、このように図形をそのまま文字にするというのが特徴です。

　水はしばしば巫女に関係しています。六角形グリッドという水の真ん中に立ち、情報を拾うのです。『古事記』では、スサノオとアマテラスの間の子供が8人いて、3人は女の子で5人は男の子です。3人の女の子は弁財天ともなり、これが巫女として働くことになります。弁財天の巫女の場所は、湖の真ん中にある島、あるいは海の中にある島で、江ノ島や琵琶湖の竹生島、宮島の厳島神社などです。

ハータックがいうアクシオ・トーナル・ラインとはカバラの流れを汲む身体の統合を図るための設計図

　地球のグリッドに人間を再接続して宇宙の全体的な輪と人の結合を果たそうとするリコネクションという手法の創始者の立場にあるのではないかと思われるハータックは、『エノクの鍵への入門』（森眞由美共著、ナチュラルスピリト）で、オリオンのミンタカ、アルニタク、アルニラムの三つが、銀河の中心的な境界口制御装置、エロヒムの光の主が多くの銀河を我々の父の宇宙とつなげるために使う「ポジティヴ・プログラム」の領域だと説明しています。マヤ族では、ここが宇宙の創造の炉でした。

　ハータックは、この光を拡張するための測定・拡張の役割を担っているのが、プレアデス領域であると説明しています。それは地球ではピラミッドへフォーカスされ、そこから地球上に12のフィールドを作るのだといいます。これはどちらかというと、ジオデティックサインに近いものなので、占星術の発想を使った方が近いかもしれません。

　ハータックはエネルギーグリッドのことを「アクシオ・トーナル・ライン」と

呼んでいます。「アクシオ」は軸で「トーナル」は振動や音とすると、軸を流れる信号のようなものです。これらを活用するにはハイヤーセルフのプログラムに従うことが必須となりますが、これは、生体はシステムが壊れた時に容易に磁気フィールドの混乱の中に埋没してしまうため、ハイヤーセルフとの関係で回線を回復させないかぎり、人は見せかけの現実としての3次元内で振り回される生化学的な奴隷になってしまうと述べています。

　生体の中にも模型的にこうしたネットワークがあるのですが、おそらくアクシオ・トーナル・ラインは軸の中を流れるもので、身体組織のすべてを統合化するための設計図のようなものということになります。見たところそれはカバラの生命の樹にかなり似ています。ハータックの著作は非常にカバラ主義者めいているので、確かにそうかもしれません。

　日本では、ハータックがいう銀河の創造的中心点、オリオンのミンタカ、アルニタク、アルニラムの三つ星は、スサノオとアマテラスの8人の子供のうちの3人の女の子、「多紀理毘売命（別名：奥津島比売命）」、「市寸島比売命（別名：狭依毘売命）」、「多岐都比売命」という3人の女神に当てはめられています。スサノオの物実から生まれた3人の娘ということで、アマテラスよりもスサノオに近い関係です。ここでよく三星紋とか三巴紋などがよく使われます。三角形あるいは六角形のグリッドの形ということになります。このオリオンの三つ星は、西欧ではプトレマイオスなどにより、軍人に関係すると定義されています。日本では女性であるのですが、この3人はやはり軍事的な意味が与えられています。突くまたは切るなどという行為が3人に割り当てられているのです。

頭の中の六角形だけでは意味ある情報化ができない
流れ込んでくる渦を止めるには五角形が必要となる

　私はここ何年かヘミシンクをしていました。ある時期から、頭の中心に回転ドアが見えてきました。これは六角形の柱のような構造をしていますが、水晶かもしれないと思うこともあります。そして、「フォーカス10」に入りいつもと違う意識になるには、六角形の今まで使っていた面から一つ左の面

に移動するという体験をします。回転ドアが反時計周りに少し回るのです。ここで全く意識が変わってしまいます。エリアーデの本を見ていると、オーストリアのシャーマンは頭の中に水晶の結晶があると考えていたという記述を見つけました。私の体験はこれに関係しているでしょう。

　この頭の中の六つのドアを持つ回転ドアは三角形・六角形系統の、水のグリッドに同調するための装置ということになります。それは松果腺の場所にあるのですが、そのスイッチが入ると六角形グリッドにチューニングを始めるわけです。このグリッドはすべてを関連づけて情報を持ち込んでくる「召還」の装置です。緯度のラインは、そもそも地球は自転して同じラインにあるものはみな持ち込んできます。さらに、経度も違う意味で共通しています。しかしこれらは互いに直行しており、交流がありません。そこに三角形グリッドが関係することで、縦と横を組み合わせるようになります。

　渡辺豊和は東西ラインに30度傾斜のラインを引き、夏至と冬至の線を加えることで合計の内角が60度の正三角形を作りました。もともと正二十面体を構成する複数の平面は三角形であり、これに反対側の三角形が合わさってできる六角形は、渡辺豊和のいう三消失点法で表と裏の意識を切り替えるのでしょう。

　私の頭の中の回転ドアでは60度隣のドアなのですが、意識としては、表と裏というくらいに違います。例えば、先日も何日ぶりかに「フォーカス10」状態に入ると老人が出てきたので、私は「またこの人か」と思いました。最近ずっと毎日、しかも1日に何度もこの老人と会っていて、あまりにも頻繁に会っているために辟易しているような（本書を書くことにこの老人は一番関係しています）。ところがフォーカスから覚めて普通の意識になると、この老人は誰なのかわからないし、会った記憶もないのです。こういうふうに、まるで別人のようになってしまいます。ぎょっとするほど考え方とかも変わります。

　ただし、おそらくこのキリストグリッドあるいは水のグリッドだけでは、意味のある情報化ができないのではないかと思います。流れ込んでくる渦のようなものをどこかで止めなくてはなりません。ここで出てくるのが、もう一つの五角形グリッドではないかと思います。

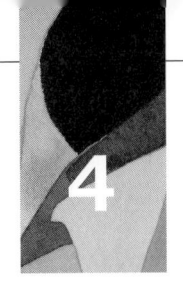

4 瑞の御霊と厳の御霊

瑞は水であり六角形を象徴とし
厳は火であり五角形を象徴する

　日本では、神道の用語で「瑞の御霊」と「厳の御霊」というのがあります。厳の御霊は、「五御魂」や「厳威ある神霊」という言い方をしますが、瑞はむしろ浸透力や結びつける力を表します。もっと簡略的にいえば、瑞とは水であり、それは水という漢字そのものの形からもわかるように、六角形を象徴としています。

　厳は、簡略的に火であり、五つ飛び出した火の漢字の形そのものの五角形です。スサノオが水でアマテラスが火ともいわれますが、地上に張り巡らされた六角形、あるいは三角形のグリッドラインは、瑞の御霊に関係するというわけです。それは地域と地域を結びつけ、関連づけていく「水の魂」というわけです。基本的に水は結合し、火の五角形はそれを切り離すと考えるとよいでしょう。スサノヲとアマテラスの子供は8人いて、3人は女の子で5人は男の子ですが、3あるいはその倍の6はスサノヲに関係し、5はアマテラスに関係すると考えられています。

　ケプラーを参考にして、瑞の御霊または水の精神は金星に関係し、厳の御霊または火の精神は火星に関係すると考えるのも一考かもしれません。私たちの未来にとって最も重要な地球グリッドは、瑞と厳の結合、つまりこの正二十面体と正十二面体が結合したものだと考えてもよいのです。この統合された結合体があれば、その人は水と火という対立したものを融合した優れた活動ができるということになるのです。

　大本教では、出口なおが厳の御霊を表し、身体は女だが中身は男という変成男子だといわれ、また王任三郎が瑞の御霊を体現し、身体は男だが中身は女という変成女子といわれていました。この変成男子と変成女子というのは、法華経提婆達多品（ほけきょうだいばだったほん）から出た思想で、個人は男女具有することで成仏できるとい

う教義です。この二つを結合したものをイズノメノミタマといいますから、宗像三女神が示す瑞の御霊の正二十面体とアマテラスの五男が示す厳の御霊の正十二面体の結合は、イズノメノミタマのグリッドと呼んでもよいかもしれません。

　イズノメノミタマは神道でいう一霊四魂を実現するものと考えられるので、このグリッドそのものに同調できるということが、その人には大きな達成を表しますが、実際の形としては、菱形三十面体になるでしょう。

　惑星グリッドに詳しい小野満麿さんのブログ「METATRONIC METALOGUE＜ http://metalogue.jugem.jp/ ＞」によると、正十二面体と正二十面体の相貫体である菱形三十面体では、120個の同じ形をした直角三角形が組み込まれています。これは UVG120 です。正十二面体の一つの面からこの直角三角形は 10 枚、正二十面体の一つの面からは 6 枚取れることになります。

五角形は火星・男性・押す力
三角形は金星・女性・受容的なもの

　五角形と三角形の結合であるイズノメノミタマの地球グリッドは、三角形の中心に五角形の頂点があり、五角形の中心に三角形の点があるという相貫体です。これは「押す」と「引く」という関係でもあると思われます。

　ケプラーの惑星幾何図形では、五角形は火星、三角形は金星との関連と考えてもよいと思います。火星は占星術では男性を示し、押す力です。金星は女性を示し、受容的なものです。五角形が目的意識を押すことで、六角形はそれに適合したものをグリッドを通じて持ち込んでくるというふうに解釈するとよいでしょう。

　金星と地球では、正二十面体の一つの面の中心に金星が入り、また地球は外接円ですから、三角形の点を結んだ球体に地球が入ります。さらに正十二面体の一つの五角形の中心に地球があり、その外側の五角形の点に火星が入ります。金星の真ん中に地球、地球の真ん中に火星、図形では火星は金星の真ん中に入り、金星は火星の真ん中に入ります。互いに金星と火星が乗り入れている図式と考えてみましょう。

　五角は魔除けで外を弾き、六角は召喚で外を引き寄せるのが、ゴールデンドー

ンなどの魔術団体の儀式の基本です。五角形は個の意識の独立性を主張しようとする。しかしまたそれは、特定の目的をプッシュする力にもなります。六角形は相対的、三角形はただひたすら進んでいくので、歯止めがないのです。しかし五角形が明確な目的を打ち出すと、六角形ないしは三角形はそれに合わせたものを引き寄せてくると考えるのです。また金星は内にあり、火星は外にあります。これは外と内の符号をしていくことになります。

　点は面に広がるし、また点は、面全体の中でのエッセンスです。三角形のエッセンスが五角形の中心を占め、五角形のエッセンスが三角形の中心に入ります。引き寄せたものを要約し、また要約したものが、引き寄せる種類を変えていくことになるのです。

グリッドを使ってアカシックリーディングをする場合には明確な目的意識を持つことが何よりも大切

　アカシックリーディングは地球グリッドから情報を読み取りますが、この場合、明確なテーマというアクティベーションは不可欠で、それがないと膨大な情報の海の中で遭難してしまいます。例えば、黒い鏡や水晶球透視などの練習も、目的がなく見ていると、何年も曖昧な流動的なイメージの中を漂う無為の時期を過ごします。時々映像の片鱗が見えたにしても、何の関連性があるのかさえわかりません。これらを結合して意味のあるものにまとめていくのは、五角形だと考えるのです。その五角形の1点が三角形あるいは六角形の中心を突き、六角形は五角形の目的に合わせた範囲のものを引き寄せてきます。

　五角形は情報を意味のあるものに変える。また同時に、五角形の閉鎖を三角形は拡張していき、狭い範囲にとどまらないようにします。

　次頁のように、グリッドを使ったリーディングの方法を考えてみましょう。

Step1 リーディングは、まず身体のエーテル体が地球グリッドに同調することから始めます。深くリラックスして、呼吸法などを使って、身体感覚から離れます。あるいはヘミシンクなどを使うとより早くできるでしょう。これは感覚の個人的な閉鎖を止めるということです。

Step2 目的意識を持ち、その上で六角形のネットワークにアクセスします。五角形は六角形にアクセスすると同時に、六角形の中に漂流することを防ぐのです。これは実際には、六角形を思い浮かべて、サーチの目的をはっきりさせるという手続きで進みます。

　目的を持ち、その姿勢そのものが情報を意味あるものにするというのは、フォトリーディングも同じです。目的が検索のキーワードになり、無意識に取り込んだ情報の中から、必要なものを引き寄せることができるのです。トリガーワードや質問を出さないで、フォトリーディングすると、あらゆる情報は潜在的なまま放置されます。

　三角形あるいは六角形グリッドに接続するのに効果的なものは天然水晶です。昔から水晶パワーなどといわれていますが、水晶自身にはパワーはないでしょう。しかし、水晶は地球グリッドと共鳴する特有の鉱物で、水晶に開運効果があるというのは、実は地球グリッドに接続して、そこからエーテル的な力を引き出す装置だからだと思います。

　地球グリッドのハブの部分には人工山としてのピラミッドなどがあるといわれていますが、これらは石英の成分が多いといわれます。石英の精密な結晶が水晶ということになるのです。

　地球グリッドの力を集積するのに、水晶の性質が最も適していて、水晶とは地球グリッドの力を送受信する専用の鉱物ではないかとさえ思えてきます。言い方を変えると、水晶の構造を巨大化したものがグリッドで、それは親子のように共鳴し合うのだと考えます。

　そのため、好みの水晶を持つというのはかなり効果的です。これはまたおそらく人体の頭の中にある松果腺機能とも共鳴します。

受信だけでなく送信したい場合は
グリッドの交点で願望を強く打ち込むこと

明確な一つだけの願いを忘れず、それをグリッドの交点で放送します。エーテル体レベルではすべての人がつながっています。それぞれ個人が孤立しているのは肉体としての感覚です。個人の持つ力を強めたい時に人は感覚に没入します。しかし、エーテル体にシフトすると、一人ひとりは海の波のようなものになり、全体として共鳴します。そのため、この放送電波の強い場所、つまりはグリッドの交点の場所あるいはラインの場所で、自分の願望を強く打ち込みます。すると、それに対して答えてもよいという人が無意識に反応することになります。

　神社や強い場所でエーテル体に意識を移して放送したものはたいてい実現します。神社の祈願もリラックスしてエーテル体にシフトするのがルールです。願望が通りにくいものとは、まず相手が個人でその個人相手に訴えかけるもの。これは相手の意志がありますから、そのまま通りません。例えば、誰かに「結婚してください」というのは、相手の意志との力関係になってしまいます。

　もう一つは、その人の願望に葛藤がある時です。「これをしたい」または「これをしたくない」というこの両方を送信したとしら、それはうまくいかないのは当たり前です。

5 "正しい"神社とパワースポット

本当のグリッド上に置かれた神社ならば必ず情報が開示される

地球グリッドは支線まで考えると、世界中にも、また日本でも全国津々浦々あらゆる所で利用可能になります。場所の任意性が高いと、その分、より細かいグリッドの支線に移動します。ある程度グリッドの太い所に行くには大きな神社や聖地、磐座などに行くことになります。ただし、このような思想で作られた神社は少数で、グリッドやレイラインの意味を理解しなくなった時代に作られた神社も多いと思いますから、見分ける必要はあるでしょう。もし本当のグリッド上に置かれた神社に接触すると、必ず情報が開示されます。古代の基準からいえば、エネルギーは情報と同居していて、この二つを切り離せません。抽象的な空のエネルギーはないのです。しかもグリッドはアカシックレコードの蓄積されたラインです。

　私の例を紹介します。1990年前後、引っ越し先を探して、代官山や目黒近辺を歩き回っていた時期がありました。さんざん歩き回って疲れたので、たまたま目にした神社の境内で休憩しました。その後自宅に帰って寝ていると、庭の石がじゃりじゃりと音を立て、誰かが立っているように思えました。庭からは光が差し込んでいます。よく見ると、「まんが日本昔ばなし」に出てくるような白い服を着た人がいて、今後の8年間の予定というものを夢の中で聞きました。昼間に休憩した所を調べてみたら大鳥神社でしたが、京都の神道家にその体験を話すと「おそらく祭神だろう」といわれました。大鳥神社に行って看板を見ると、祭神はヤマトタケルでした。

　また別の体験では、伊勢神宮に行く前日に松阪市のホテルで早朝にヘミシンクしました。空中に巨大な金色の鶏が出てきて、私は「これは何だろう」と思いました。その時はまだ、鶏が伊勢神宮の眷属だと知らなかったのです。前の日に来たというのは、もうお迎えとみてよいでしょう。

何の音沙汰もなく、何の反応もない場所。それはグリッドに関係していない神社だとみなせばよいのではないでしょうか。気が合わない場所であれば、合わないなりに追い出されてしまいますから、それもはっきりとした反応の一つといえます。
　場所そのものが情報ですから、どんな所であれ、必ず情報は流れ込むが、それについて無意識になっている場合もあります。しかし考え方に変化は必ず起こしています。その変化全体を見ることのできる余裕のあるところに自分がいない場合にはなかなかわからないでしょう。敏感でないという意味ではありません。電車の中で考え事をしている人は、電車がどこに行っても気がつかないということなのです。
　太いラインに来て強い圧力を受けたか、それとも細かすぎて、自分にとってはテンションが低い場所かは、そこに行けばわかることではないでしょうか。それはその人の活動の水位によって相対的に変わります。とはいえ、感覚で受け止めるかぎり、どこにも違いはありません。感覚というのは、目で見た通りですから、豪華なものや大きなものには圧倒されるというような、わかりやすい反応しかできません。
　私は出雲大社に初めて行った時、あの大きな建物に何の感慨も抱かず、その裏にある小さな岩肌に興味が行きました。それは私のエーテル体の素直な反応です。犬か猫のように何も考えないで動くとそこに行き着きます。しかし感覚で見ていれば、もちろんあの大きな建物に行きます。つまり、私から見ると、あの大きな建物にはそんなには価値がないということでした。

パワースポットは１点のみだとどれに接続されるかわからない

　地球を取り巻く地球グリッドは、強い場所ほど複数の立体が複合されています。グリッドはみな目的も特定も違います。そのため、自分に必要なものを手に入れるには、この複合グリッドを選り分けて、必要なものだけを抽出しなくてはなりません。複雑なものが混在している時、それを矛盾なくダウンロードできる人は少ないでしょう。

複合的に乗り入れしている場所で、特定のグリッドを選ぶには、既に説明したような鍵となる図形を描くか、あるいはもっと大きな所に図形の片鱗を描く、すなわち2点間の線を作ればよいのです。駅でどの線を選ぶのかということと同じです。地域の範囲を大きくすればするほど、力は強まります。

　パワースポットを1点のみ選んでも、それは効果については明確にならないのです。もう一つパワースポットを選んで線を引き、そこを移動すれば、もう図形は明確になりどのグリッドに同調するのかはっきりします。

　この場合、かなり細かい支線になるとどこにでも走っているということになりますから、どの種類のグリッドとつないでいくかというのは、まさに、形をどう描くかということになります。端的な例として、瑞の御霊グリッドは三角形のバリエーションとしての六角形で、それは「水」の形です。また、厳の御霊グリッドは五角形として、「火」の漢字が当てはめられています。漢字はそもそも形をそのまま模したものですから、グリッドの性質そのものを示していることもあるわけです。

　北欧では木の棒にルーネ文字を刻んでそれを投げ、そこから未来を読み取ろうとしました。木の棒でなくても、空中に神秘文字が浮かんだら、それはそういう意味を持っていると考えるとよいでしょう。感覚の目で見て空中に神秘文字が浮かぶことはありませんが、黒鏡とか水晶球を練習していると、エーテルの視覚にしばしば容易にシフトしますから、空中に文字を見ます。これらの文字はグリッドの蝶番としての働きだと考えてもよいでしょう。図形や神秘文字、色彩などを使って、特定のグリッドからダウンロードするための鍵とするというのは、昔から使われていると思われます。

　2点以上のポイントをつないで移動する場合には次頁のようなものが考えられます。ここでは正十二面体、正二十面体をあらかじめから結合した図式として、30度、60度、90度の内角を持つ直角三角形を想定してみましょう。これは東西線に対して、冬至・夏至の日の入りの角度を加えて三角形を描くということです。

社会的な仕事で成功したい

これは東に向かう方向です。そして社会的な成功は見える集団性の南へ。つまりは冬至の日の出である南東方向に 30 度傾斜した所にあるものに向かいます。次にそこから北へ真っすぐに上ります。はじめの地点から真東の位置に来たら、そこから元の場所に戻ります。つまり直角三角形です。西に向かうので、ここでは力を抜く、リラックスする、結果を受け取るという意味になります。

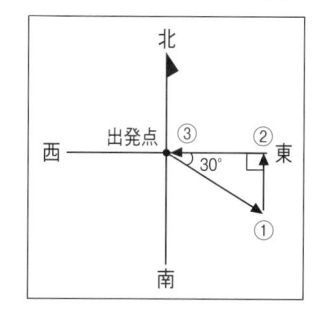

結婚運を良くしたい

これはそもそも東の自主性を高めるとうまくいきません。そのため、西に移動します。家庭運などは蟹座の、つまりは北ですから、北西 30 度方向に移動します。そして出発点の真西に来たら、そこから出発点に戻ります。西と北は、自主性を弱め、見えない集団性へと委ねることを表しますから、自主性を高めたい人には一番適していない方向です。

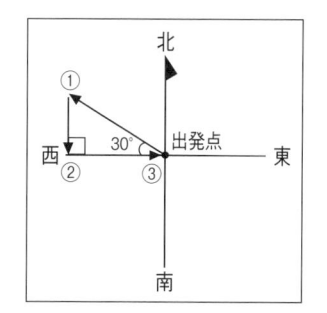

　大きな距離であるほど大きな力を取り込みます。全コースで 2 時間程度ならば、自分の町の周囲で済みます。お気に入りの場所を見つけて、何度か巡回していくとよいでしょう。お決まりのコースにしてもよいです。

6 地球グリッドと都市の関係性

個人がばらばらに切り離されている現代では集団無意識となることができない

地球グリッドが走っている所は神聖な場所とみなされるので、世界中でその重要な拠点には遺跡などがあると思います。しかし近代になるにつれて、その場所に重きは置かれなくなりました。私たち現代人は集合意識と個人を別個のものとみなします。太古の神話と共に生きていた人々との意識のメカニズムは違うでしょう。

神社の中には、夢のお告げなどで場所を指示されて磐座を決めていき、そこに神社を作るというものがあります。他の多くの人も同意するのです。なぜなら集団意識なので、それに異を唱える人はいないのです。個人がばらばらに切り離されて機能する現代では、このような方法は理解されないと思われますし、妄想だと笑われてしまいます。自分の接点が持てない人は、それを共感できないのです。そして接点を持たない時代が、現代です。

メルキゼデクは人類を3種類に分けています。第1種はアボリジニーのように夢で通信したり、また種全体が一つの共通した意志で結ばれたような存在状態の人類であると考えているようです。もちろんこれは、渡辺豊和のいう夢通信のできる縄文人タイプでもあり、また古代のチベット人のように天と地の間に張られた網を歩く人々でもあります。

第2種は夢通信できなくなった種族で、意志疎通をするために文字を使わなくてはなりません。互いに相手の意志はわからないのです。ハータックは、人類が神に反抗を始めたのは1万3000年前だと説明していますが、それは歳差活動のサイクルの半分の部分で始まった状況だともいえます。1万3000年前に始まり、それは繰り返され、慣性でよりその性質を深めていきます。ここでは地球グリッドと接点を作ることそのものが難しくなります。肉体感覚に閉じ込もっているからです。ここではグリッドというエーテル体の力の代わりに

電気の送電線が張り巡らされ、電波のネットワークなどが飛び交います。インターネットなどもこの種族の特性ということになります。夢通信でなく、個人としての感覚が覚醒した通信です。

　第2種が始まった1万3000年前というのは、小が大を食うということから始まり、この宇宙の大から小の同期という秩序が壊れました。これを魂の分割という言い方もしてよい面があり、よく宗教では、一人の人間に一つの魂は存在しておらず、現代人は一つの魂を百人くらいの人間に希釈しているという発想があります。人としての基準が感覚的なレベルに落ちてしまったので、実際にこういう場合には、人が死ぬと死後の世界というのは存在しないことになってきます。死後まで続くには、肉体感覚のアイデンティティーに依存しない自分を発見しなくてはならず、なおかつそれを育成しなくてはなりません。それはフォルダの階層を一つ上がるようなものです。希釈されたものは元をたどらなくてはならないのですが、それは今の水準での個人を大量に集めて固めたようなものでしょう。もちろん、人格は多数集めたら一つの自己意識になり、これをロバート・モンローなどは「I/there クラスター」といいました。

エーテル体を考慮して設計された都市ならばそこに住む人は葛藤や混乱を起こさないはず

　第3種は、あらためて第2種の知性を持ちつつ、第1種の時代に存在していた宇宙との同期、グリッドの網の目と生きる種族というふうに考えてもよいでしょう。第2種の幽閉された世界から、本来属していた領域と結びつきを取り戻します。

　私たちは第2種の時代に生きていますが、第3種に移行するのを「アセンション」と呼ぶことになるのでしょう。これは2012年からかもしれないし、そうではないかもしれないのですが、2012年だとすると、切り替えはここから始まり、200年弱かかって少しずつシフトしていく可能性が高いのではないでしょうか。

　第2種はエーテル体というものが肉体に張りつき、感覚に集中し、感覚に基盤を置く生き方です。その場合、感覚は非常に狭い範囲でしか認識力が働くことがないので、物事にはすべて始まりと終わりがある世界観が強まります。

小は大を凌駕し、物事には始まりと終わりがあるという思想を持つことが、網の目を切断する直接の原因になりました。誰もが深い意識に入ると、集団無意識の根底で、この事件・発端を思い出すことができるはずです。果てしなく下へ落ちていくという体験です。

　私たちは区画整理により、整備された町やビル、道を見ています。これは感覚の目で見た景観です。エーテル体ではこうした建物区画のような見方をしません。エーテル体の通りに道を歩こうとすると、ビルにぶつかったり塀を乗り越えたりしなくてはなりません。もし、建築家や設計者がエーテル体まで考えて設計すれば、今とは違う都市になり、葛藤や混同、神経混乱を引き起こさない都市を作ったでしょう。

　土地に住む聖霊はゲニウス・ロキといわれましたが、それを生かすのです。しかし、「感覚的な要求に基づき」設計すると、今のような都市作りになるのです。それは集団的な全体性を考慮に入れず、例えばある一個人が、自分の主張を集団性というものより重要視して作られます。小が大を凌駕するのです。それは見えるものを満足させるために作られます。

　猫や動物はエーテル体のラインに沿って動きます。知性が発達していない幼児もそうです。幼児がお母さんの周りを這い回る時、まるでそれは移動する蛇のように見えます。まだ幼児は人間の形をしているというよりは、螺旋の筒なのです。そしてエネルギーグリッドのラインに沿って這い回ります。個の意識の発祥は、エーテル体と肉体が額の部分で重なった時に始まります。重なっていない場合には、個の意識は肉体にチューニングできず、肉体の周辺を漂い、やはり自分はいまだに蛇のような筒であると思うしかないのです。これを焼きそばの麺といった人がいます。

　絵を描いた場合、私たちは感覚の視野で絵を描きますが、中には、生命をこの中に描こうとする人もいます。そうした絵は見ていると、生命的な実感にあふれています。つまりエーテル体を取り込んでいて、同時に、感覚的に描いたものです。しかし感覚のみで描き、エーテル体を考慮に入れないと、それは見た目には美しくても、何か生気のない、人を惹きつけない絵になります。有名な画家の絵でも、そのように見た目は満足できるが、実体のない絵はたくさんあります。それらは渋谷などの画廊でよく数十万円前後で売られています。

同じものしか発見できないビル群は
その町のエーテル体が破壊された証

　小が大を凌駕した時、大の情報を小は阻みます。フョードル・ミハイロヴィチ・ドストエフスキーは「世界が崩壊するかどうかよりも、自分がお茶を飲めるかどうかのほうが重要だ」という近代自我のことを題材にして小説をたくさん書きましたが、これが恣意性の介入による地球グリッドの破壊ということと結びついています。最も盛大な破壊は、1万3000年前に生じ、そして1980年代にはもう修復されているという話です。文字だけでなく、絵を描く行為の中でこのグリッドの組み合わせを考えるということもできるでしょう。文字や色、絵などがこの選択性、結びつける記号として活用できると思うのですが、しかし感覚主体で絵を描いた場合、見た目の美しいものに価値を置くとこれは役に立ちません。

　地球グリッドの図太い場所に都市を作ることはそう多くはないと思います。地球グリッドは地球のエーテル体であり、そして見た目で繁栄する都市や建築は感覚性に基づいて設計されるからです。また資本主義的な競争原理は、小が大を転倒させるということが当たり前に起こるので、都市の景観も破壊されます。つまりは建設ラッシュで大手建設会社が、アンバランスなものを作ってしまうのです。大手建設会社の代表者が、「これからはこの地域を大人の町にする」といって、品川や表参道、六本木に全く同じような外資系の企業しか入っていない、どこに行っても同じものしか発見できないビルを建築した時、その町のエーテル体の秩序は破壊されています。ゲニウス・ロキも殺されてしまいます。地域特性というものがないのです。このような姿勢は近代以後かなり頻繁になっています。

　この第2種的な衝動がいつまでも続くと、人類そのものは自分の環境を壊してしまい、自滅に向かうと思いますが、たぶんそこまで暴走せずに少しずつ第3種にシフトするのだと思います。本来の秩序を取り戻して、銀河、太陽系、地球、地域、個人という大から小までの同期システムを回復させるということが一番要のことです。その時に、時々感動を呼ぶ言葉とみなされていた「人の命は地球よりも重い」という異常な発想を修正することになるでしょう。

第3種の意識は第1種と第2種の調和的な配合です。第1種はおそらく応用性というものが存在せず、人は環境と密接に結びついていました。つまりは動物と同じです。例えば、ある音楽の調を変えても同じメロディーだとわかるのは、絶対音感から離れて、応用的に聴き取ることができるからです。動物の場合、それぞれ固定的な振動数と結びついた形でサウンドを聴くので、調を変えてしまうと同じメロディーだとは認識できなくなります。このように動物は大地と切り離せない固定的な関係があるからこそ、動物は自然界の使者としての役割を果たすのです。

グリッドやレイラインに沿って生きることは春分、夏至、秋分、冬至のリズムに合わせること

　第2種の始まり、つまりは人が神に反抗を始めた時、人は神よりも偉大であるという考えが芽生えたのですが、これはスタイルとしては一人の主張のために多くの人を犠牲にしてもよいという考えも許してしまいます。しかし、全体は一部に反映されるとか、あるいはハーモニックのようにより小さなものの中により大きなものが反映されるということを発見して、全体の構図の中から一部のものの自由性や可能性を引き出すことにもなりました。

　個人の可能性は無限であると考えることは、暴走しすぎると最後には一人の気まぐれが全世界を滅ぼしてしまうというところまでいきます。しかし、限界に行く前に第1種的な秩序が回復し、組み込まれていけば、応用的でありつつ大から小までの宇宙的な秩序が回復し、すると、大きなものが小さなものの中に流れ込んできます。第1種よりもより優れた同調、すなわち自由でありつつ同調するということが可能となるのです。

　今、「心を開く」というと、それは人と人の間のことに熱中してしまうということと同義語で、これも外に開いているわけではありません。なぜなら人類は人類という単位で閉じているからです。この閉鎖からどうやって出るのかということを模索するのは有意義なことでしょう。

　ハータックのいうように、ハイヤーセルフとの結びつきが失われた時、互いの関係性という横のラインで価値観を形成していくことになりましたが、それ

は相対的なものに振り回されて、全体としてどこに転ぶかわからない傾向があります。集団社会はそれ自身が全体として主観的なものです。

　グリッドやレイラインに沿って生きるとは、同時に時間サイクルの中でも、春分、夏至、秋分、冬至のリズムに合わせて生きるということと同じです。

　古代の日本人のように春分、夏至、秋分、冬至に沿って生活習慣を組み立てると、占星術のサイクルで生きることと同じということになってきます。第2種の人間は、自然界に対して自分は独立的であり、優位に立っているというプライドを持っていますから、こうした天体の運行に合わせた生活をしたがりません。グリッドやレイラインの場所には都市は作らない。それと同じく、カレンダーは春夏秋冬のゼロポイントは使わないグレゴリオ暦を使う。

　第2種はことごとく、空間的にも時間的にも、こうした大から小へ流れ込む同期システムから自分を「そらす」ことで成り立っていますから、できるだけ意味のない場所に住み、意味のないリズムで生きることで、自分の安定性を保つのが信条です。縫合部にない場所は、固く安定した場所です。そのため、第3種的な生き方を考えることとは、第1種的な知覚作用を断絶させずに第2種的に生きるという第1種と第2種のハイブリッドです。太いグリッドの近くには住まないが、しかし頻繁に太いグリッドの場所には出かけていく人も多いかもしれません。

7 バイロケーション

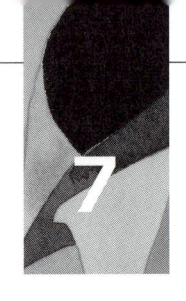

江島神社での祈祷中での体験で
江ノ島との強い縁を確認する

　個人は肉体は特定の場所にある。しかし、根底的な意識は、このグリッド全部で共鳴しています。さらにそれは、太陽系グリッドそのものに、というふうに、階層的につながっています。そのため、肉体意識から離れると、そのまま地球グリッドそのものに同調してバイロケーションを体験します。

　ヘミシンクなどでも、肉体から離れた後、地球、太陽系、銀河と拡大していくメソッドがありますが、これは自己拡張と解釈するよりも、このグリッドから広がっていき、次のグリッドへとシフトしていくことで、エゴの拡大ではありません。むしろエゴの拡大はある段階まで来ると、それ以上進まなくなります。こだわっている価値観のレベルというものがあり、それと結びついてエゴは形成されていますから、エゴを持つかぎり、それにふさわしいサイズのグリッドから離脱できません。そのサイズのグリッドレベルから離れて大きな所に行くには、エゴをそこに置いて拡大しなくてはならなくなるのです。

　「現代ヨガの会」の主催者であった山手國弘さんはいつも身体の外で考えるという習慣を続けていたそうです。すると、それが原因で体を壊したといいます。そもそも山手さんがヨガを始めた理由は、その身体を回復させるためだったそうです。身体を治した後、結局はまた身体の外で考えるということを続けていたと思われます。アリストテレスとかピュタゴラスの時代にはバイロケーションは普通にしていた人が多いのかもしれず、アリストテレスもピュタゴラスも同時に2カ所に存在することができたと記述されています。

　シュタイナーは、霊的なものを習得する場合には個から離れて、個の外にあるものすべてが自己であると認識しなくてはならないと説明しています。個の内面には何も存在しない。真実は外にあるといいました。このように考えた方がバイロケーションはしやすくなります。

強力な場所とは思えないような近所の神社に行き、グリッドに接触しているのだと思いましょう。身体をリラックスさせます。そして図形を描きます。アカシックリーディングをしたい時には、六角形の瑞の御霊のグリッドにつなぎます。それを象徴とする宗像神社や弁財天の場所に行くと、太いラインになるのでますますつながりやすくなります。

　私は占い学校「カイロン」主催者の勧めで、人相見の天道春樹さんに人相を見てもらいました。天道さんは、私の頬に生霊がついているといいました。この生霊を取り払うには「まあ、適当にどっかの神社で祈祷を受けるといいよ」というアバウトなアドバイスです。

　私はこの生霊が誰かということは知っていたので放置しておいてもよいと思ったのですが、しかしこれを機会に祈祷を受けようと思いたち、江島神社に行ったのです。申し込み用紙に生霊退散という項目はありませんでしたから、とりあえず商売繁盛のところに丸をつけて五千円払いました。祈祷の最中にイメージのスイッチが入りました。リラックスすると必ずこの状態に入ります。そこで扉が開き、くさび型に奥の方まで通路ができました。私はそこに強制的に驚くほどの早さで引き込まれます。そして「遅いっ」というようなリアクションが戻ってきました。私が江島神社に行くのがあまりにも遅すぎたのだそうです。実際、江島神社に初めて行って、私はこの感触はずっと昔から親しんでいたことを思い出しました。むしろ親しみすぎていたくらいです。今頃気がつくのはどういうことなのかと非難されているような印象です。

　それからは頻繁に江ノ島に行くことにしました。現在、私は藤沢の朝日カルチャーセンターで講座を持っていますが、これは「久しぶりに連続講座しませんか」といわれたからです。新宿の朝日カルチャーセンターでは7年くらい講座をしていましたが、そこを止めてからはずっと行ってなかったのですが、江ノ島に近いからという理由で受けたというのが本当のところです。

龍口寺の直角三角形の坂を上がっていった男は
日蓮でありイズノメノミタマを活用していた

江ノ島に関心がいくと龍口寺にも関心がいきました。江ノ島で、上空に緑色のネットを見たことがあります。ヘミシンクの最中で、肉眼で何かを見るよりも鮮明だったので驚きましたが、おそらく昔の人は、リラックスして夢見状態に入った時に、これらを頻繁に見たのだと思います。緑の蛇と江ノ島弁財天のセットだとゲーテの『メルヒェン』または『緑の蛇と百合姫のメルヒェン』に似ているかもしれませんが、江ノ島は日蓮の龍口山が文字通り竜の口であり、入り口だと思われます。

そもそも、なぜ私が龍口寺に関心を抱いた理由についても説明します。ボーネルの「ミスティカル・ノウイング・スクール」でインストラクターをしている橋本尚子さんに私がアカシックリーディングを依頼したところ、橋本さんはその朝、夢の中で私の千駄ヶ谷の事務所の前に「龍口」という名前のバス停があって、私と一緒にそこからバスに乗ることになっているという内容を見たのです。そのバスはどこかのアミューズメントセンターに向かうのだという話です。バスというのは複数の人が乗るクラスターです。実際にはクラスターはスパゲティーの麺のようなもので、そこに複数の意識が同居して集団的な意識を形成します。私はこの夢の話を聞いて同じ名前の龍口寺に行ってみようと思ったのです。アミューズメントセンターは金星です。千駄ヶ谷には類似のラインがあるのだと思います。それは千駄ヶ谷の由来と歴史を考えれば、即座に判明することでもあります。

龍口山に興味が出てきたので、そこでヘミシンクしてみようと思いました。ある日、龍口寺の頂上でiPodにヘミシンクを入れて、休憩のフリをしてそれを聞いていました。真面目に大きなヘッドホンでヘミシンクすると怪しまれるからです。

ヘミシンクを使わなくても同じことはできますが、ただヘミシンクの気楽さというのがあって、それはそうとうの悪条件の中でもそこそこトランス状態に入れるということなのです。これは自作のバイノーラルビートでも効果はほとんど変わりません。そもそもなくてもよいのだから、細かい違いはあまり気にならないのです。ヘミシンクも多数販売されていますが、必要なのは「フォーカス10」

だけで事足りるのではないかと思っています。

　ヘミシンクで「フォーカス10」に入ると、そこで作務衣のような姿の小男が黄緑の坂を上がっていました。「この男だけが重要なので、そこに注目するように」と誰かがいいました。30分後に山を降りて初めて気がつきましたが、これは日蓮です。そもそも日蓮の山なのですから、日蓮であることは当然なのに、このトランス状態に入ると、よく当たり前のこともわからなくなることがあります。

　この日蓮らしき小男が上がっていた坂は直角三角形でした。つまりはイズノメノミタマの30度、60度、90度の内角の直角三角形でもあるでしょう。江ノ島の弁財天あるいは竜は、瑞の御霊ですから六角形グリッドの場所です。そして龍口寺の日蓮は、それをイズノメノミタマとして活用したのだと思います。実際にヘミシンクで見た時には、このわざとらしい直角三角形の形が、まるで演劇で使う道具のように人工的に見えたので、その違和感をよく覚えています。自然な山でなく、どうしてこの形なのかと疑問でしたが、この直角三角形をわざわざ意識してほしかったからだと思います。

図形を思い浮かべる時は方位の軸を揃える
三角形が赤で六角形が赤と緑のセット

　ゴールデンドーンでは、タットワの図形は五つ使います。これはプラサードが紹介した、ヒンドゥーの瞑想の時に使う図形なのですが、日本の五重塔もこの五つのことを表現しています。自然界のエレメントは5種類で、空、風、火、水、土です。空は虚空蔵菩薩でもよく知られていて、この空の元素こそ、アカシックのエーテルです。それは紺色あるいは紫の楕円で図形化されています。

　ゴールデンドーンでは、この五つをそれぞれ組み合わせて25種類のタットワの図形を使うのですが、例えば、空の中の風というと、アカーシャの中の情報というような意味でしょう。紺色あるいは紫の楕円の中に空色の円が描かれます。こうした図形を強く思い浮かべてそれを拡大し、この中に入っていくという瞑想法が一般的だと思います。感覚で受け止めるイメージから、深くリラックスしてエーテル体で受け止めるイメージに変わった時には、色彩は急激に力を増してきます。

アカーシャのタットワも、漏れてこぼれていく鮮やかな非常に美しい紺色に見えます。いつまでもそこに浸りたくなるし、そこにすべてがあるような気もしてきます。するどいエッジは感覚の特有のものであり、エーテル体の視野では図形もきっちりとした輪郭を持つわけではないので、それは変容していきます。紺色の楕円の中の青い円は、青い円が人の顔になっていくような形で変化したりもします。

　図形を思い浮かべる時には、東西軸あるいは南北軸を揃えます。地球グリッドに同調する最低条件だと思います。三角形は赤ですが、六角形は赤と緑のセットです。60度移動だと赤から緑へとシフトします。五角形を黄色と考えてもよいかもしれません。そして六角形と五角形の組み合わせによる直角三角形は、日蓮が上がっている光景ではくっきりと鮮やかな黄緑に見えました。それは六角形の緑色と五角形の黄色の混合なのかもしれません。少なくとも鮮やかな緑ではありませんでした。

　日蓮の龍口寺法難会は北緯35度18分くらい、東経139度29度程度です。富士山は北緯35度21分、東経138度43分です。御来光の道という最も強力な東西ラインから、3分ズレというのは、私には程良い逸脱と感じます。それは箸墓のある太陽の道から、中山みきの天理市が4分ズレているのと似たようなものです。

　富士山と伊勢の朝熊山（あさまやま）をシリウスのaとbに結びつける考え方がありますが、龍口山、江ノ島、富士山という方向は、金星を通じてシリウスへという通路とどこか構造的に似ている気がします。日蓮は30度の傾斜の黄緑の坂を上がっていったという映像がこれに関連すると思います。

　仏陀は金星を見て悟りを開いたといいますが、もちろん金星の力が悟りを開かせたのではありません。それを一番手近な通路にしたということです。

　龍口寺でヘミシンクをしたのはこのグリッドの図形のことなど考えもしなかった1年前の話なのですが、情報の復元性ということからすると、今度は反対に、この直角三角形の黄緑の跳び箱のような図形をエーテル体で思い浮かべると、日蓮が馴染み親しんだ使い方が復元できるのではないでしょうか。プラトンは正三角形を六つに分割して出来上がるこの直角三角形を非常に重視していたことが『ティマイオス』に書いてあります。

8 日本でよく知られているレイライン

寒川神社を中心に八方向に展開すると関東版レイラインが出来上がる

御来光の道をずっと東西に移動するだけでなく、そこにイズノメノミタマ的な複合をしようとする場合には、ここから30度傾斜の夏至・冬至の日の出、日の入りラインに移動していけば、結果的にそこに直角三角形の図形ができます。そのような場所はたくさんあるようです。これを「黄緑の30度の坂」と名づけましょう。

関東圏でこの御来光の道に接触する場所はいくらでもありますが、寒川神社は一つの大きなハブです。これは江ノ島のように少しずつ接近するために、少しずらしてあるという場所ではなく、御来光の道のど真ん中です。

そこから30度ほど北東に移動すると鹿島神宮があります。北東は、夏至、日の出つまり蟹座の日の出というふうに考えると、集団無意識の力が個人の中へなだれ込みます。同時に東ですから、個人の加速力を高めていくと考えてもよいでしょう。

反対に南西の30度方向には箱根神社があります。南と西は、山羊座の日没と考えると、個人の力が見える社会集団へと吸収されていきます。つまり社会的な地位の向上ですが、個人の業績は、会社の名前で消されてしまうかもしれません。

さらに南西には、極楽寺があります。山羊座の日没と考えると、社会集団へと吸収されていくこと、社会貢献です。

これは寒川神社から出発した時の話ですが、コースを逆に辿ると反対の流れ方になると考えるとよいでしょう。寒川神社が建っている場所は古くはストーンサークルであったというのですが、ラインの総合センターのようであり、だからこそ八方除けの神社になったのだとも考えられます。

グリッドのある点とある点の真ん中は敏感
有名パワースポットの中間点に注目したい

　グリッドやレイラインでは神社や山がありますが、高度のある山では影響のオーブ（幅）は大きいと思われます。エーテル体を活用したい人は、多少線をアバウトに扱うべきなのです。

　富士山を見ると、やたらに範囲が大きく、周囲の富士五湖の範囲で構わないことになります。グリッドのラインを引く時に、富士山の頂上のみにこだわる必要はないのではないかと思います。グリッドは、山があると範囲が大きくなり、それに比較して平地は狭い範囲になりやすいのではないでしょうか。

　また、グリッドラインのある点とある点の真ん中は敏感で、異なるものの取り入れ口です。もし有名なパワースポットが2カ所あれば、その中間点を探してみましょう。これは占星術ではミッドポイントの理論です。惑星は黄道ではそのように計算する理論があります。またハーモニックも2倍にすると、半分の位置に具体的な場ができます。

　ハーモニックナンバー5は、ハーモニックナンバー10で具体的自己実現の場を探します。その場合、10は5の倍です。つまり72度の半分の36度です。実は、これはピュタゴラスのモノコードから音階を作り出した発想からきていると考えると、半分、3分の1、4分の1も成り立ち、さらに私は黄金分割も成り立つと考えています。黄金分割ミッドポイントです。

　日本では白銀比も好まれています。これは$1:\sqrt{2}$の比率です。交流電気の電圧を考える時には、$\sqrt{2}$は中学校で習います。ピュタゴラスの弦の発想なら、このいろいろな場所でいろいろな音が響くのです。分割の比率によって音が違うのです。こうした考え方で、レイラインを特定の箇所で分断してもよいのです。その分断の寸法比にその意図が盛り込まれます。

夏至の太陽が最も力強くチャージできる
元伊勢から伊勢のライン以外にも数多く存在する

元伊勢から伊勢のラインは、夏至の日の出の線に沿って、伊勢神宮の関係のものが並んでいます。夏至は太陽の力が最も強まるとされていて、西洋占星術で考えると蟹座の0度で、水・活動サインの力にスイッチが入ります。成長力がピークに達すると考えるとよいでしょう。また集団無意識とのつながりが最も強まるポイントです。

1時間に1本程度しかない丹後鉄道に乗っていくと、大江山に元伊勢神宮があります。天照大神を祀る皇大神宮（内宮）、豊受大神を祀る豊受大神宮（外宮）の二つがあります。日本書記では、現在の伊勢神宮が置かれたのは、垂仁天皇26年(紀元前3年)と考えられていて、その後、雄略天皇22年(478年)に、天皇の夢枕に天照大神が出現して、「丹波が懐かしい、豊受に会いたい」といわれたといいます。そこで、今の伊勢の外宮に勧請されたといわれています。丹波の元伊勢にはほとんど参拝者がおらず、そもそも交通の便が悪いのですが、私は個人的に伊勢神宮よりもこの元伊勢の方が好みです。

このラインには天岩戸神社、五十鈴川、宮川、真名井ノ池、宇治橋、猿田彦神社などがあります。二見が浦の二見興玉神社は夏至祭と、大祓があります。この大祓というのは、穢れすなわち「気枯れ」を払うということで、エーテル体的な力をチャージすることを表していますから、夏至の太陽は最も好適だと考えてもよいのです。

これ以外にも、夏至日出・冬至日没では、阿蘇—矢吹—諏訪大社—日光のラインと霧島—伊勢神宮—豊川神社—富士山—皇居のラインがあります。夏至日没・冬至日出では、日光—鹿島神宮のライン、諏訪大社—寒川神社のライン、矢吹—豊川神社のライン、出雲大社—熊野のラインなどが有名です。

人は常にどこかのグリッドから思考を取り入れる
地図上を三角形に歩く散歩会議がオススメ

　歩くと脳が活発になるというのは昔からよくいわれます。エネルギーとメッセージは一体化しているということから考えると、地球グリッドの力を吸い込んで、より大きく正常なビジョンを得るには、小さな支線上で歩き回りながら会議をするというのもよいですし、何かアイデアを考えるのもよいのです。

　人間は自分から考えたりする力はほとんどないかもしれません。常にどこかのグリッドから思考や感情を取り入れています。内面にしばらくは維持していてもすぐに空になり、また取り入れなくてはなりません。そのため、このように地図の中の三角形を歩きながら、頭の活動を刺激するのはよいでしょう。ICレコーダーやメモ用紙、デジタルカメラなどを持ち、一人であるいは数人で歩いてみましょう。

　エネルギーとメッセージは一体化しているということで、時期によって吸い込んでいるメッセージは違うのは当然です。占星術では、春分点、夏至点、秋分点、冬至点をそれぞれ太陽が通過する時の図を作成して、1年の状況を考えます。惑星は太陽の細分化であり、太陽という一つのトーンを下の次元に分けたものであると考えると、惑星は物言わぬ太陽の代弁者として働くということになります。

　春分、夏至、秋分、冬至は、それぞれ異次元の扉としてのゼロポイントであり、地球グリッドが呼吸していく場所ですから、毎年、このチャージに異なるメッセージが加わっていると考えるとよいのです。しかし太陽はこれらを全部内包しています。つまりは、細かいことはいろいろあるが、それらを全部飲み込んで、太陽は毎年同じ時にやってくる。それは重要であるということです。

　散歩会議の道具として、地図とコンパスを買ってきます。これで、地図上に三角形を描きます。新しいことを考えたい場合は、火の三角形です。それは東から始まります。東からやってくるのは東に向かって歩くことでもあります。東から来るものに吸い寄せられて、私たちは東に移動します。そして、そこから拡張のラインである夏至のラインと成果のラインである冬至に至ります。夏至は成長する蟹座で、刈り取りの成果は冬至の山羊座です。この三角形を作るの

は南北ラインです。ですから、東から南北の直線を底辺にする正三角形を作ります。物質的な成果というのは土の三角形ですから、それは頂点が南になります。そして東西ラインを底辺する三角形を作るとよいでしょう。

愛情面、また心霊的なものや霊能力みたいなものは水の三角形で、これは北を起点にして東の西線に沿った線を底辺にします。

レイラインやグリッドに触れて調子が悪くなるのは自分の殻が砕かれて大きな可能性が出ることを表している

せっかくパワースポットに行ったりグリッドに触れたりしたのに、急に元気がなくなったり、体調が良くないことになる体験はよくするはずです。自分の信念体系に閉じ込もり閉鎖的になる人は、パワースポットや地球グリッドに接触すると、その殻を砕かれることも多いはずです。すると、それは今までの自分の延長線から見ると、人格クラッシュに似て落ち込むことになるでしょう。個人としての延長線においては力を失います。そしてその体験が起きたら、それは次の大きな可能性を暗示しているとみなすとよいはずです。つまり衝撃は自分に対してではなく、自分がつかんでいるものに対して起こるのです。これはタロットカードでいえば、塔のカードです。

個人としての発展がなかなか訪れない人は、自分自身をつかんでいるためにかえって、それが拡大を阻んでいます。発展するにはその自分という思いの殻から出る必要があるでしょう。外に開くことです。その場合、人に開くと、その人と人の輪の限界性もあります。そこからまた外には出られません。ある意味それは個人の殻をもう少し大きくしただけです。ですから、地球グリッドはもっと範囲の大きなものには違いありません。

感覚を閉じるというのは、「見ざる、言わざる、聞かざる」みたいで、世界に対して自分を閉じるように見えますが、実際には、その反対のことで、エーテル体に開くようになります。例えば、ヘッドホンをして町を歩いている人の心地良さはどこにあるのか。音楽が楽しいからというよりも外界の音を遮断したいからヘッドホンを着けているというのはよくあります。音という五感の一つを外界にさらさずセンサーのスイッチを切ることで、生命実体が感覚に奪われにく

なるのです。
　作曲家のバルトーク・ベーラは、アメリカに移住した時に地下鉄の音があまりにもうるさいので、ノイローゼになりかけて、象牙の耳栓をして暮らすようになりました。それまでハンガリーの森の中に暮らしていたので、遠くで鹿の子供が怪我した時にも、その声を聞いて助けにいくことができたのです。バルトークの音楽には、このように感覚的な音でなく、生命の音・エーテル体の音を表現しようという意図がはっきりしています。

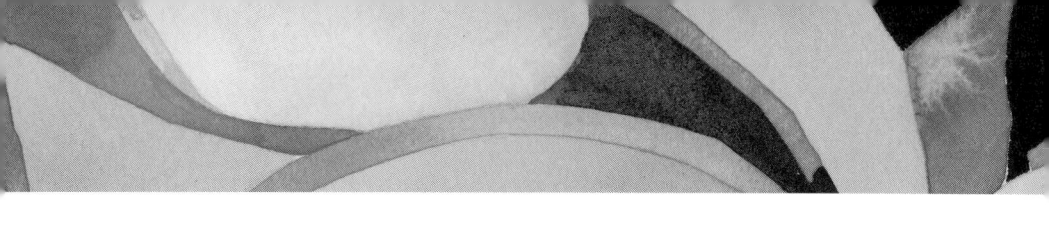

Ⅲ
トランシット基礎知識

〜トランシット天体で今の自分の状況を読む〜

1 惑星の3分類と12ハウス

惑星の公転速度で三つのグループに分ける
速度の遅いものほど深い影響を与える

　古代の占星術技法であるパランは上昇点、カルミネート、下降点、アンチカルミネートの四つの扉に惑星の影響が入ってくるという思想ですが、この四つの扉を軸にして組み立てられるのは、占星術のハウスという概念です。12というのは4と3を掛け合わせたもので、これは一つの扉の力が次の扉に行くまでに三つの発展段階を経ているというものです。これは数え数字としての概念で、時間の経過の中での変化を意味します。

　もう一つは、それぞれの扉が三角形を持つという概念で、これは空間的な変化を意味します。この時間的な「数え算」と、空間的な「砂かけ算」が複合されたものが12サインや12ハウスですから、複合して読まなくてはなりません。

　東の上昇点の力がスタートし、それが1番目のハウスになり、2番目には南の扉が持つ三角形の一角が入り込んできて、この1番目の「1、2、3」というハウスの進展にブレンドされます。すると、東の地平線で、宇宙からやってきた魂が2番目のハウスの段階で地球の集団社会の影響を吸い込んで、それは地上で歩く肉体や素材を得るというプロセスになります。3番目のハウスでは、西の扉が持つ三角形の影響が入り込みます。すると、東の力で始まった個人は自己の外に関心を向けます。つまりは、生まれの1ハウス、肉体を持つ2ハウス、外に動く力を与えられる3ハウスというふうに進むのです。

　惑星はそれぞれの公転速度でこの12のハウスを移動します。これからハウスを移動するトランジット惑星のことについて説明していきますが、惑星の公転周期はかなり違うので、この惑星の影響は三つのグループに分けます。しかし惑星は太陽の分割であるということを想像してください。全太陽を分割すると太陽ができる。この太陽を分割すると惑星になる。遠くから見れば、太陽

の内部で動いているものであり、内輪の世界ですから、太陽よりも一つ次元が下にある。そのうちの一つに地球がある。太陽と月は特別扱いしなくてはなりませんが、既に説明したように、占星術の太陽は、天動説的な世界観においての地球の反射像です。

　冥王星、海王星、天王星、土星、木星、火星、太陽、金星、水星、月は、公転周期が極端に違います。冥王星は二百数十年かけて1回転しますが、月は28日程度で同じ回転をします。一つの公転というのは、一つのテーマが始まり、そして終わるまでのサイクルですから、二百数十年かけて終わるテーマと、28日で終わるテーマでは違いすぎます。たとえるなら、「最近、昼ごはんに中華料理を食べることに熱中しています」というのと、死後も残ってしまう目的意識ではあまりにも違うのです。

　そこで、トランジットを考える時には遅い順番から考えます。なぜなら、遅い速度のものはより長生きして深い影響力であるために、より速度の速いものの影響を変えてしまうからです。それならば、まずより深いものから読んだ方が後で予想外の破綻が発生するということを想定しなくて済むのです。

土星を不幸だと考える根拠はない
安定した生活を送るための固める力が正しい

　しばしば占星術の教科書の中で、特定の惑星を不幸な天体と見なす考え方があります。明暗は色どりかもしれないので、そんなに否定的な場合ではないこともありますが、問題は、特定の惑星を影にしてしまうことで、人生の中でその惑星に関わるところが暗く沈んでしまうことです。もちろん全惑星意識は、すべての惑星を影にしないで、すべてを総合することで実現されます。一つでも不足していればうまくいきません。

　例えば、土星をメランコリーや不幸、転落と考えた時、土星は10個のうちの一つですから、人生の中で10分の1は、必ずその人にメランコリーや不幸、転落が訪れます。そして何よりも全惑星意識というものが手に入らないので、第3密度の狭苦しい範囲の中で不自由に生きていなくてはなりません。外には敵がいて、それを避けながら、とても狭い箱の中にずっと住んでいるような状況です。

しかし、土星が不幸だという根拠はありません。本来、土星は山羊座の支配星であり、冬至の作用でもありますから、固める、または生ものを乾燥して干物にするような作用です。骨と皮はどんな生き物にも必要です。安定した生活をするとか秩序のある生き方のためには、土星はまるで家の柱のような作用であり、土星を敵にしたとたんに、その人の生活の安定度は一気に崩れてしまいます。つまり、その人の心の中で、安定というものを否定しているということになるからです。
　土星が否定的に働くとしたら、間違ったところに固まる、または冷えるという作用が入り込んだケースです。寄生虫でいえば迷入です。柔らかくなければならない場所に冷えて固まる作用が出てくると、それは血管の内側が硬化したようなもので病気になってしまいます。しかし堅くなければならない骨が流動的であったり、皮膚がいつも乾かないとしたら、それも良くありません。必要なところでは土星はどうしても必要なのです。

惑星を活用するならば特定の惑星にするのではなく均等に全部やることでチャンスを生かすことができる

　すべての惑星に均等に馴染み、それらを自身の中で有意義に扱うことができたら、あなたは第4密度意識の自由度を手に入れることができるでしょう。チャンスをこの実生活の中で自由に生かす力が強まります。自己実現して、したいことをする、無駄がない、迷わない、全体的に楽しいというような生き方になってきます。生きることそのものは本来とても楽しいものです。意識の中で、隠れたり拒否したり、怖がったりするものがなくなります。
　また、天体の陰日向を持つと、あるものを歓迎し、あるものを避けようとする動きが始まります。こういう防衛は占いではよく出てくる発想です。悪いものを避けて良いものを引き寄せるために占いをするという人もいます。しかし、この選択姿勢はほぼ100％失敗します。そもそも前提が間違っている考え方だからです。
　カール・グスタフ・ユングやミシェル・ド・モンテーニュの言葉で、「ある時の幸運が本当の幸運を示すかどうかはわからない」というものがあります。そ

の場の幸運はその後の不幸を導くこともあるし、またその場の不幸はその後の幸運に結びつくこともあるのです。トータルに全体を見て、正しい視点を持つ占い師もほとんどいません。またよく知られている言葉に、「防衛は必ず打ち破られる」というものがあります。呪術とか魔術の世界では、心霊的な防衛力ということを考えたりしますが、そのようなことをしている人は、気がつくと普通の人よりも多くの事故や不幸を背負い込んでいます。確実にそうなります。それはまるで普通に道を歩くことさえできなくなってしまうかのようです。完全な防衛があるとしたら、それは筒抜けにしておくことで、ホロスコープに関しても、そのような姿勢で受け止めることができたら、不幸は存在しないでしょう。

　特定の惑星を重視するのでなく、全惑星的な生活を目標にするとよいのです。それはすべての惑星の作用や影響力、可能性を生かすことです。この場合、惑星はそれぞれの速度で12サインの上を移動しますから、それは移り変わる自然のサイクルのように日々影響が変化します。これは毎日のトランシットの影響です。

　そしてこれをうまく活用するには、毎日時計のように見て馴染んでみるとよいでしょう。例えば、ある日具合が悪くなったとしても、それがトランシット天体と密接に関係があることも判明します。今日は朝から機嫌が悪い。どうしてなのか。トランシットを見ると、月と土星が90度だった。ただそれだけということもあります。物質の世界では、自然状況の移り変わりは外面的に見えますが、惑星の移動はエーテル体に直接働きかけるという意味では、精神や感情、知性などの内側に働きかけることも多いのです。毎日見ていると、まるでそれに振り回されているかのように見えますが、これはある種の新陳代謝にすぎないのと、このことを知らない人の方が振り回されていることもよくわかってきます。意識化する人は、そんなに振り回されなくなってくるのです。

　この日々のトランシット状況を見るために、簡単な占星術計算アプリケーションソフトなどを持っていると便利でしょう。スマートフォンでもこうした簡易型占星術ソフトがいくつもあります。

　読み方としては公転速度の遅い順に書いてありますから、順番に今の自分の天体配置を読んでみてください。だんだんと速度の速い天体に向かい、そこでどういうふうに落とし込まれているのかがわかるでしょう。

トランシットではハウスを重視するため
惑星が12のハウスのどこにあるかを見る

　ハウスを考える時には、自分が立つポジションから見て、東西南北の方位を意識するということから考えてみましょう。これは大地に立つ自分ということから始める占星術で、そもそもこれまでずっと地球グリッドやレイラインのことを考えてきたのですから、個人が地上に立っている所から考えます。そのため、自然的にハウス重視になってきます。

　東の方位はアセンダントに該当します。意識そのものは地球全域にくまなく網の目で広がっていますが、この中で肉体を伴う狭義の個人が生まれてきます。ここに感覚のセンサーが集合します。生きている間ずっと私たちはこの感覚のセンサーが持ち込む情報に自分を結びつけているわけではなく、朝起きてから夜眠るまでの時間、この感覚の中に潜り込んでいます。17時間起きている人は、17時間の間感覚の集合した領域へ潜入しているのです。眠った時にはまた解放されて、地球全域に拡大します。東の地平線に地上の個人に潜り込むための穴があるというわけです。

　とはいえ、正確に東と西を指すのは春分と秋分の時だけで、それ以外の時にはこの位置は次第に傾斜します。それぞれのサインに太陽が入る時のスタートの時期に、日の出、日の入りがどのくらい東から逸脱するか東京を例にして考えてみると以下のようになります。

3月21日	89.3度	9月21日	88.3度
4月21日	74.9度	10月21日	102.4度
5月21日	64.3度	11月21日	114.0度
6月21日	60.0度	12月21日	118.6度
7月21日	63.7度	1月21日	114.2度
8月21日	74.2度	2月21日	102.6度

　もし、春分の時つまりは3月21日前後の日の出の時間に東京に生まれたとしたら、太陽は89.3度に上昇するということです。真東を90度と呼びます

から、大ざっぱに東から上がっているとみなします。6月21日前後の夏至になると、だいたい北東方向に30度傾斜します。牡牛座のはじめの日の出は75度前後で双子座のはじめの日の出は65度前後という具合です。

　1年の間に、東は真東から始まり、北方向に30度行き、また戻ってきます。また反対側に30度行き、戻る。東というのは、結局60度も幅があるのです。しかし、自分中心の占星術のハウスの考えであれば、いずれにしても大ざっぱに、東の地平線は東方向にあるのです。表向きにはホロスコープはそれをたいして気にしていません。そこで個人は始まります。

　それに比較して、レイラインを歩く時、それが北か南に30度シフトする斜線の移動は、東という個人が、すなわち日の出のポジションが、サインとしての蟹座や山羊座という集団意識へ歩み寄っていくことを意味します。個人の発祥という東方向と仕事の成功という山羊座の南方向が加わると、南東の30度傾斜になります。個人が弱まり、それにつれて外界との関わりが増え、他者との関係にエネルギーを使うのは西の日没です。家族や霊的な集団としての見えない集団性は北方向です。そのため、個人の力が弱まり、見えない集団へ吸収されていく方向は北西の方向への傾斜30度ということになります。

　しかし間違えないでほしいのは、夏至や冬至の日の出・日没の30度傾斜は、あくまでそれらはみな日の出・日没であり、ハウスの概念からすると、個人が生まれ個人の力が消えていく日の出・日没であり、社会参加を意味する北や南ではないのです。ハウスは個人が生まれた時の個人から見た自己中心的なポジションですが、サインはその尺度よりももう一つ上の多くの人に共有された黄道位置の尺度です。そのため、どういうサインの生まれの人でも、どういう季節でも、個人の力は東の側から生まれ、それは西の側に沈むのです。

　レイラインで、春分点、夏至点、秋分点、冬至点はゼロポイントとして外部からの侵入を許す場所ですから、放置しておくと種々の影響が侵入してくるし、またそれは特別な転回点です。そこで、祭祀によってそのポイントを調整します。またそれは放送局のようなもので、受信もすれば送信もします。アカシックの情報が入り込んでくるというのは、反対に、そこに情報を流し込むということもあるのです。集団無意識に情報を持ち込むネットワークのハブの部分に神社が建ちます。あなたがもし何か目的があるなら、その場所で目的を集団無意識

に放送することで、それに助けになる事物、人などが反応してきます。それを「開運」というのです。

　ハウスの場合には、この集団的なネットワークとの関わりの前に、まずは個人としての接点を考えるのです。個人においての脆弱な縫合部・転回点は、アセンダント、MC、ディセンダント、IC です。ここでは、個人がぼうっとしていると外部から何か入ってくるのです。

　この転回点の部分で無意識に今までのものを続けていると、この流れは低下します。何でも上昇と低下しかないので、気を抜くとそこはだんだんと低下します。またこの転回点で、意識的にアクティベートすると、それは上昇をしていきます。平行線は存在しません。ですから、ダウンするかアップするかしかなく、それはこの転回点を通過する瞬間の、その人の意識の在り方によります。日の出の時には個人としての力が満たされ、昼は絶頂の活動になり、夕方には安らぎを感じ、真夜中には深く入り込む。こうした体験が必要なのです。

「開運」をするのならば黄道と地上のハウス さらにパワースポットとアクティベートを組み合わせる

　自分の人生を変えたい、または向上させたいという時は、縫合部としての四つを惑星が通過する際にその目的を明確にします。地球エーテル体としてのグリッドに接触するとその力は強められるのです。この時に大事なことは、他の余分な影響を入れないようにしておくことです。繰り返しになりますが、すべての可能性を台無しにしてしまうのは葛藤です。「これをしたい」と「これはしたくない」、この両方があると消耗して、何も進まなくなります。

　次に、扉の時間以外は、継ぎ目ではなく安定した平面ですから、変更なしにそのまま発展させればよいのです。この平面は転回点の後に続く二つのサインの進展です。二つのサインは時間の数字と空間の数字のブレンドで進みます。

　黄道位置と地上のハウスを両方組み合わせるとより効果的でしょう。例えば、春分の日の出という具合です。日の出だけでは個人のものですが、そこにさらに黄道の転回点である春分を組み合わせるのです。さらに加えるのならば、地球グリッドのどこか強い場所に行き、東に向かう。つまり、「春分」に「パワー

スポット」に行き、そこで「日の出」に「東」に向かって、「目的を明確にアクティベートする」というもので、強い力が重なるのです。その時に、もし目的意識をはっきりさせないでただ行っただけならば、代わりに違うものが舵取りを始めることになるでしょう。

　転回点でしか事態は変化しません。そのため、そこではない場所で何かしようとしても、あまり効果的ではありません。すぐ近くに柔らかい所があってもそこに目もくれず、固い地面に穴を掘ろうとするようなものです。この1日の転回点、季節の転回点、土地の転回点などを応用することで、目的の場所に行き着くのです。

東から始まる三角形（火の三角形）

この三角形は個人の力の拡張を意味します。ハウスの体験の回転方向からいえば、それは見えない集団性から力を吸い取って拡大し、見える集団性の南へと成果を持ち込もうとします。つまり4ハウスから奪って10ハウスに向かう、5ハウスと9ハウスで作られた三角形です。

西から始まる三角形（風の三角形）

これは、個人の力が外界に向けて環境に向けて分裂することを意味します。そのことで地上生活にバラエティーが生まれます。人との関わりも可能となります。見える集団性である南から力を奪い、見えない集団性である北に参与しようとします。つまり、10ハウスから奪って4ハウスに近づこうとする、11ハウスと3ハウスで作られた三角です。

南から始まる三角形（土の三角形）

これは見える集団性を表し、たくさんの社員が一日中滞在する会社そのもののようなものです。東の個人の動機的な力を奪い、西の成果の領域へと勢いをつけます。つまり、1ハウスから奪って7ハウスに向かう、2ハウスと6ハウスで作られた三角形です。

北から始まる三角形（水の三角形）

これは見えない集団性を表し、家系や民族、先祖、魂のクラスターです。もともと水は結合性ですから、個人を結合して心の集団性を作り出します。西の個人的な成果を奪い、個人それぞれが持つ輪郭を打ち砕き、東の個人の形に縛られない内奥の創造力を再生させます。つまり、7ハウスから奪い1ハウスに向かう、8ハウスと12ハウスで作られた三角形です。

　東と西で成り立つ六角形は互いに火と風の引き合いで作られています。北と南は水と土の引き合いで作られているのです。十字とか四角形に比較して、三角形というのは回転運動を示す構造なのです。

2 冥王星、海王星、天王星のグループ

山の上から町を見下ろすように
自分の人生を大きく見ることができる3天体

　冥王星、海王星、天王星の三つは公転周期がゆっくりしていて、最も早い天王星でも1周に84年かかります。ということは、一生の間に一度くらいの体験で、繰り返しはありません。同じハウスに二度目にやってくるというのはめったにありません。そのため、人生のコースの大きな変化を示しています。

　しかも一つのハウスを移動する期間がゆっくりのために、自覚症状としてはわかりにくいのです。一つのハウスに10年も同じ影響がある時、それをはっきりと自分はこう変化したというふうに認識するためには、自分の人生を大きな視点で、まるで山の上から町を見渡すように見る必要があります。

　日々のサバイバルのような暮らしをしている視点からは、この3天体の影響は大きすぎてわからないといえます。しかしこの3天体の影響はゆっくりしている分、歴史などを照合することで推理することもしやすいでしょう。ここではハウスのみで説明しているので、この歴史分析を事例として考えることはできません。

　自分の人生を大きく全体として見るためには冥王星、海王星、天王星の三つを見ることは必須事項なのです。

冥王星

---KEYWORD---

時代の変化

　冥王星は公転速度が非常に遅く、死と再生の意味も与えられていて、底深い影響力を持っています。ある時から冥王星は準惑星ということになりましたが、占星術的な影響が変わることはありません。冥王星が移動した所は、根底から作り替えられると考えてもよいでしょう。太陽系の外からの影響を太陽系の中に持ち込むという点で、生体が食事を摂取していることに似ていると私は考えています。行き過ぎると生体は死滅しますが、適度な量は新しい活力を与えます。内部ではなく外から持ち込まれる食料なのです。

　トランジットで考える場合には、冥王星は時代の変化を表します。何度か逆行しますから、最後にサインに入った時期で考えると 山羊座には 2008 年 11 月 27 日、水瓶座には 2024 年 11 月 20 日、魚座には 2044 年 1 月 19 日、牡羊座は 2068 年 2 月 24 日ということで、間隔が 16 年、20 年、24 年と伸びています。

　冥王星の最もシンプルな意味は死と再生ですから、山羊座に入った時に、山羊座に対してそれが生じることになります。日本ではこの冥王星が山羊座入りしてすぐに、自民党から他の党に政権が移動しましたが、2024 年までは山羊座という領域で、このような試行錯誤や変化が起きやすいことになります。

　個人においては、その人が山羊座をどこの位置に持つかで、その該当するハウスなどが大きく書き換えられます。死と再生ということは、建物でいえば、取り壊して更地に戻し、また新しく建てるというようなイメージになります。ここではハウスで説明していますから、それぞれ個人にとって、今どこが変革をしてい

るかを考えることになります。冥王星は最も遅い天体なので、ハウスの一つを移動するのに十数年はかかります。その間にハウスの意義さえしっかり変わってしまいます。この変化は、次のハウスに移行するまでは結論がつきませんし、どういう変化だったかを語ることさえできないことが多いのです。過ぎた後で、定着し、それについて結論づけることができるでしょう。

　非常に遅い動きですから、まずは、今自分のどこのハウスに移動中かを確認し、自分は何を食べ続けているか、そして変革中かを確認してください。

　トランジット天体はばらばらに読まず、冥王星から月に向かって順番に読みことが大切です。

1ハウス

　1ハウスは、その人が生まれてきたアセンダントから始まるエリアで、東の地平線から飛び込んできました。東の地平線は個人が生まれた場所そのものですから、そこに冥王星が重なることで、個人の気質とか始める力というものに大きな変質が起きます。

　冥王星は太陽系の外からの新しい食料を取り入れます。当然、その人の個人表現とか今後の人生の推進力が質を変えていきます。今まで裏だったものが表になり、表だったものが裏になったりして、そのことで、自己の可能性の今まで見えていなかったものが急に表面化します。それはしばしば今までのものが停止することで開発されることもあります。この切り替えには意識の連続性がどこかで断ち切れなくては切れ目が作られないので、失敗する、これまでのことがうまくいかなくなる、圧力がかかるなどが起こりやすいでしょう。その結果として、新しい力が急激に入ってきます。

　東は生まれですから、生まれ直すというような印象もあるでしょう。アセンダントで取り込まれた力は、その後1ハウスを移動する間に定着するとみなします。「変化はどういうふうに？」ということは冥王星では語られません。冥王星は切り替え装置のようなもので、持ち込まれた内容物は、太陽系の外にあるものだからです。

2ハウス

　南の三角形に属するのが2ハウスです。それは6ハウスとも連動します。
　東の地平線から入ってきたその人の生命に対して、社会的な集団性からの最初の干渉ともいえますが、それは身近な食べ物や社会の中で生み出された欲求などを表します。個人の東の活動力に対して、この社会性が混ぜ込まれていくと考えるとよいのです。個人は身近な欲求や欲望を植えつけられることで、社会の中に自分を溶け込ませることができます。例えば、お金が欲しいと思うと、それはもう社会に組み込まれたも同然です。なぜなら、お金は社会が作り出したものだからです。
　冥王星の影響でお金や持ち物、資質の使い方が変わっていくでしょう。たいていはこれまで中途半端に関わっていたことにとことん取り組むことになります。決まりきったものが一度解体するので、収入が極端に変化するとか収入の方向が変わるなどになるでしょう。また、冥王星はしばしばルール破りですから、常識が通用しない動きをします。人により違法性ということもあるかもしれません。しかしいずれにしても、10年以上の長い期間ですから、そんなに急には変わらないことも。
　冥王星が引き起こす危機状態というのは、切り替えのために生ずることであり、危機状態が始まったから切り替えましたということではありません。収入大革命と思っていればよいでしょう。

3ハウス

　3ハウスは、西から始まった三角形に属しているハウスです。それは主体性が弱まることで開かれます。つまりは自分以外のものや自分らしくないものへ関心を向けることで、幅を広げます。個人が強すぎると、当然自分のもの以外に対して関心を向けることなどできないのです。外の関心や好奇心などで、個人としての東の力は危険にもさらされます。個人は東から生まれますが、3ハウスはこの個人の発達の中で初めての西の勢力との接触なので何が起こるかわからず、外部的な、偶然の動きに任せることが特徴となってくるのです。これまで親しんでいなかった事柄に興味を抱き、新しい体験・新しい学習などをしていくことになります。
　個人の主体性を弱めることなので、3ハウスの最終段階では明らかに

個人の危機が訪れます。旅に熱中して戻る場所がわからなくなったと思えばわかりやすいかもしれません。サバイバル的な体験は3ハウス全体で起きやすいことでしたが、4ハウスに近づく頃にはサバイバルが不可能となり、個人を否定する北の集団意識へ飲み込まれることになります。つまり象徴的にその人は3ハウスが終わり、4ハウスに入る隙間で死んでしまうのです。

東の個人の力はここでばらばらな関心ごとに分散して、統合的な力を奪われますが、それが西へ関わる、つまりは多くの他者と関わるきっかけなどを提供するのはいうまでもありません。個人はそうやって幅を持ち、バラエティーを得て、交流のできる人間になっていきます。

ここでは何か学習することで人生観が変わってしまうということも多く、できるかぎりオープンな姿勢でいるとよいでしょう。何についてもとことん勉強する期間でもあります。

4ハウス

4ハウスは北の力の三角形のはじまりで、ICは転回点、つまりは縫合部です。子午線の北側で漠然と東から始まった個人の力は、ここで見えない集団性へ引き込まれます。どこに所属しているか、ルーツ的な意識を確認することになります。自分が属する集団の中で、その人の役割があります。これはMCに反射していますから、この見えない霊統の中での役割は、社会の中での仕事に何か似ていることになります。

冥王星は、床を突き破ってその向こうにつなぐという意味では、所属する見えない集団性のレベルが、もう一つ大きなベースへとシフトすると考えてもよいのではないでしょうか。もともとの変更はないのですが、もう少し広いところに開かれるということです。

最も表面的な意味では4ハウスは家です。家は、個人がリラックスして無防備になり、眠る場所です。つまりは死ぬことです。そして死ぬために、外部の余分な影響にさらされないように警戒し、箱の中に入れます。戸締まりをした区画で死に、個人を超えたものと接触するのです。この戸締まりというのが、自分の所属する見えない集団性に守られてという意味でもあるのです。

冥王星はより大きなベースに向かいますが、それはこれまで属していた集団性から離れるようにも見えます。離れてはおらず、もう一つ深い所に行くだけですが、形の上では断絶という場合もあるのではないでしょうか。
　何か中断したり折れたりする時には、それはより大きなところでシフトするためのものであると認識するとよいでしょう。見えない集団性においてのシフトは、はっきりと何か形に現れることはそう多くないように思えますが、家系や家での大きな変化が起こりやすいでしょう。

5ハウス

　5ハウスは、東の三角形の一つです。4ハウスによって、個人を超えた共有意識に浸った後で、あらためて東の力を再生させれば、それは集団的な力に支えられた、より力強い個人の創造性をもたらすことになります。
　集団に属する前の個人の活動力は誰にも働きかける力はありませんでしたが、この段階でならば自分が所属する集団での共通のプロトコルで自己表現するのですから、家族的な関係の人々にも共感を呼びます。また、集団的な力は個人を超えているので、大きなバッテリーを使うことに等しく、感情はダイナミックな深みを作り出します。飛躍する力を持った創造的な性質、冒険的な楽しさをより強めます。
　東の力の三角形の延長線ですから、ここでは本来は個人を押しつぶす性質はなく、むしろ個人の力をダイナミックに煽ることが基本です。4ハウスの集団性の中で共存し、集団共有のプールから個人の力の再生という東の三角形に戻すのですから、同化し、そして個人の力へと点火していく中で、一緒にこの動きに引き込んだものがあります。集団性のプールから引き出したものこそが、子供になったりもします。
　5ハウスは子供のことも意味します。子供が冥王星のように強力か、あるいは子供のことを通じて死と再生を体験します。子供がいない場合には、同じことを違うシーンで体験します。子供や遊び、楽しみ、創作、起業などで徹底した変革的な体験を求めます。しかし、冥王星は非常に遅い動きの天体なので、何か大きな変化があっても本人に自覚はありません。終わった後で自覚することが多いといえます。

6ハウス

　6ハウスは、南の三角形に所属していますから、見える集団性です。順番の進展では6ハウスは4、5、6ハウスということで、ICから始まった見えない集団性の最終段階です。この発展段階の中で、見える集団性に属するのですから、何か働きとか行為によって、見える集団性の中へ見えない集団性の力が顕現しようとしていると考えるとよいでしょう。田舎にいる人が都会に出て会社で働こうとしていることそのものですが、その場合、西に接近しているわけですから、参加のきっかけとしては、身近にいる誰かに対して従属的になるということから始まります。つまりは指示する人や上司などがいて、それに合わせることで、見える社会の中へと食い込んでいくのです。

　西に近づこうとしていますから、主体性はできるかぎり弱めなくてはなりません。最も腰が低い、自分を痛めつける場所でもあります。働く、奉仕する、役に立つ、人の要求する基準に自分を合わせるハウスです。ここに冥王星が来ると、本格的に働くという意味が出てきます。仕事に対して根底的に姿勢を変えていく時期であり、集中力も出ますから、有能になるでしょう。

　しかし、6ハウスは見える社会に向かい、しかも西に近づき自己否定的になるわけですから、実は12個あるハウスの中で最も苦痛な場所です。会社の人事異動で自分には全く適していないことをしなくてはならないというようなケースも自己否定的です。

　健康を意味するハウスでもあるために体質の変化も起きやすく、時には健康を壊します。できる人間になるというのが大きな変化をもたらします。

7ハウス

　始まりはディセンダントで、西の大きな縫合部です。東西は個人としての力ですから、7ハウスでICから始まった4、5、6ハウスの発展が停止し、個人の具体的な環境との関わり方が決まります。環境というのは、関わっている人や周囲の状況、自分がどこで何をしているかなど全体です。西は個人を鏡に映して、その映像を見ているようなものです。

　東は生命力ですから、それを視覚化できないし、それは自分自身と同一化していて、自分で他人のように見ることはできません。しかし、この東の生

命力は、西に沈む時、自分の落としどころを見つけるという意味になるのです。

　この転回点に冥王星が来た時は、環境や関わる相手などが強い力を持ち、そこに従属しなくてはならなかったり、その要求に応えて自分をもっと環境に吐き出さなくてはならなかったりします。西が環境だとすると、その環境の中にもっと逃げられないような形で引き込まれると考えます。これまで中途半端にしていたことをもっと強く要求され、徹底して関わりの中に深入りしなくてはならないということになるでしょう。西の地平線は危険な転回点になりやすいのは、それ以後の発展をここで止められてしまう場合もあるからです。何もかも人との関わりの中でしなくてはならないのです。

　今までの自分の何かを否定され、何かを肯定され、この後者の方のみを発展させなくてはならないということになります。ここで敵対者が出てきた時、それは十分に今のあなたの人生をストップさせるに足る力を持っています。それは今までの自分が死に、新しい自分が出てくることを強制されているということです。それを避けるべきではない時期です。新生のきっかけなのです。ただし、西ですから自分自身の新生ではなく、環境の中で生きる自分ということです。

8ハウス

　8ハウスは北の三角形、すなわち見えない集団性に属しています。ICは自分の属する家族的なクラスターなどとの関わりを意味していました。西の洗礼を受けた後、個人は環境の中に投げ出され、人との関わりの中で自己喪失します。

　見えない集団性はこの自己喪失した個人を、もう一度その個人が所属した集団性へと引き戻します。その時、見えない集団性は、4ハウスにある時にしたように、心の面や保護という意味で力を与えるのではなく、西を通過した人間が外面的に見える形で存在を証明したのだから、今度は外面的に見える形で力を与えるということにもなります。同じ見えない集団性に属していることを認識した他人が、あなたに自分の持つものを共有させようとします。

　8ハウスは死、死の彼方、遺産、死と再生を表し、もともとは冥王星の本来のハウスになります。ここでは冥王星はどのハウスよりも強く働くでしょう。

8ハウスは継承することなので、何か与えられ、それを受け取ることになります。しかし、この受け取るものが自分よりも大きなものの場合、与えられるものと個人の力関係は逆転し、個人はそこに吸い込まれます。食料を食べるのでなく、食料に食べられます。つまりは死というものが訪れます。

　南の三角形、つまり4、8、12ハウスのどれも、死を暗示します。直線時間の中では死は文字通り個人の終わりですが、循環時間の中では、これはより大きなアイデンティティーへの転換に他なりません。組織などに対して根底的に深く関わり、これまでの自分が死に再生すること。またオカルトや心霊、宗教も表すハウスなので、そこに深入りする人もいます。

　何にしても8ハウスは西に近く、他者による変化が大きいでしょう。しかし大きな転換点はディセンダントを通過する時で、その時の変化がそのまま8ハウスで発展しているにすぎません。

9ハウス

　9ハウスは東の三角形に属しています。東の三角形は個人の主体性ですが、それでも南の転回点直前にいるために、見える集団性である南の力に貢献し、接近しようとしています。ディセンダントから始まった7、8、9ハウスという時間の中での発展は最終段階に来て、個人が多くの人々のいる環境の中で、自分の活動が役立つものであることを証明してきました。

　人々の関わりの中に定着した段階で、個人としての東の三角形は、個人の意欲やもくろみを混ぜていき、つまりは人々の輪の中で、自分の意図を応用的に生かそうとします。個人の意志を燃え上がらせ、そこに人々を巻き込もうとしています。しかしそれがだんだんと終わりに近づく時に南の転回点がやってきて、この力は根こそぎ、見える集団性に吸収されていきます。

　9ハウスはしばしば思想や学術、勉強などを意味しますが、これらの精神活動は、南の転回点を通過した後ではその人の地位や見える社会の中での立場に変換されます。そのため、9ハウスで集中的に何かに取り組んだ分だけ、その成果は10ハウスで現れます。やがて10ハウスで仕事や業績として評価されるものを、ここでは、個人的な興奮を伴いつつ点火し、さまざまに工夫を加えています。

グレードアップするという意味もありますから、思想的なものや学習課題として研究するものなどをどんどん向上させようとしています。ここでぎりぎりグレードアップして、その結果、ふさわしい社会集団へと関わっていきます。また、9ハウスは海外の意味もありますから、海外に行くことで変化が生じることも表します。海外で食料を手に入れる。しかし食料の力が強すぎると、今度は私たちが食料になるというのは、他のハウスと同じです。

10ハウス

　MCは見える集団性へ接触する大きな縫合部・転換点です。冥王星が来ると、その人は深い衝動に突き動かされてきた成果を、見える集団性の中に持ち込もうとします。それまで弱気に社会に対して様子を見ていた人も、自分が9ハウスで取り組んできたものを強気で押し出し、社会集団の中に型押しするかのように持ち込むことになるでしょう。

　また、これまで数十年追求してきた西からの7、8、9ハウスの流れがここで停止します。すると誰かに対してという姿勢が弱まり、集団に対してという姿勢に変わります。特定の人との縁が切れたかのように感じることもあります。つまりは7ハウスで始まった物語は、ここでいったん終了したからです。

　仕事においては自分の特技や特異な立場を有利に使うことになるでしょう。職業が死と再生を迎える、すなわち仕事が変わるという人も多いのですが、これは新しい食料が手に入ったという意味で、方向転換したことを意味します。しかし本来は、これまで自分が続けてきたことをこの縫合部を通過した時に、見える社会集団の中に持ちこんで、自分の立場が大幅に変わるということの方が正しい使い方です。これまで精神的に考えてきたことを、形の上で証明するということです。社会の中での長期的なビジョンが芽生え、自分がどういうことをこの社会の中でしていきたいのか、はっきりすることが多いでしょう。

　10ハウスはローカルな社会であり、グローバルなものではありません。遠くから見ると、やはり狭い箱の中にある社会です。この狭い社会の中で変革的な立場を作り出すのです。

11ハウス

　11ハウスは、西から来た三角形に属しています。時間的な推移では、MCから始まり、10、11、12ハウスで発展していく途上にあります。

　いったん見える社会に属して、この中で11ハウスに推移する時に、例えば、会社とか集団に属してそこから抜け出そうとした時に一緒に巻き込まれる人がいて、この仲間たちと何かするというのが11ハウスであると考えてもよいかもしれません。

　しかし、西の三角形に属しているのだから、自己主張が強いわけではありません。むしろ人の話を聞き、自分の主体よりも他者の主体に委ねる要素が強いのです。つまりは他者と共存できる形で社会集団の10ハウスから去っていくのです。何に向けて去っていくのかというと、11ハウスは未来のビジョンですから、まだ手にしていない未来の希望に向けて仲間と共に古巣を後にします。10ハウスから去っていない人は、所属はそのままにクラブとか人の集まり、仕事の後の時間を費やすことに。

　11ハウスになると、今というよりも未来ということに関心が向きやすいので、準備することに興味が強まります。未来は決まったものがあるのでなく、例えば、複数パラレルに存在すると考えてみましょう。すると、未来を予知しある方向を見ることは、そのパラレルのどれかを選ぶことです。見たことそのものがもう選んだことになるのかもしれません。それは特定の集団意識を選び、そこに向かうことを意味します。

　冥王星がここに来ると、未来計画が変わったかのように見えますが、それは新しい食料を得て、未来へどう進みたいか、はっきりと見えてきたことにもなります。人によってはその集団を作るということもあります。集団の人員は10ハウスから引き込みます。改革運動などに参加することもあるでしょう。

12ハウス

　12ハウスは、北の見えない集団性を表す三角形に属しています。ですから、社会から見て、その人が見えなくなる場合もあります。社会の三角形は土の三角形で、それは限定されたもので、この水の三角形はさほど限定されていないので活動はむしろ広がるのですが、それでいて物質的な土という領域においては、三消失点法の例で挙げたように裏という意味になります。

　MCから始まった10、11、12ハウスという時間の流れの発展の中で最終段階に来て、すべてのハウスの最後でもあるために総決算が行われなくてはなりません。この総決算の結果がまとまった段階で、新しく東の地平線に飲み込まれていきます。つまり総決算が次の東の生まれのカラーを決めてしまうのです。すべてのハウスの影響がここでまとめられていくので、これは最も偏っていないハウスですが、見えない集団性は常に非物質化の領域であり、すべてのハウスの成果をこの見えない集団性の中にレポートすることになります。その間は行動的には食い止められているので、肉体的に非活動かもしれません。

　冥王星は深入りしすぎる傾向を作り出すので、無限に自分を投げ出すような衝動が生まれ、この12ハウス世界、すなわち現世から自分を解き放ちたい衝動が発生しやすくなります。確かに12ハウスはこのハウスという円環が螺旋運動する場合には、ここで飛び出し、かつての東という端緒には戻らないようにしなくてはならないのです。このぎりぎりのジャンプは、12ハウスの最後の段階、地平線のすれすれ直前で行われます。このジャンプの前にあらゆることを混ぜ合わせて総合化し、見えない集団性との交信の中で次の行き先を決めます。

　自分は終わりつつあり、そして新しい始まりが近づきつつあるという時に人は何をするかというと、やはりまとめです。まとめをする人は、新しいことに手をつけないし、生活のために何かするということも減るはずです。魂のこと、精神のこと、宇宙のことなどを考えることが多くなるでしょう。

海王星

―― KEYWORD ――

夢見

　海王星は冥王星の3分の2の時間で公転する、やはりとても遅い動きの天体です。人によっては、海王星の方が冥王星よりも力が強いと考える人もいます。冥王星は蠍座の支配星で、海王星は魚座の支配星です。魚座は12サインの中で最後のため、あらゆるものを総合化しようとする性質があり、その支配星の海王星は、どんなものも取り込んでしまう要素があるということになります。

　基本的には夢見のようなものを表し、想像力、実体のあるものないもの取り混ぜて、時間・空間を超えて拡大する意識・無意識などに関連しています。魚座というのは水・柔軟のサインです。水は結合力ですが、柔軟サインということは何でも引き寄せるという作用になり、自分に縁があってもなくても構わないのです。たまたま道端で出合ったものを引き寄せるということもあります。

　魚座の水は、希薄な、空気の入った雲とか霧のような性質です。私たちは何かイメージを思い浮かべる時に、雲のようなものが形になっていくというふうに想像します。それは微かな印象をとらえて形にしていくし、遠いものを察知していくような性質です。そのため、スピリチュアルなものというと、この海王星が最も強い力を発揮します。

　時代の変化の中でこの海王星がある所は、可能性を無意識の中から模索しながら、意識を拡大していきます。希薄な水というふうに想像してみましょう。本書を書いている時期は、海王星は水瓶座の後半にあります。水瓶座に入ったのは1998年です。すると水瓶座に関係するテーマに対して、まだはっきりしていない潜在的な資質をたくさん発掘してきます。形にならない思いつきも、時

間が経つとだんだんと形になっていきます。

　この宇宙に新しいものなど何一つなく、既に存在するものをどこかから持ってくるだけという考え方からいえば、海王星のサーチ能力は、時間・空間を超えてどこか遠い所から何かを引き連れてきたことになるわけです。

　ということは、トランシット天体でこの海王星がある場所は、確かではなかったり、まだ形がはっきりしないまま新しい可能性が発掘されていくことを表します。水瓶座で海王星と木星が重なった2009年には新ウイルスが蔓延しました。また、芸能界ではドラッグに浸っていた女優が逮捕され、このニュースは全国で大きく取り上げられました。ウイルスや麻薬というのは、海王星のシンボルのうちの一つです。それらは形あるものを崩していくか、あるいは浸食していくという性質でもあります。形にならないものが形に降りてくるというコースと、形あるものが溶解していくという反対コースもあり、この溶解はすっきり溶解もあれば、混乱した溶解もあるわけです。

　海王星を凶悪な星とみなす人や妄想の天体とみなす人もいるかもしれませんが、そう判断すると、そのようにしか使えなくなります。海王星のような作用がないと人はあまりにも息苦しい人生を歩むようになります。無限に向かって開かれたような意識を表すのが海王星であり、それは深いリラックスも与えてきます。ですから、もっと生活の中で生かすべきだと思われます。

1ハウス

　1ハウスは、夢や無意識の活動の中でサーチしたものを肉化しようとしていることになります。東の転回点に海王星作用を持ち込むと、曖昧で漠然とした霧の中から現れたものを、自分を通じて現世化することになります。また自分の行動に対して、海王星作用が協力的になっているとも考えられます。つまり、見えない力の何かが助けているように感じられることもあるでしょう。

　東は自分と分離できず一体化するものなので、本人からすると、誰か他者的なものが働くようには見えません。他人から見てということになります。東から西に走り抜けるものは鎮魂されなくてはなりません。北と南は

集団からの鎮魂であり、個人の浮いた力は中和されます。中和されるまでは、個人の中でなかなかコントロールしにくい夢見、つまりは今までの生活の中ではまだ生かせていない夢が突き動かしてくることになります。

　思いつきの行動、うまく説明できないこと、忘我状態になりやすいなどが出てきやすくなります。入ってきたものの根づけができれば、それは鎮魂され、また形になったとみてもよいのです。この段階ではまだ着地できていない衝動がさまよっています。

２ハウス

　東の縫合部から入り込んできた力はしばらくの間は暴れ回ります。南という見える社会から持ち込まれた三角形に触れることで、社会の中での位置づけを見いだすことになり、東から持ち込まれた新規のパワーは落ち着く所を見つけ出すことになります。

　２ハウスは過去の資産であり、社会のこれまでの古い蓄積です。この中で東から持ち込まれた海王星のビジョンは、自分に一番符合するものを探し出そうとします。それは収入に関しての夢や可能性、持ちものに対する希望などを表します。

　海王星は魚座の支配星という点では、今まで自分が親しんでいなかった、たまたま転がり込んできたものを採用することもあります。持ち物は精神を体現する拠りどころである磐座のような扱いを受けることもあるでしょう。

　東から入りこんできた余剰成分はものの中に落ち着こうとするのですから、落ち着くまでは、探し続ける必要があります。形にならないものを通じて収入を得るということも。夢で財宝を探すというのはこの配置です。途方もないことでお金にしたいということを思うかもしれませんが、何か着実なことで収入を得るというのは、海王星が落としどころを見つけるのでなく、それを断念することを表しますから、あまり好ましいものではありません。やはり収入の道を夢見て、ちゃんと形にするのが理想です。

3ハウス

　3ハウスは、個人としての可能性を拡張するためにあちこちの情報に関心を向けたり、また歩いたりすることと関係します。海王星が入るのはかなり長い期間で、10年以上3ハウスに滞在しますから、歩くことや旅すること、書物を旅すること、またはコミュニケーションによって、イメージ能力を拡張し、そこから新しいアイデアや刺激、夢、意識の拡大などを手に入れるとよいのです。

　海王星は直観的で頭で考えるものではないので、旅行も思いつきで変更が起きたりすると思いますが、この海王星のアンテナは、これまでよく使った方法以外のところへ拡張しますから、そのきっかけは何としてでも使うべきでしょう。旅先をうろつく中で何か拾ってくるとよいでしょう。

　3ハウスは東の自己意識をばらばらにしてしまうものなので、あらぬ思いつきによって自分の意志はばらばらにされてしまう可能性はあります。それは東の自分を西に捧げる準備をしているという意味でもあります。

4ハウス

　4ハウスは集団意識へつながるために、個人としてはリラックスして眠り込む場所です。狭い意味では家や不動産などを表します。それは個人が眠り込む場所です。夢の拠点がそうした場所とか不動産に移動してしまうのですから、自分が落ち着く場所を探したいということと反対に、集団無意識の領域から、自分へインフォメーションが上がってくるという双方向の要求が生まれます。

　ICという転回点は、個人が死に、同時に見えない集団的な意識へ接続されることを意味しますから、それは墓や塚ということも意味します。

　海王星は形にならないビジョンとか夢とかでサーチする力がありますから、先祖や家系、民族、集団などとの接点が、夢などを通じて行われることを表します。そのために必要な環境があるとよいのです。それは何か具体的なものの犠牲を伴うこともあります。例えば、生け贄というのは、夢の向こうの世界と接点を作るための通路です。自分に親しいものが連れ去られた時には、通路ができるということです。家族の中に朦朧とした人が出てきたという場合もそうした通路でしょう。形に封じることができなくなったのが海王星です。

5ハウス

　遊びや趣味などのハウスに海王星が来ると、海王星的な趣味というふうに考えます。非物質的・直観的な種類のことを趣味にしたり、それを遊びの刺激にしたりするということも。

　5ハウスは個人の力、つまり東の三角形の拡張です。音楽や芸術などに親しむのもよいし、また絵を描いたりというのもよいです。霊能的なものでもあります。この東の三角形は仕事にはあまり役立ちません。あくまで生命力の拡張として考えるべきです。4ハウスで同調したものを発展させるのが4、5、6ハウスの並びであり、そこに個人の意匠を盛り込むことですから、家族的な集団の意志に共鳴しつつ、元気に盛り上がるのです。実用化を考える必要などありません。むしろ活力や創意の心が刺激されるとよいのです。

　例えば、海王星をアルコールととらえる人もいます。アルコールには海王星ほどの広範な意味をもたらす力はありません。しかしごく片鱗であればそのような意味も成り立ちます。アルコールの力を借りて5ハウスの遊び心や創造心を刺激するということも。自分の遊び心を限定されたものでなく、果てしなく拡張していくことができれば、海王星は余剰の影を作り出さないでしょう。本人が認めておらず、それでいて強く働く衝動は影を作り出してその人の人生を妨害しますが、仲間にしてしまえば何の問題にもなりません。この時期に子供が生まれると、その子供は海王星の力を与えられて生まれます。

6ハウス

　6ハウスは仕事の部屋ですが、海王星は枠を逸脱して輪郭を曖昧にしていくので、決まった枠から外れた可能性が増加してしまい、規則的な勤務がうまくいかないと感じる人も多くなるでしょう。海王星が型を崩してしまうことと、反対に、形にならないものを仕事に定着させていくという両面が働きます。

　時間の自由性や気ままさ、思いつきを生かすこと。もともと想像的なものや形に収まらないものを、南の三角形の属する領域に持ち込むのですから、役立ちにくいものを何とかこなれさせて、社会に役立つようにしてい

くことを表します。肩書きとは違う仕事をしたり、雑多にたくさんしなくてはならなかったりします。

　海王星や木星は拡大天体で膨らんでいきますから、仕事は増えることが多いでしょう。反対に、海王星を否定的にとらえられている人には、これは仕事を台無しにしてなし崩しになっていくことを想像させるかもしれません。しかし、それはその人がそのように解釈して、そこに仕向けているということに他なりません。出勤は自由にするような形式がよいでしょう。集団社会に海王星作用を組み込むということが基本の意味です。

7ハウス

　海王星的なキャラクターの人、すなわち夢見がちで直観的な人と知り合いになり、長く関わるとイメージしてみるとよいでしょう。

　7ハウスは西の力で、それは個人が環境の中に深く入り込みます。そのためには主体性を犠牲にするということを表します。海王星的なものに向けて割ることになり、それは海王星を鏡にして地上的な自分を形成するという意味です。思いつきで動く人や当てにならないけどアイデアの多い人、占い師、霊感的な人たち、芸術家などとの関わりが増え、そういう人たちの目線の鏡の中で形成される自分を育てます。

　海王星めがけて自分を割るというのは、四角四面の自分を作るわけにはいきません。流動的なものの中でうまく泳ぐことのできるセンスを磨く必要があるでしょうし、直観的なビジョンなどによって人生の方針を決めていくというような姿勢にもなります。

8ハウス

　北の三角形は見えない集団性です。ここでは自分を超えたものに一体化します。つまりは死の境界線の果てにあるハイヤーなものを継承するということになります。

　8ハウスは継承するハウスですが、海王星からの継承はビジョン的なものであり、物質的である必要はないので、心霊的な接触のようなものかも

しれません。このハウスは従属する性質で、あまり自由意志は発揮しません。むしろ依存と考えた方がよいでしょう。

　ただ生まれつきのものではなく、後天的に10年前後の深い縁ということになるのですから、また後で離れていく可能性もあるということになりますが、これはそもそもはじめから縁があるものの中からどれかがクローズアップされたという意味となり、縁が切れるわけではありません。見えないギフトをもらうというのが基本の意味ということになります。しかし、依存していて、さらに見えにくい海王星の作用となると、本人が自覚するのはなかなか難しい面もあります。

9ハウス

　9ハウスは精神のグレードアップです。東の個人の三角形の応用的発展の場所で、いろいろな刺激を受けながら精神的な高揚感が高まります。遠くにビジョンを託すとか、宗教や思想、海外というテーマのハウスです。海王星はのびのびと活動するので、既知の知識に飽きたらず、精神の奥深い可能性を模索します。自分の知覚力を使って認識可能なぎりぎりのところまでチャレンジしようとするでしょう。

　学校という意味では、海王星的な学校または海王星を伸ばす学校ということになります。占い学校や精神世界の学校、芸術の学校、セラピーなどの学校、スピリチュアルな学校などが思い浮かびます。幻想的な芸術なども入ります。

　仕事に役立つかどうかという点では、個人の東の三角形がMCににじり寄ろうとしているのですから、個人の能力の応用が何かの仕事に貢献できることを求めていくので、結果として仕事になるでしょうが、それは海王星がMCを通過した時にフリーの職業というイメージからもわかるように、この9ハウスを移動する10年前後の間、自営業的な資質を伸ばすことになります。

10ハウス

　10ハウスは、南の転回点から引き続くハウスです。MCはその人の社会の中においての立場ですから、社会から見て、本人が海王星そのものの役割にもなります。

　海王星は決まった枠から逸脱します。時間・空間的に幅を拡大するという意味ですから、職歴や立場の中でも曖昧になりやすいでしょう。肩書きに収まらずいろいろな仕事をするとか、反対に肩書きのない仕事の仕方や自由業などを意味することも多くなります。もちろん中には芸術やスピリチュアルな職業ということもあります。

　型にはまった分野では、海王星は境界に混乱を持ち込む存在ですから、狭い社内では困った立場になることもあります。この力を生かすにはどうすればよいかを工夫する必要があります。会社内の枠から逸脱するならともかく、社会機構そのものの枠から外れてしまうような大きな出方をする人の場合には、収入も仕事もないというケースもあり得ます。それはその人がそのように望んでいて、海王星を利用したからです。

11ハウス

　11ハウスは西の三角形に属しており、未来のイメージを示すこのハウスで海王星が働くと、それは未来に関する直観力が高まります。予知能力のようなものを発揮する人もいます。そもそも誰でもこの能力は発揮しますが、たいてい考え事で封じているので、それが意識に上がってこないというだけです。

　しかし、海王星はリラックスしますから、その領域では冴えてくるでしょう。友人関係やサークル、社会運動などでは、海王星が示す非物質や理想、夢、直観、スピリチュアルというような傾向のものが増加します。海王星作用を自分で発揮できない時に、それを友人とか研究会やクラブに託して、そこで代わりに発揮してもらうという意味で考えてもよいのです。

　西の三角形は非主体性で他者に託すことが多いので、海王星の働きを他者に期待するか、あるいはそれを外から吸引するという姿勢が出てきやすいと考えるとよいでしょう。

12ハウス

　12ハウスは北の見えない集団性の三角形に属しています。そもそも12ハウスは海王星的です。そのため海王星の力は強化されます。しかし敏感になりすぎて、コントロールしにくいことも確かです。

　水・柔軟の場所なので、あらゆるハウスの中で最も敏感で、反応しやすいセンサーのようなものなのです。見えないものや夢、意識の無限な広がりなどが強化されていきます。しかも自分に縁もゆかりもないものにでも反応します。非物質的なものや宇宙意識のようなもの、あまり具体的ではないビジョンなど満載ですが、そもそも12ハウスで集められ統合化されたものは、次の1ハウスからの新しい自分作りの素材となるために重要です。

　夢日記などをつけて、明晰夢探求などをしてみてもよいでしょう。言葉にならない意識の周辺視野にあるような情報などに気をつけておくとよいでしょう。いかなるものもキャッチしますが、それが意識に上がってくるかこないかという違いは大きいのです。

天王星

---- KEYWORD ----

普遍性を持ち込むがローカルな世界では変則的

　天王星は水瓶座の支配星です。水瓶座は土のサインである山羊座の次にやってくるサインで、山羊座の持つ地域性やその地域性の中で必然的に発生するローカルな主観性を排して、どこでも通用するような普遍的な原理を追求します。

　どこでも共通したものという基準は、ローカルな世界の中ではむしろ奇異に見えるものなので、水瓶座の支配星の天王星も、かつては変人的といわれました。実は、山羊座・土星よりも普遍的で、本来性の性質だと考えた方がよいのです。

　天王星は、偏った習慣や考え方を訂正して未来的で改革的なものを目指しますから、反社会的な行動を取るというのはよくあることです。一つのサインに7年間滞在しますが、この期間に、そのサインが表すところのものを普遍的なものに改革しようとします。

　水瓶座を共同や友情、博愛、開かれた精神というふうに考えると、このためのネットワークや人の結びつきを作ります。もともと水瓶座は風のサインなので人との関係は情緒的ではなく、また距離感の高いものになります。身近になるほど愛想が悪くなり、距離感があるほどに親しい姿勢になるのは偏った一部のものに没入したくないからです。

　身分や立場、場所を超えて共通した理念があるとそこで親しくなります。狭苦しい世界の中で風穴を開けるというような性質ですから、天王星が今入っているハウスは、周囲に迎合しないでオープンなものを持ち込む活路となります。そこだけは身近な人とは距離を持ち、共有しない方がよいでしょう。天王星は革新的や自由、新しさ、未来性などを意味します。

1ハウス

　1ハウスは生まれを表す東の転回点から続くハウスなので、いったん身近な環境から自分を切り離そうとします。天王星は身近な所から距離を離し、もっと普遍的な基準を持ち込もうとします。個人の行動原理でもある東の三角形がこの天王星色に染まるのです。

　個人主義や独自でありたいと思うようになりますが、これは個人的なので、身近な集団性よりも小さな範囲に見えますが、個人は狭い集団性を乗り超えてより大きな範囲にあるものと同調することが可能なのです。何か依存している場合にはそこから離れようともするでしょう。また未来ビジョンを実際の行動で実現しようとします。それがうまく果たされない時、あるいは忍耐力がない場合では苛ついて、その場かぎりの唐突な反抗心が強まり、衝動的で孤立する人に変わります。

　身近な集団的影響から逃れるには、とりあえず何にでも盾突くとよいと判断することもあります。環境を変えるというのはよいことです。

2ハウス

　2ハウスは、身近で素朴な所から見える集団性という南の三角形の影響に参与しようとします。つまり個人的な欲求とか物欲はみな社会が持ち込んできた欲望です。それに突き動かされることで、私たちは社会参加しています。

　天王星は、身近なローカルな影響から距離を離し、もっと遠くて大きく普遍的なものへとジャンプしようとしますから、すると持ち物やお金の儲け方において、ローカルな基準からすると逸脱した、そしてより未来的な方法を選ぼうとするのです。

　なかなか急には変化できないことがほとんどですから、ローカルなものをメインとすると、サブつまり副収入を持とうとするでしょう。会社に知られず行うという人もいるでしょうし、一つを保守的なもので運営すれば、この天王星は楽しみと期待で運営する仕事または収入かもしれません。

　ネットワーク的なものを意味するので、インターネットで手に入れるお金ということもあるでしょう。電子マネーやインターネットは天王星から見るとかなりフィットしたものです。

3ハウス

　3ハウスは西の三角形に属する部分で、しかしまだ東の領域の発展の途上にあります。つまり、個人の能力を育成しようというところで西という主体性を奪われたものが入り込めます。自分の集中力を奪う外部的なものに関心を抱き、それが個人の幅を広げていくことになるのです。

　3ハウスは、好奇心や知性の幅広い発展などを表しますが、そこに、身近な所で親しまれているような題材を好まず、もっと距離感のあるグローバルなものを投入することになります。他の人が知らないようなことを学習するということもあります。

　個人の資質に従った上での発展であり、また競争心というハウスですから、他の人に差をつけるための独自の手段というふうに考えてみるとよいでしょう。

　天王星を電気的なものとみなした時には、それらに関する技術・技能とも受け取れます。新しく、まだ身近な環境では定着していないような学習法や学校などです。

4ハウス

　北の見えない三角形に属する場所に天王星が入ると、天王星をサブとみなした場合、サブの家を持つという意味になります。メインとは別にもう一つ持つだけの余裕がない場合には、何か工夫して、部屋の中に独立空間を作り出すという場合もあります。土地の上では天王星の場所は埋め立て地です。そのように増設したり、離れを作ったりするということです。

　天王星が持つものは普遍的なもので、多国籍的であったりあるいは宇宙的なものというイメージでもあるので、家とか家族という4ハウスにその影響が持ち込まれるのは、そもそも合わないように見えるかもしれませんが、新鮮な刺激があります。家族でありながらよそよそしい。反対に、距離があるが親しい。

　4ハウスという親密で水っぽい領域に、水っぽくない疎遠なものが入り込むのです。接ぎ木という意味から養子を迎えるという意味もあります。反対に自分がどこかよそに入り込む場合もあるでしょう。いずれにしても、家族的に感じない身近でないものを身近に持ち込むことで、4ハウスというルーツ意識や家意識により多国籍か普遍性が持ち込まれるのです。

5ハウス

　縦社会とかローカルな社会で常識と思われることをわざと覆し、そこに普遍的な原理を持ち込もうとするのが天王星です。そのため、趣味や道楽の5ハウスに天王星が来ると、常識を覆すような性質を持つ趣味を持ち込みたいということにもなります。息苦しいものから抜け出す手段として、趣味や楽しみごとを使うので、できるかぎりひねくれたものの方が好まれることもあります。

　天王星が占星術とか天文学、考古学などを表すとしたら、そのようなことに関心を抱くことになります。4ハウスを通過した後で東の三角形がもう一度点火されるので、自分の属するルーツ、クラスターの中でのより普遍的なものを趣味にするということで、源流は4ハウスの奥底の中から探さなくてはなりません。つまり、自分の属する魂の集団の大きな特性の中に内蔵されているもので、より普遍的な価値を持つものを趣味にするのです。

　他には電機やパソコン、機械などもあります。もしこれが恋愛だとすると、立場が違うような相手との関わりです。つまり、その相手を通じて自分の身近な環境から離脱しようとするからです。

6ハウス

　働く場所に天王星が来ると、天王星はローカルな場所性への反発心ですから、自営業とか自分で自由に時間を割り振りできるような仕事の仕方をしたいと思うようになります。会社員であれば、自分だけ社内で浮いているとか。他の人と合わせず独自の動き方という意味では、自由出勤のような形が一番よいでしょう。サブという意味では、副業的な業務が加わるということもあります。

　南の三角形に天王星が入り込んでくるのは、社会的な縦関係の領域に、外部から新規で異質なものが入り込んできてそれを実作業の中で熟れさせようということですから、仕事場に新風を巻き込むことは多いでしょう。

　天王星は新しい食料ですが、それを消化しきると新風で、消化しきれないと孤立し反抗的なものとなります。

　6ハウスは訓練です。そのため、天王星的なものを訓練するという意味では、異質で水の合わないものを、訓練によって定着させるということもあります。

7ハウス

　7ハウスは西の転回点から始まるハウスなので、個人の主体性を弱めていく傾向があります。そのために天王星が利用されるのです。
　天王星のような人と関わるという場合もあれば、対人関係で距離のある所での交流という場合もあります。天王星の影響を双方向で考えれば、身近な所から引き離して、次に遠い所から持ち込むという2種類になります。これが結婚や共同、対人関係でなされるのです。新しい時代性や未来性という点では、結婚に関する新しい方針という場合も。
　天王星は風穴を開けて、狭い所に広い基準を持ち込むのですから、協力関係ということで新機軸を持ち込むことにもなるでしょう。共同者が海外にいても不思議ではありません。これも1例です。独自性または迎合しない性質ということが弱点な人は、相手にそれを依頼するし、またそれがあまりにも自分から離れすぎている場合には、反発したり緊張が生まれたりします。天王星をこなせるかこなせないかで、全く状況は違います。

8ハウス

　北の三角形は情感的な要素が強いのですが、そこに天王星は身近感のないものを持ち込みます。そのことで情感は軽くなります。
　8ハウスは死の彼方から持ち込まれたものを継承する。例えば、依存や遺産、もらいものなどです。そのため、天王星は近親者のような身近なものではない、血縁的にはあまり縁のないものに従い、そこから受け取るのです。もちろん遺産というのはお金でないことも多いのです。
　この遠い所から受け取るということが、身近な環境の中では、自分だけ特異な立場とか特異な能力を身につけることになる可能性は高いのです。受け取ることで環境から引き離されるということもあるでしょう。
　天王星は太陽系の中にありながら、太陽系の外のものを受け取るアンテナであるという考えもありました。遠い所にあるものを受け継ぐことで手に入るものは視点の広さということもあります。

9ハウス

　9ハウスは東の三角形の最も柔軟な発展性を持つ部分です。つまりは個人の能力を集団社会に生かすことができるように伸展させます。

　思想や哲学、海外のハウスですから、個人の精神の可能性を大きく広げます。生まれつき持っているものよりもハイレベルな発展を目指そうとするのですが、天王星の影響は、無国籍的なもの、またはネットワーク的なものなどから持ち込まれるローカルな基準を超越した知識や考え、テクノロジーです。

　大学ならばフリーな大学、放送大学、多国籍なものです。この開かれた環境で、開かれた知識を学び、研究するという意味もあるでしょう。旧来の学習課題でなく、新規なテーマを選び取る。

　天文学や占星術も天王星をシンボルにしますから、それに取り組む場合もあります。

10ハウス

　見える集団社会を表す南の転回点に天王星が来ると、経歴などで独自なものを持とうとするという意味もあります。会社を離れて自分のものを作ろうとするということもあります。小さな範囲では、会社の中で独立運営領域ができる場合などです。天王星をサブのものとみなした時には、副業的なステイタスを持つということもあります。

　天王星は強烈な出方をする場合には、MCは社会に見せるその人の看板なので、独立宣言のようなものですが、強く出ない場合には、ひそかに気分的な意味での独立だけで終始していることもあります。

　MCから続く、見える集団社会というのは身近なローカル社会です。ここに急に環境に馴染まない遠いものや無国籍なものを持ち込むのです。MCは肩書きですから、突然カタカナの名前にしたりする人もいます。

11ハウス

　そもそも天王星は11ハウスには一番馴染みやすいでしょう。未来の希望、または開かれた世界ということを主眼にして、縁もゆかりもない人が同じ思想に共鳴しているだけで集まるというのは11ハウス的であり、天王星的です。わざわざ異物感のある人を招くようなこともします。グループ活動や友人の集まり、サークル活動などいろいろあります。

　天王星は身近な間では孤立的です。しかし遠隔で同じ思想でならば、距離感を持つ形で集まることも多くなります。ただし、天王星は反抗的ですから、古い基準を否定するような形での反社会的運動や活動などもあります。

　今ではインターネットがありますから、他人には見えない形でいくらでも関わりを持つことができるので、そんなに珍しくはありません。自分の未来像が画期的に変化することが多く、その根拠となる重大な情報を手に入れるのです。

12ハウス

　ハウスの中で最も広がりが大きく解放された12ハウスで、水瓶座の支配星たる天王星が、身近な立場や状況に関わりなく自由なネットワークを作り出すと、それは身近な人には知られない抜け穴を持っているかのようなものになるでしょう。しかし12ハウスはあまり物質的にする必要もないので、それは会う必要もないことも多いのです。

　独立性の天王星ですから、自分だけのサブ空間を持っているようになります。それを生かす場が、夢の中にあるという場合もあるかもしれません。無意識の領域に通信機が置いてあるように考えてもよいでしょう。ここは開かれた精神の場所で、肉体は閉じて精神は開くという傾向の場所ですから、あまり行動的な面を刺激しません。

　一人で自由でいられる時間があり、そこに自由な交流があると、それだけで満足するということも多くなります。

3 土星、木星、火星のグループ

2年から29年内でのサイクルは前例がある変化
木星が増やして土星が減らし火星は勢いを良くさせる

　トランシット天体の第2グループは、土星、木星、火星です。土星は1周するのに29年かかります。木星は12年で火星は2年です。

　29年から2年の範囲というのは、社会生活に関係する部分と考えてもよいでしょう。一つの計画が20数年かけて完了するという場合、それはその人の職業などにも関係するでしょう。2年というと、何かのプロジェクトのようなものでもあります。

　土星は減らす、木星は増やす、火星は燃やすというリズムに関係します。これらは第1グループの冥王星、海王星、天王星と違って、サイクルを繰り返します。前例があるわけですから、だんだんと扱いが上手になっていくということもあります。第1グループには前例というものが全くないのです。

　この三つの天体は、土星が絞り込み痩せる、木星が拡大して太る、火星が集中して燃やすという性質です。木星はひたすら増やすので、木星だけだと収拾がつかなくなり、土星が無駄なものをカットするように介入してこないとバランスが良くありません。また火星は心拍数を上げて、興奮作用を伴い、熱を作り出します。その場所を勢い良くするのは、辛い料理を食べているようなものでもあります。

土星

―― KEYWORD ――
安定した固さを作る

　土星は人生の最終的な落としどころを意味する天体です。月は幼少期に育成され、ここから人生が出発します。そして太陽は発展力で、可能性を伸ばしていきます。土星は主体的な太陽の力が尽きた時、どこに落としどころを持つかということに関係します。いろいろ試みたが、結局ここに落ち着いたというものが土星です。

　土星は山羊座の支配星で、これは骨と皮を表します。建物では柱と外郭です。どんなものでもこの外側と支柱は固くならないと、すべてが不安定になります。土星は安定性を持つには不可欠な天体です。

　古い占星術の発想で月と太陽を重視する考えがありますが、この二つだけだとそれは出発点と発展性を考えるが、その落としどころは考えないということになりますから、広げておくだけ広げて後は知らないというフォローのない人生になっていきます。そのため、重要な要点的な天体は、月、太陽、土星であると考えるとバランスが取れるでしょう。

　トランシットにおいて土星は29年で1周し、一つのサインにだいたい2年半くらいとどまります。サインやハウスに対して土星は、それを安定させ、確実にする作用を持つことになります。定期メンテナンスと考えてもよい面があり、メンテナンスは、はじめに問題箇所がないか揺すぶり、あればそれをメンテナンスします。その意味ではハウスに土星が入った時には問題を提起し、次にそれを修正し、今度はしっかりと安定するという形に変化します。弱い箇所は揺すぶると壊れてしまうということになるので、そのことだけを見て、土星は不幸な天体と考える人

がいます。しかしそれは初期の段階のみで、メンテナンスのために揺すぶってみたということなのです。

　強すぎるものを弱め、弱すぎるものを強化するリミッターのようなものと考えると、極端に盛り上がることはないが、しかし最悪の場合でも、そこそこはうまくいくというような安定性を作り出すものと考えるとよいのです。土星を嫌う人あるいは否定的に考える人は、その姿勢のために不安定で行き当たりばったりの傾向を持つことが多くなります。

　柔らかい場所に土星が入り込むと、冷え、固まり、老化、鈍い、乾いているという土星の本性によって冷えや病気になります。しかし骨や皮という部分では、むしろ柔らかいとそれも問題です。その意味では土星にふさわしい場所があり、それ以外に干渉すると有害だと考えるとよいのです。月は最も柔らかく、土星は固い。ところが、月は不安定なために拠りどころを求めます。そこで月と土星は、家を手に入れるということに関係することも多くなります。固い家に守られると、その中では下着で暮らしていても大丈夫というふうに、月と土星は互いに助け合います。

　これは蟹座の支配星と山羊座の支配星の関係で、陽の極と陰の極の、夏至と冬至の関係です。共に集団性に関与するサインあるいは天体です。蟹座と山羊座は民族性と国家という対比で考えてもよいかもしれません。

1ハウス

　1ハウスは東の個人が生まれる転回点ですから、すべての始まりとなります。そこに土星が関与することで個人としての生き方の姿勢というものを安定させ、何かの基準に合わせることを表します。土星は形のある規範やルールというものだとすると、自分の生き方にレールを敷くことです。いったん決めてしまうとこれは29年後までは継続しますから、この時期には、自分の生き方をどういう方向に向けるかということが大切な時期だということです。

　土星が山羊座の支配星であり、山羊座とはそもそも10ハウスに縁の深いものだとすると、社会的な達成を意識するし、また10ハウスや山羊座はアセンダントや春分点を90度で締めつけ、土の元素の器で閉じ込める

ものだと考え、つまりは社会的な達成イメージを通じて、自分を縛り、方向づけするということに関係することになります。そのための支配星、つまりは送られてきたアドバイザーが、あなたの一挙手一投足に口出ししてくるようなものです。

　もちろん息苦しいのですが、それはやがては明確な達成の方向に向けて発展していくことになるのです。尊敬する規範のようなものが出て、それに自分を合わせようとする。新しい洋服を自分に合わせるより、自分が合わせて着こなそうとするということが起きやすいでしょう。

2ハウス

　収入やお金などで土星の力が働くと、安定して収入が入るとか、生活がリズミカルに運営されることが強調されます。しかしそのためには、まず何がだめなのか、どこが弱点かということをはっきりさせる必要があり、この問題点が浮上してくることになるでしょう。

　金額は大きくなくてもよいから定期収入が欲しいというのが、たいてい2ハウスの土星の主張することです。2ハウスは、そもそも南から持ち込まれた三角形に属していますから、それは社会が持ち込んだ基準です。お金は明らかに社会的なものであり、そこから離れると全く価値のないものになってしまいます。つまり社会の中に参加する時の手形みたいなもので、それを安定して手に入れるというのは、社会の中に安定して組み込まれるということにも通じます。

　そもそも山羊座・10ハウスの支配星が土星ですから、南の三角形から手を差し伸べてきたという印象で考えてもよいのです。定期的な仕事、規則的な収入、リズミカルな活動、これを達成する時期だといえるでしょう。

　一度確立すると、そのパターンは29年間壊れずに維持されることも多くなります。

3ハウス

　知性の活動の発展力を意味するハウスに、定期的で安定しているがやや鈍い土星が入ってくると、それは何か勉強の題材として、規則的に取り組むべきことが出てきたことを表すでしょう。出生図では土星は若い頃にはコンプレックスになりやすいことを意味します。なぜなら若い時に土星の提示する基準に達することは不可能に近いからです。

　こうあるべき姿ということを土星が提示した時に、毎度それに対して劣る自分を意識します。そのため3ハウスの土星は、知的な面で何か自分にコンプレックスを抱くということを表すことも多くなりますが、トランシットでは達成基準が作られ、そこに向かって努力するということになりやすいでしょう。

　土星は型にはまったものなので、3ハウスが旅行だとすると、いつも決まった場所に出かけるということもあるかもしれません。そもそも3ハウスは双子座の場所で風・柔軟サインという意味も考えると、衝動的で、散歩の途中で見つけたものに熱中するなどという性質です。図書館で調べものをしている時に、たまたま目に入った別分野の本に集中したという具合です。そのため土星はそれを妨害することになるはずです。決まったことをして予定外のものをカットする。

　または、3ハウスは不活発で鈍くなったような気がすることもあるでしょう。最近の自分の興味は狭くなってしまったがどうしてなのか、と考えるのです。しかし、狭くすることで一つのことが長く続きます。

　土星は山羊座、すなわち冬至の社会的な力の手先と考えて、国家試験に関係するとか、公共の資格に関係するようなことを学ぶのに適していると考えてもよいでしょう。土星を古風と考えると、古風な遺跡などを旅するのによいということもいえます。

4ハウス

　家とか家族を表すハウスに土星が来たら、家とか家族に拘束されやすくなるということもあるでしょう。土星を義務とみた場合、家にいなくてはならない、あるいは家族に関係する義務が発生する。また土星を老人とみた時には、介護しなくてはならない状況がやってくる場合もあります。家に規則的な作用が持ち込まれるというのはいろいろで、賃貸の人が家を買ったためにあまり出かけなくなったということもあります。

　私の例では、これまで想像もしなかったような大きなスピーカーを買ったためにもう引っ越しはできないと思い込み、そこに長くいることになり、出かけなくなったという傾向です。土星を墓石のイメージだとすると、茶色の大きな墓石のようなスピーカーです。土星は安定性を作り出すわけですから、家や住居、家族との関係などで形がはっきりするのです。

　また山羊座・10ハウスの支配星ということでは、この南の力は形に見える集団性です。一方で北の蟹座・4ハウスというのは形には見えない隠れた集団性です。そもそも形になっていない、心理的にのみ確認できるような領域に、フォーマットのはっきりしたものが介入することなのですから、家を買うというのはもちろん土星そのものでもあります。4ハウスで沈潜し、5ハウスで表現するという意味では、集団的で伝統的なものをここで吸収し、やがて5ハウスに移動した時にそれを表現することになります。

5ハウス

　趣味や楽しみのハウスでは、土星が来ると、土星的な趣味になるか、あるいは5ハウスそのものに土星の規制が入るかです。土星の趣味というと、退屈な計算があるような趣味、古いもの、伝統芸、手芸、生け花などもあるでしょう。どうみても古いものに関心を持ちそうにないタイプの人でも、ここで珍しく伝統的で正統派のことに関心を抱いたりする場合もあります。

　5ハウスに規制が入る場合、そもそも5ハウスは一方的な自己拡大です。外からの反応を求めていないし、外から反応が来ると、どんな良いものでもやはり気分に水をかけるようなものは入り込んできますから、5ハウスはそもそも外部からの反応を受け取ることを拒否して、自分の一方的な気分

の拡大のみを求めます。そこに南の力の手先のような土星が入ってくると、5ハウスとしては社会的なものを意識せざるを得ないし、次第にわがままさが萎縮して型にはまったことをしようとしたり、冒険心そのものを削がれたりします。

しかし、良い面としては、社会性を意識しますから、趣味の鉄道模型に凝ることを止めて、会社を作ったりすることもあるでしょう。時には自己表現に対して重大な妨害が入ってきたような気分に陥る人もいます。

土星は常に妨害的なものではなく、安定した供給力を要求していることを思い出すとよいでしょう。押されても止めない、自分にとって必要な創造心を継続的に維持できる練習が始まります。

6ハウス

勤めや仕事、修行の6ハウスに土星が入ると、規則的に働くようになります。いつもはあまり働かない人でも、それができる時期になりやすいでしょう。南からの三角形に南から支配星なので、ここでは社会的に順応的です。土星は気分に支配されない天体です。例えば、月や金星などに自分の自己確認の重心を置いていると、今日は気分が良いかどうかということを気にする人になります。仕事していても、今日は乗らない、今日は気分が違うと感じることがあまりにも多く、どんなことも続けられなくなります。

土星の発想としては気分を中心に考えないというもので、続けていれば気分はそれ用に後から作られていくと判断するのです。そのため、不調な時でもとにかくスタートすれば、次第に熱気を帯びてきます。そのようにして日々規則的に仕事をすることができるのです。同じ時間に始め、同じ時間に終わる。また健康管理などでも規則的なことをする。ジムに行く、決まった習慣を作るなどに適しています。

土星が来たら健康が悪化するかというと、冷えや不活発の影響は受けやすいでしょう。しかし反対に、規則的な管理も可能になりますから、良い習慣づけをするとよいのです。食べ物は2ハウスで、これは6ハウスと協調的な南の三角形の仲間ですから、食べ物管理もよいでしょう。5ハウスは気分的に高揚するが健康には役立たないものを食べるハウスです。

6ハウスになるとむしろ管理された食事をしやすくなります。

6ハウスに土星がある間にしっかりと習慣を作っておくと、その後も次第に弱くはなるが、しかしすぐには消えない勢いで、仕事を継続することもできるでしょう。この期間に癖をつけておきましょう。

7ハウス

対人関係や結婚、共同のハウスに土星が来ると、対人関係においてのルール作りが始まります。南の三角形の山羊座の支配星としての土星は、その目的において7ハウスの出来事を整理しようとするのですから、自分の将来にとって有益でない関係をできるかぎり退けます。またそのような関係を続けようとしたら、その問題点を表面化させます。

7ハウスというのは社会的な活動の始まりの場所で、かなり厳しい要素も内包しています。つまりは人の目から見て、あなたはどう映るのか、集団社会から見て正しいのか正しくないのかということを判定し、「ノー」といわれる場合には、もうこれ以後の道を断たれるのです。特定の可能性が断たれ、異なる可能性が残ります。そのため7ハウスは裁判などにも関係します。

他人から見て、自分の姿勢を明確にするという必要もあり、また社会的な顔を作ろうとすることもあります。土星が人生の流れの一つの軸であると考えると、土星が7ハウスに来た時に、その人は社会的なデビューをします。このタイマーはもう一つあります。それは進行の月です。月、特に進行は、個人の内的な欲求でありインナータイマーですから、その人の希望としての社会的な活動のサイクルです。月は内側から、土星は外側からです。月と土星は内臓と皮膚です。そのため土星、特にトランジットは、外面的な社会からの要請によって進むタイマーです。その点では、必ずしも好みではないが、立場を作っていくという場合には土星です。

7ハウスに土星が入った時には、人から非難されたり、文句をいわれたりすることも増えてきます。それに対応することで、その発言した人の目線の世界でのあなたを作り出していきます。すべての人に対応はできません。なぜなら、社会はたくさんのグループや考えの集団があり、そのすべてに

対応はできないし、それを見ることもできないのです。ある人には対応し、ある人には非対応というようなことも起きるでしょう。その行為の中で、あなたの今後の社会的な方向性が自ずと決まっていきます。例えば、会社員から何かいわれるとします。それに対応することで、あなたは会社員という集団意識が作る世界の方向で発展します。

　イメージとして、10ハウスの集団社会という場所から土星が送られてきて、あなたに何かいう。すると、あなたはそれに合わせていくと考えます。曖昧な関係はここで整理されることが多くなります。良いことであれ悪いことであれ、今まで何もいわなかった人が何かいってくる。これはとりもなおさずあなたが世間に姿を現し始めたということです。同じアセンダントの人は同じサイクルにあります。

8ハウス

　北の三角形に土星が入ると、基本的に、4、8、12どのハウスでも情感とか心理的なものに抑制がかかったかのように感じます。北の三角形は水の三角形なので、それは気持ちの問題であり、それは土星と相性が良くないと考えてもよいかもしれない面があります。土星は土の三角形に属するものなので、この気持ちの変化ということを押さえ込んで、やや鬱状態にしてしまうようにも見えるのです。

　8ハウスは他者との継続的な関係や受け取ること、組織への深入りを表しますから、それについてレスポンスが機械的になってきます。しかし反対にいえることは、テンションは低いが継続的で、長く続くということです。また土星を年寄りとすると、年寄りや組織から継承するものがあるのです。

　8ハウスは何かしら閉じ込めたり、閉じ込められたりしやすいので、固定的な関係性の中に閉じ込められるということはよくある話です。長期契約に関係することやもらい続けること。土星は関係性が義務的になりやすいので、何らかの組織または人との義務的で長期的な関係というふうに考えてもよいでしょう。

9ハウス

　学習とか研究・思想的なものを示すハウスに定着・継続性の土星が入ると、何かを学ぶとか研究するということを継続することができるでしょう。
　土星の性質というのは、感情面で盛り上がるとか、熱中するというものとは違います。それに盛り上がったり熱中したりすると、後まで続かないのです。むしろ規則的に、気分の変動もなく続けるということが重要でしょう。そして土星がある間にその習慣を身につけることができたら、それは土星が去った後もそれについて自信ができて、まだ続けることができるようになります。ただし、土星は高望みができない、平均的な作用を重視する天体ですから、この時期に試験などがある場合には、幸運を期待することはできにくいでしょう。自分にとってふさわしい、そこそこのものならばうまくいくでしょう。
　土星は不活発ですが安定しています。もちろん出生図の天体とアスペクトができるようなら、それに応じて意味は変化します。例えば、6ハウスに冥王星があり、この土星がスクエアになったら、仕事が原因でなかなか学習が進まないというふうに読むわけです。土星は遅れる性質はあるので、9ハウスに関する学業や出版、海外関係は動きが鈍いということもありますが、土星が入ることで妨害されるという意味はなく、むしろ反対です。遅れるという点で留年することもあります。
　またこのハウスに関しての基本的なスタイルをここで確立します。それはその後、29年はこのスタイルが続くことになります。

10ハウス

　社会的な立場や集団社会の中での立ち位置などを示すのが10ハウスです。もともとここは山羊座の場所ですから、支配星は土星。つまりこの場所にトランシットの土星が入ることは、有害性が少なく、むしろスムーズな状況を作り出します。
　土星は継続安定ですから、社会的な立場を安定させる期間なのです。仕事であれば、何か役職とか立場ができて、それをこなさなくてはならないのですが、それは状況を安定させることになるでしょう。土星は骨と皮。建物であれば柱と外郭を意味します。しかも水分を減らして長期保存す

る干物のような意味でもありますから、社会的な立場でそのように継続・安定という意味になるのです。

　そもそも出生図でこの場所に土星がある人は管理者とか社長が多く、全体を統括しなくてはならない立場になりやすいのです。トランジットはそういう作用に近いものがあるわけで、一度ここで確立すると、それは長続きしやすいでしょう。

11ハウス

　11ハウスは未来に関してのハウスです。未来ビジョンというものが明確になると、生活のすべてをそれに向けて調整できるので、まだ存在していないにもかかわらず、このビジョンそのものは貴重な所有物でもあるということになります。未来イメージが殺伐としている人は、日々の暮らしが無計画で衝動的です。土星は比較的実際的なので、将来イメージに関してかなり具体的に決めていくということになるでしょう。

　11ハウスは、言い方を変えると予言の部屋と考えてもよいのです。土星の予言は収入とか生活、住居などの総合的な運営について、細かく計画することを要求します。またクラブやサークルもこうした未来のビジョンに基づき、準備的に集合したものなのです。未来にしたいことをテーマにして人が集まるのだから、当然です。技能や実務では何に取り組むべきかということも決まりやすいでしょう。夢のような未来でなく、地道な未来イメージになりやすいと思いますが、見通しが立つと行動がしやすくなります。

　土星を歴史とみなすと、歴史研究会に参加するというイメージも出てきます。

12 ハウス

　12 ハウスは水の、北から来た三角形でなおかつ柔軟サインに対応する場所なので、自由で漂うような、そして受容的な性質の場所、つまりは最も柔らかい場所なので、硬直した土星が入り込んでくると、半ば鬱病のようになってしまう人が多くなります。内面の自由性が奪われるとアイデアとか想像力も働きにくいというふうに見えてくるのです。そして心の中に不安を抱え込んでいる人は、それが重くのしかかることになるので、土星の影響は迷入、つまりあまりふさわしくない場所に陣取ったような印象があります。

　しかし反対にいうと、最も管理しにくい形にならないハウスの使い方をここで確立するということになるでしょう。ある意味で心の修行のようなものでもあり、自分にとっての根本的な障害や不安、神経症のようなものを意識化して、それについて取り組んでみるということになるでしょう。あまり人に会わずに小社会とか狭い所にいることも多くなるかもしれませんが、ある種の浄化期間なのです。

　最後のハウスということは、ここで何か取り残すと次の1ハウスからの再出発の妨害になります。完全にクリアにしておく必要があるのです。持ち越されたものはもっと重くなるかもしれませんが、その後7年ごとにこのテーマが表面化します。漠然と恐れているものが何かがはっきりすることが多いでしょう。それと対決すると以後は出てこなくなります。

木星

―― KEYWORD ――
増大し発展する

　木星は基本的には増やす天体です。拡大や増殖、発展などを意味します。幸運かどうかという点ではやや不明にもなりやすいでしょう。悪いものも増やしてしまうという現象はたびたび起きやすいからです。

　木星は比較的使いやすい天体で1年に一つのサインというサイクルで移動していますから、雑誌などではよく幸運な年ということで、木星の滞在するサインのことを取り上げます。正確にいえば、木星よりも遅い天体は木星の作用に対して優位にあるので、木星の幸運効果を帳消しにする力があります。

　冥王星が木星にスクエアになれば、持ち上げて後で落とすという影響になりやすいのです。海王星は拡散させて、あらぬ方向にまで影響を広げます。天王星はそんなに問題はないように見えます。土星はそんなに強い影響はなく、遅らせるだけではないでしょうか。全体に悪く働いても、増やすという効果は変わりません。また、射手座の支配星という点では、学校とか勉強とかには特に縁が出てきやすくなります。リラックス、わりにいいかげん、楽天的、寛容、気楽、増やすこと、細かいことを気にしないなどの性質です。

　あなたのハウスに木星がくるとそのハウスを増殖させます。1年に一つのサインということでは、ぼんやりしていると何もなく過ぎるので、むしろ積極的に自分から取り込むという方がよいのではないでしょうか。

1ハウス

　東の転回点から始まるこのハウスは、個人の力を増強します。自分の好きなことやわがままが通ることなど、個人的なあらゆることに関して全体にストレスを緩和し、楽しさが増大します。東は生まれてきた場所ですが、その通路が太くなったというイメージで考えてみるとよいでしょう。楽天的で細かいことを気にしなくなり、気が大きくなります。

　木星は増殖という点では太る時期かもしれませんが、これは人によりけりです。自分の思ったことが実現しやすい時期で、また公共の場所に出る機会も増えますから、この時期に前から目標を持っている人はチャレンジしてみるとよいでしょう。

　これは個人の東の三角形ですから直接仕事に役立つという意味ではありません。個人の可能性が増大・発展があるという意味です。

2ハウス

　木星の2ハウスでは金銭的な面で拡大です。それは使うという意味と稼ぐという意味が両方成り立ちます。2ハウスは自分を守る物質的な要素や魂が乗り込んでいる物質を表しています。お金でなくモノという場合もあるでしょう。個人的に自由になる金銭も意味しますから、自分で使うことのできる範囲が広がります。

　物欲のハウスではあるのですが、しかし人によりここのサインはさまざまで、このサインの性質が火とか風の元素ならば、物欲はそんなに強くは働きにくくなります。

　南の三角形に属しているということが重要で、それは見える集団社会の身近な接点です。お金が増えるということは、集団社会へ参加しているということです。

3ハウス

　西の三角形に属する部分に木星が入ると情報知性活動は増大して、興味の方向がいつもに比較して広くなります。コミュニケーション能力では億劫にならずにいろいろな人と会話できるでしょう。教えたり、学んだりするようなことではスムーズですが増やしすぎる可能性はあります。この際に速読術などを身につけてもよいのではないでしょうか。
　3ハウスは旅を意味するハウスなので、いつもよりも遠い場所に行くか、または頻繁に旅行をしてみると、そこで得られるものや発見するものがたくさんあります。
　ただ木星は必要でないものでも調子に乗って増やしてしまうので、後で無用なものだと感じることも多いでしょう。

4ハウス

　北の三角形は情緒に関係しますから、感情面が豊かになり、また感情の反応も大げさになります。家や家族との関係ではリラックスできるものになりますが、特に木星の4ハウスは引っ越しした場合にはいつもよりも良好な条件に恵まれます。
　12年に一度というチャンスですから、これは利用した方が賢明です。ストレスの多い時期に引っ越しするとストレスが続き、また木星のようにリラックスした時に引っ越しすると、それが続きます。この4ハウスのサインを強調しますから、家の環境を豊かにするために家具を買うとかでもよいでしょう。
　仲間的な関係の人が増えます。家にいる時間が増えてもよい時期といえます。

5ハウス

　東の三角形に属する領域では個人的な楽しみが増えていきます。5ハウスは外からのリアクションを受け入れることはないので、楽しみといっても、相手が人間の場合には予想外のリアクションが待っていることもあり、得意ではありません。むしろ他人からは真剣さがないと受け取られることもあるのです。そのため、一般にいわれるような恋愛にはあまり適していないと思われます。一人でできるもので、創造的、趣味的、道楽的なことに時間をかけるようになるでしょう。
　自己表現は大げさになりがちです。これは東の三角形である1、5、9ハウスに共通しています。相手や環境よりも自分の側の三角形が大きくなるのです。

6ハウス

　6ハウスでは仕事などが増大します。木星は必ずしも適切とはいえない効果を持つこともあり、増大しすぎて危機に陥る人もいるかもしれません。それは生まれつきの木星の状況によりけりです。仕事環境が広くなるということもあるし、また大企業での仕事など、仕事・勤務に関してはチャンスが増えてくるでしょう。これは南の三角形でもあり、社会に対して順応的で適応性が高まるということでもあります。
　西の転回点直前で、自分の上にいる人の指示に対して従順であるということもあります。自分から働きかけるというよりも受けに回る姿勢で、集団社会への参与の可能性が拡大するのです。

7ハウス

　社会的に発展するはじめのきっかけが多く作られやすい時期です。西の三角形の力が強まるので、自分から働きかけるよりも、外からチャンスが多く来やすい時期です。しかも相手は地位が高いとか、年長者とか、自分よりも優位な立場にある人も多いことになるでしょう。

　自分からは働きかけてはならない時でもあります。基本的にはえこひいきされやすい時期で、特別なはからいということも増えてきます。相手に対して批判的にならず、自分に適していないかなと思うことでも、受け入れることが増えてきます。

　木星は増やす天体なので、選ぶとか合わないので止めるという性質がほとんどありません。

8ハウス

　8ハウスは、他者との一体化を表すハウスで見えない集団性の北の三角形に属しているので、対人関係はより密接で、深い関わりが出てくるでしょう。もらいものが増えて、特に収入に関しては人に依存することが多くなってきます。特定の関係を深めることが収入を増やす理由にもなります。

　感情がダイナミックになってきて、相手の気持ちに同化できるようになります。依存したりされたりすることに対していつもよりも寛容な態度になります。

　人の死が自分にメリットをもたらします。

9ハウス

　9ハウスでは、学校の勉強や教養を高めることに関して間口が広がるので、一つのことだけをするわけにはいかず、複数に跨ることが増えるかもしれません。

　また海外旅行は12年に一度のサイクルで楽しい時期だといえるでしょう。増大、大げさという木星の作用からすると、調子に乗って二度、三度出かけたりすることもあるでしょう。入学するにはよい時期だといえるし、また試験にも有利です。

　精神が拡大する三角形なので気が大きくなり、また自己像が増長します。自己価値が大きくなるのですが、後半になると南の転回点に近づく準備を始めて、集団社会の中で自分が参加できるものは何か機会を探すようになります。

10ハウス

　10ハウスは、ローカル社会の中での立ち位置に関係するハウスなので社会参加ということに関して有利になりますが、仕事でいえば、やってくるものをすべて受け入れるので、自分では処理しきれないくらいになる場合もあります。就職には華々しい時期です。

　そもそも木星は社会に受け入れられる天体でもあるので、そこに汚点が作られにくいのです。仕事のために海外に行かなくてはならないという場合もあります。宣伝とか自分を売り込むには一番よい時期です。また、MCはホームネームのことですから、女性にとっては苗字が変わる、つまりは結婚するのによい時期です。

　10ハウスはもともとは土の場所で狭い世界です。木星はしばらくは我慢しなくてはなりません。好きなことをするというよりはやはり義務のようなものが増えて、町内会で役割が増えたというような意味になりやすいでしょう。

11ハウス

　11ハウスは未来を作り出すハウスです。友人が増えたり、またクラブに参加したりすることも増えるかもしれませんが、それは未来ビジョンを拡張するためと考えてもよいでしょう。

　11ハウスが盛り上がるということは相対的に10ハウスから気持ちが離れやすくなり、今取り組んでいる仕事などから関心が薄れる人も。いつもなら受けつけないようなタイプの人も受けつけるとよいでしょう。そうすることで、固まった自分というものを解放することができます。その中に未来のイメージがいろいろと出てくるのです。今のままでは今のままの未来しかありません。もっと広げると広がる未来があります。

　エゴが自己保存の2ハウスだとすると、11ハウスはそれに対して非個人的なハウスです。

12ハウス

　12ハウスは北の三角形に属しているので、心理的・情緒的なリラックスと拡大があります。特にこのハウスは人には見えない、深い意識を満足させます。世間につながっているのでなく、宇宙につながっているという意味では、肉体的・物質的にはおとなしいのですが、心の世界や精神という面から見て最もダイナミックで広大なハウスです。

　人との関係が多いほど逆に狭まる傾向があり、あまり接触が多くない方がよいかもしれません。北の三角形はあくまで見えない集団性なので、見える集団性の南の三角形とは裏腹な関係にもあります。夢とか瞑想などを通じて、この見えない集団性としてのクラスターに接触することを試みると成果は大きいでしょう。

火星

KEYWORD
活性化し熱を持つ

　火星は勢い、活性化の天体です。火星は、もともとは牡羊座の支配星です。興奮作用があって、火星が入った場所は情熱的にそれに取り組んでいくという影響が働きます。安定して働く天体ではないので、この時期にもっぱら活性化することで、その場所を目覚めさせるとよいということになります。

　火星がまたやってくるのは2年後ですから、その時に、またそのハウスを積極的に活性化すればよいのです。ですから多少無理なことをするとしても構わないと考える人もいます。心拍数を上げて熱中します。平均的な公転周期は2年ですが見かけの上での逆行が大きく、極端な場合には、数カ月の間一つのサインにとどまっている場合があります。

　火星にあまり慣れていない人にとっては、火星は険悪な影響として受け取られる場合もありますが、慣れていれば、そこを活性化して、勢いをつけるというだけで有害なものではありません。いつもどこのハウスに火星があるかをチェックする習慣があるとよいのではないでしょうか。

　火星が最も苦手とする惑星は土星だといえます。土星は平均的に安定させようとしますから、火星が興奮作用で強化しようとする場所に対しては、その作用を抑えつけることになります。熱が上がれば下げようとするのです。例えば、生まれた時のホロスコープの土星の場所に対して火星がやってくると、その影響そのものを弱めようとします。あるいはまた、生まれた時の図の火星に対してトランシットの土星がやってくると、火星のやる気は著しく弱まります。それ以外の惑星は火星に対してそんなに押さえつける影響はありません。

1ハウス

　1ハウスでは個人的な力が増強される時期になっていて、防衛力が高まります。ただし、攻撃的になってしまう傾向があるので、知らず知らずのうちに人を傷つけるような行為をしてしまう場合もあるかもしれません。

　もともと1番目のハウスは自分で自覚することはできないことが多いのです。そのため、火星がやってきた時には、ある程度注意しておいた方がよいのではないでしょうか。1番目のハウスは、基本的には方向性を持つことがなく、その人の生命力そのものを高めていくことになります。したがって、何かのために活力を使うという意味ではなく、自分自身の活力そのものを高めていくということになるのです。

2ハウス

　2ハウスは南の三角形に属していて、集団社会の中に参与するきっかけを作ります。ここは収入能力を表します。もっとたくさん儲けたいという気持ちを高めていることになるでしょう。

　ただし、火星はあまり忍耐強くないので、一気に稼ぎたいという意志が働きやすいです。浪費する傾向が強まりやすい時期なので、休みなく買い物するという場合も出てきます。しかしこの浪費意欲は働く意欲に直結します。南の三角形に属しているからです。

　2番目のハウスは美意識に関係し、芸術や美術、ファッション、食物などに時間を使うということにもなりやすいでしょう。

3ハウス

　3ハウスは、移動や旅行にも関係しやすいハウスなので火星が入ってくると、乗り物に乗りたいとか移動したいなどという傾向が出てくるでしょう。

　火星は興奮を与える天体なので、いつもしないことをその気になって追及するということになるのですが、長続きはしないので長期的に何かを勉強するという意味にはなりにくいです。2年か3年かけて学習する課題ならば土星です。火星は平均2カ月程度一つのサイン・ハウスにとどまります。そのくらいで完了できるものがよいでしょう。

　何か運転するとかの場合には適しています。火星があまり使いなれていない人から見ると、冷静さを失うことを表しますから、他人との口論や、あるいはうっかりした事故のようなものを起こしやすい場合もあります。

4ハウス

　4ハウスは家庭に関するハウスなので、ここでは住居や家に関して心拍数が上がり、興奮状態になって、それについて大きなエネルギーを使うようになってきます。家族とケンカをする場合もありますが、それは火星に馴染んでいないという場合に起こりやすい出来事です。

　家に関係したことで熱中しますから、この時期に思い切って大掃除をしてもよいといえます。火星は排他という意味では、余分なものを減らす掃除にも関係することがあるからです。地下の熱というと温泉ということで、馴染める温泉を探してもよいでしょう。

　ごくまれに家の近所でトラブルが起きるという場合もあります。しかし隣人の揉め事はむしろ3ハウスでしょう。

5ハウス

　5ハウスは趣味や道楽に関係しますから、楽しみ事に熱中していくことです。もしギャンブルのようなものが好きなタイプならギャンブルをするということもあり得るかもしれません。この場所が通説のように、スポーツに関係するかどうかわかりません。5ハウスは受けに弱いので、対戦的なスポーツには全く適していないからです。しかしジムに行くとかならよいでしょう。

　火星は、平常では無理に思えることを労力を使って活性化することでパワーが出てくるというものですから、少し苦しくても積極的に取り組むとよいのです。ゲームとか遊び、趣味などに熱中し、そしてすぐにブームが去ります。しかしその記憶は残り、それを元にすることで次回はもっとうまくやれるでしょう。

6ハウス

　6ハウスでは仕事に関して熱中して取り組むことになります。人によってさまざまですが、自分で処理しきれないくらい仕事が増える人もいます。汗水垂らして積極的に取り組むという仕事ぶりなので、労力を使うことは、好ましいことだといえるでしょう。

　健康管理に関する場所なので今のうちに積極的に健康管理をするとよいのですが、火星の健康管理とは運動することでバランスを取るような性質でもあるので、薬物を使った管理などというものとはあまり合わないのではないかと思います。

　渦中にある時にはたいてい自覚はできないものですから、仕事のしすぎという場合もここに火星がある間は自分でそう思っていません。

7ハウス

　火星の興奮作用は対人関係に熱中するという形になります。多くの人が想像するように対人関係でケンカしてしまうということが多いのかどうかということは、この火星に対しての出生図の天体のアスペクトとトランシット天体のアスペクト次第です。
　例えば、トランシットの冥王星と90度になりつつ7ハウスに入っているということは、断絶とかトラブルなどを表すことにもなるでしょう。たんにこのハウスに火星が入ったというだけでは何ともいえません。たいていは関わりの中に深入りしすぎてしまうというような影響です。しかも長続きはしません。火星のような人がやってくるということも多いです。

8ハウス

　8ハウスは一体化を表すような意味が働いています。火星はいつもよりも興奮して取り組むという作用がありますから、一体化ということに関して情熱的に深入りします。
　男女関係では性的な性質を高めていきますが、必ずしもそれだけの作用ではありません。8ハウスは受け継ぐという意味もありますから、教えてもらったり伝授されたりするという意味が働きます。積極的に依存し、相手から引き出そうとするということになります。火星は男性的なものなので、男性から受け取るものがあるという意味で考えてみてもよいかもしれません。
　2年に一度やってくるのですから、いずれにしても大げさな読み方はしない方がよいでしょう。

9ハウス

　9ハウスは、自分のグレードアップをしたいというハウスですから、立場の向上のためにいろいろなことをすることになるでしょう。お稽古事でも関係しやすいので、とりわけ女性の場合には何かを習うということに熱中するのかもしれません。しかし火星は少しばかり荒っぽい性質があるので、勢いは良いが冷静ではないともいえます。この時期に海外旅行をするという人もいるでしょう。

　東の三角形に属しているということを踏まえて、自分を向上させるための積極的な取り組みとみなすとよいのです。それは高揚感を与えますが、問題は長く続かないことです。しかし、長く続くことのきっかけは作ります。

10ハウス

　社会的な立場を表す10ハウスでは、火星は自分の姿勢を明確に打ち出す傾向が出てくるので、仕事や自分の立場に対して強い表明をしていきます。しばしばそれは言い過ぎの場合もあって、人から反感を受けることも。日本社会ではこれは孤立しやすい傾向があるかもしれませんが、違う国ではむしろはっきりわかりやすいといわれるかもしれません。就職活動などでは積極的に取り組むことができるでしょう。

　集団社会の中で自分がどういう形で参加したいのかを意識して、他の可能性に対しては拒絶する傾向が出てきます。つまり好みをはっきりとさせているということで、曖昧さを整理するにはよい時期だといえるでしょう。

11ハウス

　社会運動などで新しい活動しようとした時にはこのハウスが重要になってきます。11ハウスは常にどういう状況であれ、古い社会に対しては、つまり10ハウスに対しては反抗的な傾向があります。土星に対する天王星なのです。

　そのため、ここに興奮してしまう火星が入ると、改善するということに対して積極的な姿勢を打ち出すことになるのですが、ただ火星は長続きはしないので、それを永続的なものと考えない方がよいでしょう。友人のことで積極的に取り組むことになり、仕事をそっちのけで仲間を助けるようなことをするかもしれません。

12ハウス

　12ハウスは、情緒的な要素や心理的な面を表す北の三角形ですから、強い情動になりやすいということもあります。自分では気がつかないものが強調されますから、気分が暗くなってしまう場合には、いつもは意識しない隠れたコンプレックスなどが残っていてそれを火星が煽っているとみなすとよいでしょう。

　12ハウスは形の上では見えてこない集団やネットワークです。日本では家系を大切にしますが、この集団性は必ずしも血縁ではありません。12ハウスはしばしば孤立ですが、それは形の上で身近なものから孤立し、その分、見えない集団性としての南の三角形により深入りします。見えないものをより重要視する期間で、インターネットに熱中するということもあります。

4 太陽、金星、水星のグループ

今日や明日を見るのに適した３天体
カレンダーに調査員と外交員がくっつく

　太陽、金星、水星の３天体は内側にある天体、つまり内輪のことに関係しています。ここでの太陽は１年という公転周期ですから、作用としては地球に他なりません。それを太陽に投影しており、現実の太陽と混同してはなりません。

　内輪の天体群は、個人の能力とか資質、また個人的な生活の方向性などに関わります。惑星をグループ分けしましたが、しかし実際には、速度の遅いものは長く残留し、早いものはそれらを生活の早いサイクルの中に持ち込むという作用もありますから、実際には同時に全部の天体の影響を総合して考えなくてはならないのです。

　木星などは１年かけて一つのサインを移動しますから、１年間の大きな傾向などを考える時にはよいですが、今日とか明日を見る場合には、もっと早い速度の天体を使います。例えば、金星が木星と重なると、この１年の期間に盛り上がった木星の影響を、特に対人関係などで表に出す代表的な日であるとみなすわけです。

　太陽、金星、水星は１日に１度前後動きますから、細かいサイクルの事柄については、このグループを考える必要があるのです。太陽は規則的な動きなので、カレンダーです。水星はそれに関係したことを調査し、金星は楽しみを持ち込みます。太陽に随行して、メッセンジャーや外交員などが前後をうろうろしていると考えてもよいでしょう。

太陽

---KEYWORD---
月間目標

　太陽は動いていませんが地球は規則的に公転しています。したがって太陽の周期は地球の公転周期ということで、この太陽の動きは規則的なカレンダーのような働きをしています。

　毎年、同じ頃には同じような状況になる人は、この太陽の運行カレンダーを使っているということなのです。また太陽の運行と似たような位置を前後するのは金星と水星です。これらはセットで動いていると考えるとよいでしょう。

　毎年季節は同じように巡ってきます。そして個人的な行事も規則的にハウスを巡る太陽によってということです。

　太陽は光を当てる。つまりは、特定のハウスに対して周期的に光を当てます。太陽を意識して、自分の行動のスケジュールを立ててもよいのではないかと思います。このような規則的な動きは、その人の力を強めるからです。つまりは1をするのに1の力を使うという具合に無駄なことに振りまわされず、しっかりと自分の人生を強化することができるからです。

　太陽は意識的な発展力で、ぼんやりとして発揮するものではありません。

1ハウス

　1ハウスは自己主張時期です。もともとの自分の生命力の性格をもう一度確認していく時期だと考えられます。どういう季節に自分が生まれたか、つまりどのサインかを考えて、あらためてそのスタイルを打ち出してみるのもよいでしょう。

　他人のことをあまり意識しないで、自分自身のことについてエネルギーを使いましょう。

2ハウス

　2ハウスは、自分の持っている親から受け継いだ資質などを生かしていく時期です。人によってはこの時期に金銭収入が増えるという場合もあるかもしれませんが、定期的なサイクルなので、それ自身が収入を増やすというような意味は持っていないのではないかと思います。むしろこういう時期にはあまり急がずにのんびりした生活をする人が多いのではないかと考えます。

　これは自分のリズムに自然な形で生きるということを表していて、このハウスはそのような性質を持っているのです。

3ハウス

　3ハウスは、移動や旅行には適した時期ですが、これも毎年規則的なサイクルなので、過去こういう時期にはどうだったかを考えてみるとよいでしょう。繰り返される中で、だんだんと改良されて強まっていく影響力なので、もちろん繰り返していくのがよいのです。

　応用力を高めるという意味で興味を拡散させることが適しています。拡散させても、その拡散の方向そのものが自分らしさから出ることはありません。

4ハウス

　4ハウスでは家族や家のことに関して意識的に振る舞いましょう。太陽がやってくるということは、光を当てる、懐中電灯で暗い倉庫の中を照らしているというようなイメージなので、曖昧にしないで、そこをはっきりと認識して検討していくということが大切なのです。

　自分の家の中を見回して、これは自分に合っているかどうかということを考えてみるのもよいのではないでしょうか。

5ハウス

　5ハウスでは楽しいことやレジャー、遊び、趣味に時間を使うとよい時期です。サインは1カ月、ハウスは幅がちぐはぐなのですが、平均1カ月程度はこの5ハウスの時期だと考え、規則的なスケジュールで、記念日のようにそこに取り組むとよいのです。なおかつ太陽は意識的に扱うという意味です。

　実際には地球のことを表していて、それは意識的に没入することで開発するということになりますから、これらのことに取り組んでみるとよいでしょう。日程表を作ってもよいのです。

6ハウス

　6ハウスでは健康管理と仕事に関して計画的に考える時期です。この部分で何か後ろ暗いものとか、また葛藤がある場合にはそれは整理して、はっきりさせておくとよいでしょう。

　一番重要な目的は何かということを意識して、それに必要なことを優先的にするべきでしょう。毎年この時期はやってきますが、しかし毎年少しずつ改良していくという意味では螺旋的に進化すればよいのです。

7ハウス

　7ハウスでは対人関係で大きな力を使います。自分の力を残しておらず相手に託すという傾向があり、しかしそのように労力を使う分、戻ってくるものがあるでしょう。

　対人関係などで重要な関わりの場合、この時期に定期的にサービスしたり、贈り物したり、定期的に何か記念日のようなものを決めておくとよいかもしれません。

8ハウス

　8ハウスは北の三角形の一つであり、それは見えない集団性への融合です。これは固定的な関係を受け持つ場所です。契約に基づき受け取るもの、また死者との関係なども意識する場所ということになります。

　この時には自由意志を発揮しないで従属する、または受け取るということが重視される時期です。自分に足りないものを、他者とか組織などから受け取ること、それは何かを意識的に考えるとよいのです。

9ハウス

　9ハウスは学業やお稽古、または見聞を高めることや教養を高めるという場所です。そこに関係したことで、毎年のこの時期のことを思い出してみましょう。あなたのこのハウスに対しての扱い方がはっきりします。

　今までの自分をより高めて、最高の場所に行くためのあなたの一番の強みとは何でしょうか。それを考えてみるとよいでしょう。

10ハウス

　10ハウスでは1年の中で、ローカルな目の前の集団社会の中で達成の頂点に至る時期です。毎年繰り返されますから、毎年点検して、去年に比較してどうだったかを考えてみましょう。毎年さまざまな新しい変化はあると思いますが、しかしそれでも少しずつ自分の姿勢が変わっていると思います。

　これは集団社会に対しての考え方の変化も伴っています。集団社会の基準に合わせるので、何か突出したものを提示するという意味ではありません。また、上下関係や権力に関して考える時期でもあります。

11ハウス

　11ハウスではより良い未来のための社会活動、個人的な未来のための準備、同じ趣味を持つ人々の集まり、また友人などに対して協力的になることなどがテーマであり、それに力を使いましょう。

　人の話に耳を傾けていると、この中で自分にとっての新しい未来を開くキーワードが手に入りやすいのです。毎年同じ時期に集まる何かを持つとよいでしょう。

12ハウス

　人生の決まった形から逃れて自由に拡大する精神というものは、夢にも似ています。それは形から離れているが故に、いつもは気がつかない印象とかを容易に拾います。

　12ハウスはすべてのハウスをまとめて統合化する場所ですから、あまり具体的で細かいことに忙殺されてはなりません。わりに暇な時間を作る、また夢をメモしたりする余裕もあるということが大切です。そして人生について全体的に考えて、あらためて次のサイクルの始まりである1ハウスのスタートに備えます。

金星

KEYWORD
楽しみを求め、洗練させる

　金星は楽しい事柄や快適さを表しています。仏陀は金星が上がるのを見て悟りを開いたといいますが、もちろんこれは金星に特別な意味があるということではありません。一つのきっかけという意味であり、悟りは金星とは無関係に仏陀の力です。

　太陽系の惑星で金星というのは、常に働いていますからそれを特別視することはできないのですが、地球に一番近いという意味で身近なところでの解放の通路という意味が出てきます。

　金星という一つの惑星は、太陽の分割の10のうちの一つのような立場です。つまりは日常の生活の中で、10分の1程度は誰でも常に金星が働いているということです。そしてそれを特に強調した比率の人がいる、あるいはそれを違うところで発揮したりするということです。

　ただしパランのように金星が太陽系内の通路として働く場合には、金星は乗り物として恒星の力を受け止め、通路となることがあります。トランジット天体としての金星はそのハウスに楽しみなどを与えます。

　愛想が良くなり、また楽しみに没入します。太陽がやってくる前の案内的な導きをするという意味もあり、それを日の出の前の明星として、キリストの前のヨハネというふうにたとえることもあります。

　前座という意味で考えてもよいのかもしれません。

1ハウス

　1ハウスでは自分に関わる人に対して愛想が良くなり、また漠然と快適さを醸し出します。もともと金星は苦痛なことを嫌うので、無理なことをしなくなり、生活全体に均等に偏らないように楽しみを増やすという意味になります。男性の場合には、女性との接点は増える傾向にありますが、これは出生図で金星が活発なほどにそういう傾向になります。

　天秤座と牡牛座の支配星ということで考えれば、対人的な面と自分の個人的な趣味性やセンスの増強という意味になります。その増強が個人の行動性質や性格に反映されてくるということになります。見ていて気持ち良い、何となく華があるというふうになるわけです。

　人との交渉などではこの時期はよいという意味になるでしょう。人前に出ることや多くの人と交流することです。

2ハウス

　もともと金星は2ハウスの支配星のような性質ですから、ここでは金銭を趣味に使うとか、また自分の楽しみでしていたことでお金が入るとか、あるいは持ち物により強く関心を向けるという性質が発揮されます。所有物は金星の意味が働くので、快適で魅力的で見た目の良いものということになります。

　人によって音楽に熱中したり、また絵画や食べ物など、そのような種類のものがいつになく、よく見えてくるということになります。そして自分の感覚的な資質に対してあらためて再認識し、それを高めようとすることになります。

　いつもはあまり洋服について考えていない人なら、洋服について工夫する時期にしてもよいのです。

3ハウス

　3ハウスでは楽しみと趣味のための移動となります。牡牛座の支配星ですから、物欲的なということも多いのですが、移動や旅行が快適で楽しさに満ちたものになりやすいのです。また散歩したり、動いたりするということに感覚的な気持ち良さを感じることになります。

　金星は深入りしたり苦痛になると止めてしまいますから、その点では、コミュニケーションでも深刻な話し合いをするということにはなりません。何かを集めるとすれば、もちろん美術品などの見て楽しいものということになります。

4ハウス

　金星が入ったハウスはそれをこなれるようにするというのが目的です。明確なテーマというよりは、まずは馴染んでそれを楽しいものにしていくのです。自分の家や不動産、家族のこと、近所のこと、これらに対して快適で楽しいものを加えていくという意味では、インテリアのことを考えてもよいでしょう。そこが居心地良くなるように考えていくのです。

　4ハウスの目的は、リラックスして個の意識を捨て、より深い集団意識の中に入り込んでいくということを意味しますから、安全で保護された場所で個人意識を捨てる、つまりは眠るということなのです。それがスムーズにできるように寝具やインテリアなどをもっと自分好みにしてもよいのです。

　金星は天秤座の支配星という点では、人を招くということもありますが、これはこの安静を乱さない相手でなくてはなりません。

5ハウス

　東の三角形は、個人的な表現力や精神的な活性化、わがままな発展性を表します。他者がどのように思っても、それを受けつけて調整するのは目的になっていません。次の6ハウスに入った段階でそれをしなくてはならないのですから、今は思い切り、自分の好きなように展開してもよいという時期です。

　金星は天秤座の支配星でもありますから、この趣味に相手を引き込むということもあり得るでしょうが、そもそも5ハウスは他者と共有ができません。吐き出すということが5ハウスです。その意味では生み出す・吐き出すということを考えてみるとよいのです。そのことで自分の中の東の三角形がのびのびとリラックスして、元気になります。

6ハウス

　勤めや仕事などに関係する6ハウスでは、金星は楽しくお仕事という意味になります。職場環境を整えたり、また快適なものにしようと工夫してみたり、仕事そのものを楽しめるようにするのがよいでしょう。サービス精神を発揮して、愛想良くするということも。楽しめるものとしての仕事は気楽なバイトやあまり努力を要求されないことなども示します。

　仕事以外でも6ハウスが訓練という意味では、金星的な訓練、つまり挨拶や相手に対する対応などを練習することも意味します。

　文房具などに熱中するというのもあるかもしれません。金星は牡牛座の支配星でもあるので、物質的で6ハウスというと文具なども入るからです。

7ハウス

　7ハウスはもともと金星が支配星になる場所ですから、ここでは金星の良さが最大限発揮されます。対人関係は楽しみになり、人との交流の場に出かけることも多くなります。また若い人との接点など。

　西の三角形は、主体性が弱まることで強化されますから、自分から何か主張するというよりは相手の話を聞くということになります。ただし、金星は深刻になったり深くなりすぎると機能しなくなりますから、この関係性はあくまでそんなに深入りしないということが重要になってきます。

8ハウス

　8ハウスでは特定の誰かに対して、従属的な位置関係になるということもあります。そもそもここは依存のハウスなので、何かする時に誰かに依存した形で進めるという性質が出てきます。本で調べるよりも相手に聞く。何か欲しい時にも誰かに依頼する。甘えるということもあるでしょう。それを自然にしやすい時期なので、このハウスに金星がある期間を調べて、その期間内にそれをしてみるとよいでしょう。

　また、好みのものをもらい受けるという時でもあります。受け取ることは相手に心理的に従属するということを意味しますから、その気持ちをストレートに表現するとよいでしょう。

9ハウス

　9ハウスでは、お稽古などが楽しいと考えてもよい時期です。また自分の立場を向上させるための行為をするとよいのです。向上のための学習というふうに考えると、何か短期間で習い事をする、セミナーに参加するなどもよいでしょう。自分の身近な存在ではなく、遠い人々の趣味の扱い方を見てみるなどです。

　遠隔地の音楽などという言い方をするとわかりやすいかもしれません。それは今の自分のセンスを磨くことができるという意味です。種々のものを比較して、そこからよりよいものを引き出すということもあります。精神が高揚感を感じるようなことをここで取り組みましょう。

10ハウス

　10ハウスでは、対社会的または集団に対する姿勢として愛想が良く、人との関係をうまく運ぶことで社会的な立場や仕事が有利になります。こういう時に接待とか人との会合などをしておけば、この時期の金星の影響が去っても、その印象は相手の中に残ります。公式的に自分をプレゼンするという時期なので、こういう時には服装にも気をつけた方がよいのかもしれません。自分が見るより、他人から見てというのが重要だからです。

　集団社会との関わりなので自分だけがセンスをよくしてはなりません。周囲に合わせるということです。

11ハウス

11ハウスは、仕事から離れた友人関係、離職した後の準備、あるいは定年退職後の自分のコース、未来に対するビジョンを育成するハウスであり、今すぐに役立たなくても、未来にはこれをしたいというようなものを楽しんでみるのがよいのです。子供にとってはクラブ活動の場所で、土日に何をするかということもここに関係します。

今、もし違う仕事をしていたら何をしていたか。それを想像しながら、それに関わることなどをしてみましょう。しかし、金星ですからあまりハードに取り組むものではありません。本質的なものよりも形からというようなものでよいのです。

12ハウス

内面性や精神性、形がなくなった後の魂の領域。これらに関係するハウスでは、やはり目に見えない領域で金星的なものをするとよいのです。例えば、波動的なものを感じて、また自分をそれに同調させる。金星は感性の形成力に関係します。それは形になる前の流動的で柔らかい資質です。

12ハウスでは、そのように地上の形に縛られた金星でなく、もっと曖昧で始源的な金星ですから、音楽や絵などのように固まらない領域で楽しみなどを求めるとよく、モノとしての自分ではなく、生きた魂の具現化としての自分をイメージします。

金星は物質的といいつつ、実際には感じることで成り立つ天体です。そしてここは北の三角形なので、情緒や心理、見えない内奥のものなどを表します。必ずしも社会に打ち出す成果を求める必要はありません。

水星

―――――― KEYWORD ――――――
興味が向かい話題になる

　トランシットの水星は素早く動くのですが、それはアンテナのようなものでもあり、またピックアップのようなものでもあります。水星が当たった場所のものはすべて言語化されたり情報になったりします。そのため出生図の特定の天体の上にトランシットの水星が乗ると、その出生図の持つ天体の蓄積したものが言葉として吐き出されます。

　またトランシットの水星はピックアップということで、それが滞在するハウスに関して調べたり、好奇心を働かせたりします。インフォメーションと考えてもよいのです。もともとが乙女座の支配星でもありますから、仕事や職能に大いに関係します。仕事のための情報収集という場合もあります。しかし双子座の支配星ということでは、純粋に自分の可能性を拡大するための関心ということもあるでしょう。

　必ずしも知的とは限りません。比較的動きが細かいし、また速度も速いので、深入りすることはありません。素早く調査したり、興味を持ったりするということです。例を挙げてみると、雑誌のライターは毎回新しい題材に関心を向け、雑誌が出版されてしまえば違うことにまた関心を向けます。興味は1カ月しか続かないというふうに考えてもよいのです。ライターというと、水星に重心をかけて生きているという意味です。水星は惑星のうちの一つなので、10個のうちの一つです。つまり、誰でも10分の1はこの雑誌ライターのように、興味があちこちに飛ぶ部分があるのです。ビジネスマンの場合には、乙女座の支配星として考え、常に仕事の題材を探しているセンサーであると見てもよいでしょう。

1ハウス

　1ハウスでは、自分の考えを述べたり人に教えたりする時期です。他者の意見とのすり合わせはこの時期にはあまり適していません。東の三角形の主導的な場所ですから、あくまで自己主張に徹することになる場合が多く、つまりは吸収ということは少ないと考えるのです。
　サインとアスペクトにもよりけりですが、しゃべりすぎになる場合もあります。また自分にとって都合の良い、勢いをつけるような情報を手に入れるという時期でもあります。しゃべることでエネルギーが無駄になると思う人は、それを何かに書いたりすることで定着させてもよいでしょう。発表したり吐き出したりすることで新しい発見があります。

2ハウス

　2ハウスでは、自分の収入に関して知るとか、収入に関わることで調べたり、また可能性を調査したりする時期です。あらためて自分の持ち物に関して認識を高めたり、角度を変えてそれについて考えてみたりします。
　主に自分の資質は何かということも意識しやすいでしょう。転用したり転売したりすることで、どういうメリットがあるのか、あるいはお金を儲けるために何か画策するとかです。不足があってやりくりする時に、水星は生き生きするという人もいるでしょう。そもそも水星は金銭的には小金を表しますから、細かいことをしてお金を儲けるという意味も含まれています。

3ハウス

　3ハウスでは、移動したり、細かく動き回る中で脳を活性化します。そもそも風・柔軟サインの場所で、興味は一つに集中しにくく、分散処理している中で情報が多く集まりやすいでしょう。2ハウスであれば自分自身の持つ資質ですが、3ハウスは興味が外に向いていて、自分の資質をどのように外の世界で生かすべきかということでもあるので、盛んに外のことを調べる時期でもあります。何か面白いイベントがあれば出かければよいし、携帯電話などを買ってもよい時期です。

　西の三角形に属するのですから人の情報ですが、東にあるので自分の都合の良いように解釈するという傾向もあります。むしろ自分にどう使えるかということを考えるとみるとよいでしょう。

4ハウス

　4ハウスでは、知性は自分の根底にあるもの、例えば素性や家系などに興味が向きやすい時期です。未来のことよりも過去のこと、自分のベースになることです。郷土史や歴史を調べてもよいでしょう。土地に関することで調査したり、また不動産に関することなどです。これらは北の三角形なので、本来は見えない心理的な領域です。それらを水星は明らかにしたり、曖昧な謎のままのものを探索して解明したりすることに興味を抱きます。

　例えば、地域のレイラインなどもこの時期に興味を向けるとよいのではないでしょうか。意識化し言語化するのが水星の役割ですから、そこで明らかになるとそれがベースになって、次の発展を呼ぶのです。

5ハウス

　東の三角形は自己表現に関わり、楽しいことをして自分の内側にあるものをもっと外に表現しようとする意欲に満ちています。それは生まれた時に東から導入したのです。それをもっと活性化して活用するために水星はここで言葉を使って、自分の中にあるものを吐き出そうとします。

　自己表現期間ということで何か書いたりするのはよいでしょうが、誰かの反応を期待する時期でなく、むしろ自分から外に出るということに実感を置いています。そのため、あまり人に気を遣わないし、また気を遣うとやる気を失います。それを人に合わせるのは6ハウスと7ハウスであり、今は素材をもっと拡張していく時期です。わからない人はとりあえず、日記を書いてみるというのでもよいでしょう。吐き出すことで発見するというプロセスで、吐き出さないのなら発見もできません。

6ハウス

　6ハウスは仕事の部屋ですから、水星が入ると、細かくまめに仕事に邁進するというのが通例です。またそれに関して情報を調査したり、必要なことを持ち込んでくることになります。

　健康管理の部屋でもあるので、健康に関して調べ物をしてもよいでしょう。これは南の三角形ですから社会的なことに敏感です。世の中の状況とか今の流行とかを調べ、自分の仕事に役立てるなどをする時期でもあります。

　脳を活性化するのに運動が良いという本を読んで、エリプティカルトレーナーを買うなどということを考えるのは、この時期かもしれません。

7ハウス

　7ハウスでは人との会話が増えてくる時期と考えるとよいでしょう。聞いてみる、また話をして相手との関係がもっと活発に馴染んでくるなどです。西の三角形は東の力と呼応関係にありますが、裏表なので東の三角形を弱めると、つまりは自分の意見とか主張を引っ込めると、より強く聞こえてきます。そのため、ここでは自分が何かいうよりも盛んに人に話を聞くということに徹した方がよいでしょう。新しい発見などがあります。

　判断するよりも、まずは流れに任せてみるということでスタートすることが多いようです。自分で気がつかなかったことなどが多数出てきます。

8ハウス

　8ハウスでは、深入りして今までの境界線よりももっと先に行きます。その意味では深追いするという意味かもしれません。好奇心あるいは調査する姿勢として、どんどん集中して、突っ込んでいくということになるでしょう。

　また受け取る場所なので、技能や能力などを受け継ぐ、またそのために相手から訓練されるという意味もあります。

　今まで覗いてはならないような領域をかいま見るということもあります。海の中に深く潜っていくというようなイメージのものです。心理学的なカウンセリングを受けるという意味もあります。依存のハウスなので何を手に入れるにしても相手に期待することになります。

9ハウス

　東の三角形に属する9ハウスでは個人の力が膨らんでいきます。特に、南の社会的な集団性を意識してそれに適したものに膨らんでいくところでは、知性はレベルを上げて拡張し、社会集団の中で貢献できるものにしようということになります。

　興味の範囲を大きく広げようとする時期でもあり、全脳思考のような方法を探求するのもよいでしょう。今までの自分よりは範囲を広げてということを考えるとよいのです。この位置に来ると結果的に、刺激のある題材を見つけ出すことはできると思います。学業などに関して情報を集めるということもあります。知的充実感を得ることが多いでしょう。

10ハウス

　集団社会の南の三角形に属した10ハウスに水星が移動すると、自分の社会的な立場とか仕事・経歴などに関して情報が集まり、また仕事のための会話ということがメインになります。個人的なものとは違う、また個人の望みでもない集団社会の中での自分の位置づけを意識したところでの受信・発信です。

　縦社会という意味では、圧力を感じることも多いかもしれません。自分よりも上の地位にある人に対して気を遣うとか、メッセージを発信するということもあります。公式的な看板の場所なので、思いつきでなく十分に考えた上で、情報を発信することもあるでしょう。

11ハウス

　西の三角形に属するところでは外部から情報が入り込みます。しかもまだ手にしていない未来的なビジョンを手に入れることになります。将来に関してどうするか。また世界は今後どうなるか。正確な情報があるのかないのかという意味よりもそのビジョンの方向性を明確にすると、そこで見えてくるものがたくさんあります。このような計画を立てないことには、今の行為も意味がありません。予定表を作るにはよい時期です。

　また、友人と連絡すること、クラブやサークルなど人の集まりで情報を収集する、学習するということがテーマになる時期です。

12ハウス

　12ハウスは、北の心理的な三角形の中で意識を解放して、微細な印象をとらえる時期です。そのためこのような時には、社会的なことに興味を向けるよりはもっと未知のものにマインドを解放するということがよいでしょう。例えば、12ハウスはインターネットという意味もありますが、インターネットも現在では日常的なものです。それよりも、もっと無意識からの情報を取り入れる方法を考えた方がよいでしょう。

　感情の力がその鍵を握ります。つまり、感情はセンサーであり、感情が拾ってきたものを水星は言語化可能にします。もし何もひっかからないとしたら、それは感情が原因です。いつも関心が釘づけになっているものからしか情報はやってこないのです。この感情を解放するということが大切だといえるでしょう。

5 月

月はエーテル体だが一つしか存在しないため
上位の意識世界の記憶が持ち込まれにくい

　惑星はすべて太陽に属していますが月は地球に属しています。宇宙の法則としては、七つの太陽のうちの一つの太陽に惑星が七つ属していて、そのうちの惑星の一つに七つの月が属しているという構造があると、七つの太陽のレベルで働いていたものは、そのまま縮小した雛形として月の領域にまで復元され、月のすぐ下の物質的存在である人間に伝わります。

　しかし実際には、月は一つしかなく、ヘルメスのいう「上にあるものは下にあるものに似ている」という法則が打ち破られます。つまりどこでも通用していたものが、地球の中にいる人類には伝わらず、地球の人類だけが特殊な条件に置かれているということになります。これは上位の意識の世界の記憶が持ち込まれず、また記憶が続かないということです。

　たとえていうと、単語が22個あるところで作られた言葉が、単語が4個しかないところでその意味を伝えることは難しいというようなものです。実際に私たちは夢を常にはっきりと記憶しているわけではありません。しばしば夢は人間の意識が肉体から離れてもっと高次な領域のものを体験する場合があるのですが、それを日常の意識で理解することができないことも多いのです。

　どこにも放送されている内容が、地球の人類にだけは放送されないというふうに考えてもよいかもしれません。そして地球の人類だけが地球の内部だけで通用するものに熱中し、埋没していることになります。私たちは地球外の知識は全くなくても、孤立しているという気分だけは自覚しています。どんな人もどこかで自分は見捨てられているのではないかという根本的な孤立感を知っています。

月が七つではなく一つしかないことへの対策
呼吸法の修行はエーテル体を補うのに有効

　太陽、全惑星、惑星、複数の月、月、肉体というふうに考えると、月の段階で七つでなく一つだけというのは、エーテル体の物質が不足していると考えてもよいわけです。すると、例えば精神作用は、肉体と切り離されやすくなります。私たちはイメージを思い浮かべた時にそれを触ることができるように、目の前に出現させることができません。つまりは精神とモノの間につなぎの物質がないのです。

　このつなぎ物質がエーテル物質です。精神作用で何か考えたり思ったりしても、それは考えたり思ったりしただけで肉体はそれに対して何一つ変わらず、また外界の現象も変わらない。ずっとこういう状況だったのでこれが当たり前であり、それ以外のことを想定できないと思いますが、これは異常な状況に置かれていると思ってもよいのではないかと思います。

　もう一つは、月は一つしかないので、エーテル体がぐるぐると12の区画を揺れながら移動していると考えてみましょう。三角形とか四角形のような形で複数配置されると安定はすると思いますが、しかし一つしかないためにその一つにだけ重みがかかりつつ回転し、それによって軸がぐらぐらとその方向にかしいでいるような光景を思い浮かべてみましょう。

　地球の周りを回る月の軌道は、ちょうど地球を肉体として、その周囲にあるオーラの輪郭のようなものでもありますが、それが一つだけの支点の回転によって運営されているのです。感情の最も低い部分がエーテル体としての月の領域に関係しますが、その感情は休みなく変わり、揺れる衝動に振り回されています。月が七つなくて一つしかないと感情をポリフォニー的に体験せず、モノフォニーで、時間の流れの中で、順番に7個を復元しようとします。その都度、前のことを忘れます。

　また、感覚としての肉体は鋭いエッジを持ち、この鋭いエッジはモノだけでなく、感情でも行動でも、あらゆるところに鋭い輪郭が発生し、この尖った輪郭は私たちの精神とか感情を常にナイフで傷つけているような現象を作り出しています。というのもエーテル体が少ないということは、クッション材とか梱

包材が薄いという感じで受け取ってもよいのです。固いものが突き刺さるように当たるのです。これもずっと続いているので、当たり前だと思ってしまいます。精神と物質の間のつなぎ物質としてのエーテル体がもっと大量に膨大に必要です。私たちにはそれが不足しています。いずれにしても、宇宙の情報とか法則が地球には伝達されて来ず、離れ小島になっているということが問題です。

　グルジェフは、これを『ベルゼバブの孫への話——人間の生に対する客観的かつ公平無私なる批判』(浅井雅志訳、平河出版社)でリアルに描いています。地球は宇宙で罪を犯した人の流刑地であるというのは、昔からよくいわれていることですが、流刑地だけでなく、例えば逃亡者が逃げ込んだ場合には見つからない。逃げ込んだ逃亡者も記憶を失ってしまうので、よけいサーチされないのだという話も聞きます。

　この欠陥を補うための手段は昔からいろいろと考えられました。この問題を何とかしないと救出不可能な穴に落ち込んだような生き方をずっと続けなくてはならないからです。例えば、修行をするというのもその一つです。自然的に生きているかぎりこの問題は永久的に克服できない。自然に素直に生きるということでは、マイナスなままというのがこの地上生活です。だから、修行をするということです。呼吸法は、このエーテル物質の不足を補う有効な方法の一つです。しかし、それだけでは不足で外部からの補助的な手段も必要です。

4人ものガイドは役割を超えた存在
繰り返し体験することで日常生活に影響が出る

　モンロー研究所のヘミシンクCDのゲートウェイシリーズの中に「非物質の友人」というタイトルのものがあります。非物質のガイドのような存在を4人呼び出し、彼らがヘミシンクを聴いている人を中心にして四隅に立ち、真ん中の人を上に引き上げるというものです。これはモンローの実験の初期の被験者であったロザリンド・マックナイトの実体験をそのま復元したものだそうです。なぜ4人なのか、ガイドならば一人でよいではないかと思います。ゲートウェイの中では、彼らがあなたを上に引き上げようとするというシーンがあります。これはもちろん肉体を引き上げるのでなく、エーテル体としてのもう一つの身体を

肉体の位置から上に引き上げる試みです。

　非物質のガイドがエーテル体を引き上げるというのは、ガイドの領分を超えていると思います。ガイドはもっと上位の、精神のみで働きかけるところで用が足りるからです。それは知恵を与えるだけでよいのです。そのため、このゲートウェイのガイドは、実はガイドではないと考えてもよいでしょう。このCDを繰り返し聴いていると、人によっては、日常の生活の中でも時々そのガイドが見えるだけでなく、彼らのうちの誰かが肩に手をかけたりという、まさに感覚に及んでくるような実体感を感じる人もいます。それは彼らがエーテル物質の領域にまで降りてきているからです。

　月は実は四つあるという説があります。科学的にはそれは証明されることはないでしょうし、証明される必要もありません。なぜなら、物質ではなくエーテル体としての月ならば物質的な証拠を持ち得ないからです。まさかそんなことがあるわけがない、ばかばかしいと思う人は、その姿勢そのものが思考を反射させる素材が感覚の中に落とし込まれていて、エーテル体にまで這い上がれないということもあるかもしれません。

　私たちは物質の中に落とし込まれて、精神への梯子となるエーテル体が欠乏しているので、精神作用をそのまま信じることのできる「足がかり」つまり奇跡が欲しいと熱望します。それは救済の梯子のはじめの一段です。しかしその証拠や足がかりが物的証拠として提示されたとたんに、証拠も物質に落ちてきたという意味になってしまうので、そこで足がかりの働きを喪失します。梯子を使って上がろうとしたら、梯子が地面に落ちてきて使えなくなったという意味です。それに、そういう話が出て来ると躍起になって否定し、その梯子を使えなくさせてしまうという行為も繰り返されます。私たちは過去に起きたグリッド破壊事故の記憶があり、その時から集団パニックが今も心の奥底で続いていて、梯子を見つけるとそれを衝動的に折ってしまう癖を持っています。この話題になると急に暴力的になる人がいるのです。

　月は四つあるけど、それは地球の特殊条件を何とかしようとして外から設置され、しかし、それは私たちに物質的に見えず、誰をも納得させるところには降りてこない。これが本当かどうかわかりませんが、少しばかり能動性を発揮しないと見つけられないという条件づけは適切です。私たちが何か認識する時

に物質を反射板に使うと、精神状態次第で見えるものは変わるということを気にしないですみますから、その習慣が続きます。エーテル体は想像力にそのまま型押しされ変形してしまうので、この可塑的な素材を受動的な姿勢のままで認識することは困難です。想像力と連動するということは、あると思うと出てくるがないと思うと出現しないのです。

自分から生み出すことで生み出される「太陽意識」の極意

　ここには「太陽意識」というものが関係するようです。探し物を探している間は決して見つからない。自発的に自分から生み出すようになると、それは向こうからやってくるように見えてくる。作れば見つけられる。私はこれをある時から「太陽意識の極意」というようになりました。与えることで与えられるという言い方をすると一番正確なのでしょう。精神がそのまま型押しされてしまうエーテル物質は、この太陽意識にそのまま反応して動くものだということです。

　昔から太陽は父、月は母、地球は子という考え方がありますが、人間は地球の中に生まれてきた太陽の模型のようなもので、グルジェフのいうように、太陽と地球の間の伝達媒体となるのが人類のもともとの宇宙的な役割ということを実践するには、この月の物質に型押しする能動意識が必要です。そのための素材をもっと膨大に必要としていますが、エーテル物質は精神に反応するというルールを思い出すと、それは必要とすればどこからでもやってくるということかもしれません。

　増設された衛星としての月のレベルを私は「中二階」と呼んでいます。幼児が足をかけて椅子によじ登るみたいに反復的に努力をすると、ここに足をかけてよじ登ることが可能ではないかということです。4人のガイドはこの四つの月のシンボリックな表現です。

　月の軌道である白道は太陽の通り道である黄道に対して5.15度傾斜しています。太陽と月が黄経で一致した時を新月、反対側にある時を満月といいますが、黄道と白道の交点で新月・満月が生じた場合に日食・月食といいます。これは太陽の力を月が受け取りやすく、さらに地球に伝達されやすいという意

味ではエーテル物質が充満します。それよりも範囲の小さなところでは新月や満月というのも充満します。

　また月の遠地点では、太陽の力を受け止めた月のエーテル物質は地球へ届きにくく、エーテルレベルでとどまります。これを「リリス」と呼び、物質へと伝達しない夢の中にとどまるエーテル的な衝動とみなすのです。私たちは新月で何かを始めた場合、満月で形成力がピークに達するというサイクルを活用しますが、これらはエーテル的な力の領域での話だと考えるとよいのです。四つのポイントは一つの月が移動すると、毎週同じ曜日というような7日サイクルで到達する場所です。

　ホロスコープはアセンダントから見るので、肉体を中心に見ます。そこで月が出生図でどこにあるか。そこにエーテル体の焦点があります。月がある場所はそこに精神と物質の境界線があり、それは精神からすると眠り、物質からすると急速に活性化する「縫合部」です。

　月は精神からすると重く、物質からすると思い切り軽いのです。マップの月がある場所ではエーテル体はチャージされますが、しかし肉体にはそんなに影響はありません。だから感覚にも影響はあまり及びません。

目覚めた精神と昏睡の物質の間には半眠の月が必要

　占星術の月の話に戻りますが、私たちは自分のエーテル体の育成のためには、月の作用そのものと自身のエーテル体の作用をある程度切り離す必要があります。月に依存すると感情も体調も不安定なままだし、そもそもエネルギーが根本的に足りないので、これらはより上位の次元の宇宙のメッセージも活力も十分に受け取ることができません。人為的に育成したエーテル体は不足のものを補うし、また身体の周囲に張り巡らせたエーテル体の網の目は生活の規則性を形成します。

　ホロスコープの中で、月は信頼できない動きをするのでそれとちょっと距離を持ち、四つの月に分散するのがよいのです。ゲートウェイのCDの4人のガイドと一緒に生活するというイメージで考えてみると、四つの衛星という人工

的なイメージよりももっと馴染みやすいかもしれません。

　月は忘我の天体です。それはどうしてかというと、精神と物質のつなぎだからです。物質は昏睡した眠りの意識です。意識が目覚めると物質として機能できません。ですから、目覚めた精神と昏睡の物質の間をつなぐ月は、半眠とたとえてもよいかもしれません。

　月が七つなくて一つしかないと、同時にポリフォニー的に体験せず、時間の順番の中で一つずつ復元しようとします。この月が巡回してきた場所に関しては、私たちはぼんやりと無意識になり、自動運転的な状態になります。それ以外のところでは、目覚めているというのも不思議な話です。月が来た場所はすぐさまぼうっとするのです。つまり精神と物質はいつもはつながりが悪く分離している。しかし月が来るとその二つをつないでしまい、精神は下に引っ張られぼんやりし、物質は柔らかくなり目覚めてくるということになるのです。

　意識的に考えている時には、私たちは同じことを繰り返しません。しかし、ぼうっとしていると自動運転の乗り物のように、これまで覚えたことをオートマチックに再演することになります。

　今までに覚えていたことを繰り返そうとした時には、「目覚めた意識を昏睡させる」必要があります。そのため、月が作り出す作用はたいてい無意識で、しばしばうっかりしたミスやうっかりした行動などを表します。しかし悪いことだけでなく、もちろんこれまで学習したことを反復することで、私たちの生活の大半が形成されているのです。この自動運転の働きがないと私たちは心臓の鼓動さえ意識的に行わなくてはならなくなります。

　それがさらに硬化すると、物質すなわち感覚になります。月は物質からすると柔らかいのですが、しかし精神からすると足手まといになるような粘つく重いものです。

特定のハウスに月が来た時には
同じテーマで取り組むことで月に刻印される

　月は半眠意識であり、それが繰り返しているものを私たちは自覚しません。食事の場で貧乏揺すりをしても本人はそれを意識しません。暴力をふるう人も、

月がそれをパターン化して記憶している場合には何度でも繰り返しますが、本人はそれを自覚しておらず、目覚めた意識の上では「自分はとても平和主義だ」と本気で信じている人もいます。

既に説明したように、この無意識に記憶したことを復元する月が一つしかないために、28日程度のサイクルで私たちはこれまでの記憶を巡回して、再現していきます。

月は惑星よりも次元が低いので、水が下に流れてくるように、惑星の影響を無作為に取り込みます。惑星の影響をそのまま取り込みつつ月が巡回することで、私たちは物質生活においての自分のライフサイクルのようなものを形成します。そのため、特定のハウスに月がやってきた時には、いつも同じテーマで取り組むとよいのです。すると、その記憶は月に刻印されます。そして月は決してそれを変えないので、次にまた月がやってくると、またそれは再現されます。同じ時にうっかりと同じことをしてしまわないように、むしろ、その時に思うことや感じること、考えることなどを月に刻印させるとよいでしょう。すると、それが繰り返されます。十五夜のお月見は、人の行状は月に記録されており、それを元に帝釈天が人に罰を与えるので、自分は潔白であるということをお願いする目的で作られました。

エーテル体としての月はお餅のようにべたべたした素材です。べたべたした素材というのは、それが意識や感情よりも振動密度が低いということです。つまりは動きが遅く、動きに抵抗し、まとわりつくのです。しかしそれはちょうど過去の記憶を残す残像として役立つのです。だから月は記憶装置なのです。

良くない使い方というのは、月が同じハウスに来た時に同じことをうっかりしてしまい、それを何もしないまま放置することです。すると、何度も繰り返されたものはより深い記憶になり、それを書き換えることはますます難しくなります。ということは、意識的に良い行いをしてそれを繰り替えすと、それもまた書き換えにくく深く記録され、知らず知らずのうちに繰り返されるのです。

6ハウスが働く場所だとすると、あなたの働く状況や姿勢がそこに埋め込まれており、それを月が巡回した時に自動的にそれを復元します。もしあなたが、月が6ハウスにある間、猛烈に働くと月はそれを記憶します。さらに、次回、また次回、月がやってくる都度それを繰り返すといつの間にか、あなたにとって

6ハウスは猛烈に働く場所というふうに自動的に刻まれ、心ここにあらずだとしても動作としては猛烈に働くことになります。

月のリズムを無視したグレゴリオ暦
無意識になった時に月は反撃をする

　グレゴリオ暦は月のリズムを無視しました。月が不安定で手に負えないからかもしれません。結果的に、私たちはエーテル体と連動する月の動きに対しては、それを正面から扱うことがなくなりました。社会のリズムは月を無視することで働いています。例えば、ある人は、月が3ハウスに来る時に衝動的に誰かと話したくなるとします。このサイクルはカレンダーで、毎月同じ日に始まるというわけにはいきません。

　ということは、会社の習慣などはグレゴリオ暦で作られていますから、毎月第1月曜日は会議だと決まっている時に、その人はたまたまその日がプレゼンしたくなる日かもしれないし、また黙っていたくなる時期かもしれません。もし28日などの月のサイクルでカレンダーが作られていたら、毎日の決まった会議の日には決まって無性に話したくなり、そしてプレゼンしたくなるというわけです。その時に、ただ無意識に繰り返しているだけでなく、月がそれを再演した時に新しく工夫すればそれはまた記憶され、その人はますますプレゼン能力が高まることになります。

　今日のグレゴリオ暦はこうしたリズムを無視しますから、決まった会議の日にその人はある時は積極的だし、ある月は押し黙っていて気まぐれな人だと判断される可能性があります。生理前に必ず暴言を吐いてしまう癖がある人は、たまたまこれがグレゴリオ暦で大切な時期になっている時には困ります。そして、この月の感情の動きをおよそ度外視して常時能力を訓練しようということになり、すると、本当はそのようなことを刷り込んではならない日にも、それを刷り込もうという結果になります。結果的に記憶は混乱し、必要でない整理棚の中に、異なる資料が突っ込まれているという現象が発生します。どこに何が入っているかわからない資料棚は生活を混乱させるに決まっています。

　月全体を無視すると月は無意識になった時に反撃し、時には事故を起こします。

月を活用するには月のサイクルを思い出し
幼児の意識として否定も肯定ととらえること

　私たちはまず月のサイクルを思い出す必要があります。そしてそれを元にして生活を立て直します。さらに今度は月に対して補正効果のあるものを発見し、月のサイクルをエーテル体の栄養分にはするが、しかしそれに振り回されず、安定したエーテル体を作るということにシフトしていく必要があります。目標は安定した身体のエーテル体グリッド。そして、惑星グリッドへ接続することです。

　占星術を活用しようという意志のある人は、自分のエーテル体の健全な育成のために月がハウスを循環するリズムをいつも把握して、そのサイクルの時に、自分にとってはこれが望ましいと考えるような行為を意識的に刷り込んでみましょう。

　その場合、知的でありすぎないようにしましょう。月は幼児の意識、あるいは犬の意識と見てください。難しいことはわからない。否定語も肯定語と理解し、「これこれしてはならない」というのは、「これこれしなさい」と解釈します。「ここで緑色を思い浮かべると失敗します」というと、誰もずっと失敗し続けます。「緑色を思い浮かべるな」といわれても、誰もが緑色を思い浮かべます。これが否定語がないという意味です。意識状態がエーテル体から離れすぎないようにというと、ヘミシンクを聴いているような状態で、半分トランス状態です。また言葉の思考よりも映像で考える方がよいでしょう。

　月は印象を刻印する反射板なので、惑星の影響もよく映し出します。惑星よりも下の次元なので、月に惑星の影響を選んだり拒否したりする権利はありません。

　トランジット天体が月と重なるというのは、世の中ではよく事故が起きたりすることに関係します。その時に、眠ったまま動いている月は、例えば土星とハードアスペクトになるのです。むやみに不機嫌で理由がわからないという時にホロスコープを作成すると、月と土星がスクエアだったりすることがよくあります。

　月は考える力はなく、また高度な精神性は存在しません。ここに惑星の作用が働きかけ、無意識に自動的に動く運動に対して、不意をついた形でその影響を持ち込むというわけです。例えば、調子良く走っている時に、月は射手座にあったりするかもしれません。そこにさらに水星が加わると、路上での出

来事に関心を抱き、あちこちをきょろきょろ見てしまうというような影響を与えてくるのです。

　現代に生きている私たちはエーテル体の力は非常に弱いのです。平均的にエーテル体が不足していらいらし、エッジの鋭い感覚が突き当たる「痛い」人として生きてきた人も、エーテル体を発達させようとすると、この鋭い痛みの部分が緩和されていきます。精神や知性の活動は、エーテル体を土台にするとそのダイナミックさが拡大されます。反応の鈍い感覚で使っていたものにエーテル体が関与してくると、急にレスポンスの大きなものになるからです。通常の感覚依存の人は幽閉されているので、それはいつ爆発するかわからないストレスを抱え込んでいます。エーテル体を育成するとこの攻撃性が緩和されます。

1ハウス

　　1ハウスはアセンダントから始まります。それはその人の生まれた時の始まりの力です。その人が地上に生まれてくる時に、地球の地表を覆うエネルギーグリッドの力を東の地平線を通じて引き込んできました。その時に地平線の近くに恒星があれば、その恒星の影響も取り込んで生まれてくるのです。

　何か行動をする、何か考える、外に出る、前進するという時には、常にその人はアセンダントの特性を繰り返します。それは生まれた時に始まったものなので当人はそれを意識的には覚えていないし、全くのところ無意識に作用するものです。このアセンダントサインは当人の容貌とか行動特性を考える時に参考にされます。

　双子座のアセンダントであれば風・柔軟のサインですから、興味が分散し、行動は素早く落ち着きなく、また笑いの多い人も。本人の生まれつきの能力は、この情報処理の拡散性にあります。もちろん、自動運動として月がここにやってくれば、その人の生まれつきの癖が再現され、落ち着きなく興味が広がっていくということも出てくるでしょう。つまり1ハウスに入る月は生まれつきの当人の癖を再現するのです。それは月らしく能動的なものではなく、周囲の印象を無作為に拾ってきます。

この時期に1ハウスの意味する自己主張はよいのかというと、無意識に形成されてきたもののうっかり表現ですから、注意が必要な時にはあまり好ましいとはいえないことになりますが、しかし反対に、自分のいつもの癖を修正し、もっと有意義な行動性を作りたいという時には、この時期にわざと能動的に何かを繰り返すというのはよいことです。すると、月はそれを記憶します。柔軟サインであれば、集中するよりもあてもなくさまよう素材を拾ってくるということもよいかもしれません。

　月そのものは刻印されたものを繰り返すという意味では、そこに意味や意義は存在しません。しかし、もしその人がいつもの自分を見失っている時には、反対にこれはリラックスさせ、自分のパターンを再現して安心できるということにもなるのです。走るのが好きな人は、この時に走りたくなり、そして自分を取り戻すのです。

　その時に月が何かのトランシット惑星とアスペクトがあれば、無作為にその影響を月で現象化させつつ、自己主張するということになるのです。また月は周囲の影響を拾ってきます。それはその人の月の性格、フィルターを通じて入ってきたものを拾ってきます。

　例えば、月が1ハウスに来て、それが7ハウスの土星と180度、さらに10ハウスの冥王星とT字スクエアであれば、社会的に新しいものを打ち出したい。そして、相手との関係での強い制約があり、好きにできない関係性の上での何か自分らしい主張だということになるでしょう。ストレスを感じながら、あまり気楽ではないがチャレンジ精神を抱きつつ、何かを発信するということになるのです。しかし月なのでうっかりしてしまいます。後でトランシットの天体パターンを見てみるとよいでしょう。

2ハウス

2ハウスは所有や金銭、儲けること、反対に消費することなどに関係します。あくまで個人的なもので、他の人に貢献するということはあまりありませんし、1ハウスを本人とした時に、その本人が所有するものすべてを表します。同時に2ハウスは過去の資質です。

月が2ハウスにやってくると、所有物とか買い物、お金に対してのいつもの繰り返されたものが再現されます。もちろん、そのことに新しい刺激も充実感もありませんが、自分らしさを取り戻すということにはなります。そしてトランジット天体や出生図の天体がここにどういうアスペクト関係を作るかで、その姿勢は変化するし、敏感に反応もします。

敏感に反応するのは、もちろん月が惑星よりも次元が低いということです。そのため惑星の影響に対しては弱気で、受け身というふうに考えるとよいでしょう。また次元が低いということは、実体でなく、形にとらわれたものとして受け止めることが多いということにもなるでしょう。

考えもなしに衝動的に買い物する人もいれば、いつも買い物をしない癖の人は、もちろん買い物をしません。所有物やお金に対してのいつもの考え方や姿勢を、そこではっきりと復元します。たまたまその時に冥王星が120度だと、とても長い時期ではありますが、失ったものを取り戻したり、また修理したりする傾向が多いことになります。お金に対しての姿勢を変えようとする場合もあります。ただし、冥王星は一つのサインに10年以上とどまりますから、ずっと続く傾向だという話になります。

火星が90度であれば、筋違いのことで興奮して無駄なものを買ってしまうかもしれません。木星だといつもよりも金額が大きくなるという具合です。土星ならば規則的な形で月を扱うのです。例えば土星が4ハウスにある時には、家のものが増えるのは好ましくないと思いつつ買い物をするという場合も出てきますから、それは抑制的になるかもしれません。

また2ハウスはお金だけでなく、感覚的な資質を表します。音楽や絵、芸術、言葉をトーンで考える傾向です。書物でさえ、知性の産物というよりは一つの芸術品としてのモノであるとみなすことも可能です。そういう人は電子ブックで読むのを好まないのです。そのため、月が2ハウスに来た時に、音楽が好きな人が急にまたそれに熱中するということもあるのです。いつも手慣れていることを再発見し、そこに自信を抱くということもあるで

しょう。基本的に月は古いものを引き出してくるので、慣れたやり方に戻ると考えてもよいのです。

　２ハウスは基本的に過去から持ち込まれた条件を表します。社会の中でのその人の素性です。この素性をそのままにしておくと、この枠から外に出ることはできないので、自分の社会の中での立場や足下を変えることはできません。月の繰り返しの中で少しずつ違うイメージを刷り込むとよいでしょう。それはエーテル体に記憶されます。

３ハウス

　知性の発達や移動、興味の分散、神経的興奮などに関係する３ハウスですが、月はいつも馴染んでいることの自動運動的な再現なので、あなたがいつも行っている３ハウス活動の傾向をそのまま復元し、その上で、他の惑星などの影響も取り込みます。

　月は惑星に対して決して優位になることはないので、その影響を受け取るだけになります。惑星に働きかける力はなく、月が持つ能動性はより下の次元の物質に対して発揮します。夢遊病のように繰り返すのが月だという点では、ここで思わず出かけたくなるということになるかもしれません。それは、その人が気分のままに出かける癖があるケースです。

　また３ハウスは学習とか調査という意味もあります。どこかに出かけて細かく調べる、話をする、あるいは聞く。知らない場所があるとそこに出かけてみるというのもよいでしょう。散歩をする時に、月は惑星の影響をそのまま取り込みいつもと同じようにしているにもかかわらず、何か異変が発生するのです。

　冥王星は太陽系の外から何か新しい食料を持ち込んできます。月がこの冥王星にアスペクトした時には、いつも繰り返される事柄に異変を起こすのです。決まった時間に寝て決まった時間に起きて、決まった時間に何かしていた人が、そこでリズムが狂うとかです。とはいえ冥王星はほとんど動かない天体なので、つまりは28日サイクルの中で同じ日に、また同じ曜日に体験しがちになります。不規則性はさらに違う天体が関わった場合に生じます。惑星が月に何か持ち込み、月は物質化・現象化を誘発します。

3ハウスは道端、散歩、移動の途中ということならば、そこでこの現象が発生すると考えるとよいのです。ただし、これはその人の月に対応するエーテル体の安定度により、受け取りの強度とか安定性も異なります。エーテル体が安定していて、それが防衛膜のようなものを形成しているタイプの人は強い衝撃で入ってきたものに対して他の人より耐性はあります。

　月齢というのは太陽と月の角度です。太陽は規則的に運動していますから、この月齢は、変則的な要素が少ないといえます。能動的な目的の太陽と受動的な月がそれをどう受け取るかによってその日のトーンが変わります。惑星と月の場合には、今度はそれぞれの惑星の意図を月は形にしようとするのです。その惑星の意図に最も近いイメージを地上で探します。しかし月はエーテル体に対応するということは具体的に存在しない、この時間の周辺には見当たらない記憶の場合もあります。ハウスに限定されたテーマの中で、月は過去にあるものから引き出すということもあるのです。

　3ハウスに月がある期間は、散策の中で拾い物があるということもありますから、既に説明したように惑星の影響を反射する可能性があるので、情報収集にはよい時期だともいえるでしょう。3ハウスで受け止めるとそれは情報という箱の中に入ってくるのです。月が3ハウスに入り、さらにそれが金星とアスペクトしていたのなら、金星に関する事柄がアクセスされるということです。自動運動ですから、後先考えずにしゃべってしまって、それが良かった場合もあれば問題になる場合もあるでしょう。

　ホラリーアストロロジーの場合には、月は引き金とか現象化としての鍵となる天体ですが、意識した段階で月の働きはうまく機能しなくなります。私たちは精神と物質を分離する習慣があるので、気がついた瞬間、月のもたらす作用を禁止します。つまり3ハウスに月が来た時にぼうっとしていると、急に散歩したりすることになりますが、今日は3ハウスにあるとはっきり意識している時には、出かけないことも多いということになります。それに日々の反復でエーテル体に刻印されるものは変わるので、月の影響に関しては千差万別で、計算してこうなるという要素が少ないことになります。

4ハウス

　4ハウスは家を表すハウスです。その人がリラックスして無防備になる場所という意味では家でなく事務所でもよいかもしれません。つまりはその人がどう受け取っているかによって、4ハウスという意味になるかならないかが決まるのです。大きな意味では4ハウスは晩年とか死後という意味も含んでいますが、個人を捨てて集団的な意識に入り込む場所という意味であり、個人を失うことのできる場所、つまりは眠ったり無防備になれる場所ということなのです。

　ここに眠ったまま行動する自動運動の月がやってくると、自分の家とか落ち着く場所、家族などに対してのいつもの姿勢がそのまま復元されます。しかし同時に月は惑星の反射器なので、同時にその影響も持ち込む媒介になるということになります。

　4ハウスを墓場と考えてみるのはどうでしょうか。これは死んだ家族や家系など自分に類縁関係のある人々、つまり共存している集団意識との接点です。必ずしもこれは血縁の家族と考える必要はありません。なぜなら、4ハウスは階層構造であると私は考えていますが、表層的な家族の奥により大きな基盤としての家族があり、極端に大きな話では天の川銀河に所属している人はみな「竜宮家族」と考えてもよいからです。『古事記』など古い資料で川というのはしばしばアマノヤスカワとしての天の川なのです。

　もともと4ハウスは蟹座の場所です。蟹座の支配星は月ですから、4ハウスに月が来ることはその性質を強調します。無意識の中に刻印された古い時代から続く記憶が、北の扉からダイレクトに持ち込まれます。4ハウスは死者集団と考えるとよいのです。それは民族という意味です。

　国家は政治的な形ですから、10ハウスに関係します。国家は民族と違います。国家は政治的な理由で民族を分断する場合もあります。民族は土地を移動して膨張する性質を持ち、地球全域に拡大しようという本能を持っています。というのも、すべてに行き渡ると次のレベルにシフトできるからです。国のことを考える人は10ハウス型になり、民族のことを考えると4ハウス型になりますが、日本国家はあっても日本民族は存在しないと考えてもよいでしょう。同じように他の国でもいえることです。民族は国には従属していないし、国という枠に収まることはありません。

　月が4ハウスにある時、自分の落ち着く環境や家にいるとよい時期です。

時には人の家の場合もあります。つまりは自分のであれ人のであれ、落ち着く場所ということに関心がいく場合も多いのです。とはいえこれは2日間程度です。そこで惑星の影響を受け止めます。家族のことや不動産のこと、落ち着く環境のこと、自分が同化できる仲間のことなどに関わることになります。

　もしこれらのことで願望実現したい場合には、惑星の代わりに自分が何かイメージを抱き、それを月に反射させるということを繰り返すことで、この4ハウスに関しての書き換えが起きます。惑星や思念の影響を月は受動的に受け取り、物質的な面では能動的にイメージを引き出します。どこかから持って来るのです。

　月が動けるようにするためには、月を止めてはなりません。月を止めるとは、目覚めた意識で監視することです。じっと見ていると、月の力は身動きがとれなくなり萎縮します。したがって月に刷り込み、次に月が何かしていることに対して、私たちはそれを知らないという状態にしておく必要があります。ただし、この願望実現はもともとの資質から離れて全く違うものを引き出してくるのは無理です。願望実現というのは、もともと自分が持っている資質でまだ表面化していないものを浮き彫りにしてくるか、あるいは増強して他とのバランスを変えてしまうということを意味します。

　4ハウスに関して、急に豪邸というのは無理かもしれませんが、自分に適した資質のものでそれを増強するということは可能です。現実には急に豪邸を手に入れるというのは可能かもしれないのですが、他の資質が抵抗し、この豪邸を持ち込むことに対して許可しないのです。つまり葛藤が存在し、この葛藤は一つのことさえ新規に実現できないようにできています。葛藤がないのなら、思ったことをそのまま月に刻印し、そして月はそれをそのまま、どこかから持ち込んできます。

　この時期は、家にいてリラックスして、いつもの好きなことをして、北の扉から、大量にエーテルの力をチャージするとよいでしょう。自分の内面に深く入り込むということもあり、そこでは前から持っていた恐れや心配、懸念、また自分のいつもの癖などが出てくることも多くなります。12ハウスでは無との関係の中での自分。4ハウスでは集団との関係の中での自分ということに思い至ります。差異性や異質さということを忘れ、同質性のものが増えることで心が豊かになるというハウス体験です。

5ハウス

　5ハウスは趣味道楽、子供、創造などを表す場所です。自分の個人的な範囲の中で何かを外に吐き出し、生み出すということを表します。他者からの要求はいっさい聞かず、東の地平線の扉から持ち込まれた三角形の力を拡張します。

　デーン・ルディアは、天王星は太陽系の外の力を持ち込むということをいいました。実際には冥王星の方がその役割に近いと思いますが、ルディアの言う通りの作用を天王星が持っているとしたら、5ハウスに天王星がある時には一方的な自己表現を繰り返すことでより広い世界のインフォメーションを持ち込むことができるという意味になります。

　世の中に通用するかどうかは、時事的な見える集団社会の水準、つまり南の三角形のハウスとの関わり次第です。東の三角形は個人の力の拡張ですから、5ハウスで創造的な行為をして自分で感動しても、それが他の人から評価されるかどうかは全く別問題です。4ハウスという北の集団性の扉に接触した直後なので、集団的な意識に触れてこの力を伴って自分の趣味や楽しみを拡大することになります。

　月というのは過去を表し、無意識な癖を出し、新しいことを能動的に作り出すことはできません。そのため月が5ハウスに来た時に、創造的な意欲が刺激され、何か新しいものを打ち出すというのは、月にはこなしきれません。いつもの自分の5ハウスの姿勢や習慣を月は再演するのです。人のことをあまり考えておらず、自分のわがままで子供っぽい感情を吐き出すだけにとどまることも多いでしょう。その時に、関わる相手が受けつけてくれないことが多いと思うので、そこで自分と環境との間にギャップを感じイライラ感が出てくる場合もあるでしょう。

　そもそも5ハウスというのは人と共存する意志を持たない場所であり、一方的に自分の都合だけを押し出していく場所なのです。そのことでむしろ個人はリフレッシュするのです。5ハウスのストレートな感情を吐き出した場合には、それに同意する人はあまり多くありません。しかし、他人が存在せず純粋に自分の趣味の世界ということであれば、そこで没入し、矛盾を感じることはありません。オタクという言葉の定義は、人に影響を与えない小さなことに過剰に没入する人のことを意味するそうです。4ハウスはチャージです。そして5ハウスは放出です。

月のトランジットは意識的ではないという点で、うっかりと人にしゃべってしまうこともあります。しかし、ここではもっぱら「一方的な放射」の場所ですから、この月にトランジットの何らかの惑星が関与すれば、この放射行動に対して何かつけ加えてくるのです。

6ハウス

　6ハウスは働くことや奉仕すること、役立つことを表すハウスです。5ハウスで月は自分の個人的な感情をそのままストレートに外に表現したいと思うようになりました。月ですから何の工夫もなく、夢遊病のように繰り返してしまいます。そしてここから、他者が存在する7ハウスに向かう途上で6ハウスを通過し、自分の個人的な感情を拒否されたと感じることも多くなります。

　5ハウスでは、自己表現が否定された時、相手が間違っていると思い、相手との関係を切り離すことを考えたかもしれませんが、6ハウスではそうはいきません。なぜなら、これから7ハウスに向かうからです。自分には何か足りないものがあると感じたり、または自分は未成長であるとか、自信を打ち砕くような思考の中に入り込むことも多くなります。しかしこれは6ハウスにおいては正常な反応です。6ハウスは、決して個人を自由なまま認めることはあり得ないハウスであり、何かの目的のために自分を曲げなくてはならないのです。どういう角度の曲げ方かというと、基本としては東の地平線に対しての、つまり生まれてきた個人の力に対して150度方向で曲げなくてはならないのです。

　しかし、6ハウスに出生時にたくさんの天体があると、そもそもその人は6ハウス型になるので、ここに月が来た時に、抵抗することはあまりありません。何か作業に集中して自分の感情への固執から自分をそらすのです。何かいう暇があれば働け。そのような精神で掃除したり、整理したり、仕事したりすることになるでしょう。いつものその人のやり方が再現されます。

　6ハウスに力を入れていない人やむしろ5ハウスに重点が置かれている人は、この段階で力が抜けていき、自己否定的な感情が大量に侵入してきて、何か空虚な感じを抱く場合も出てくるでしょう。この時には文字通り、部屋とか会社の自分の場所の掃除をすればよいのです。また健康管理な

どに気を使い、チェックをするということでもよいでしょう。神経質になりやすい時期でもありますが、そのような時期なのだと認識すると緩和されます。月は無意識なのですが、それが引き起こしたことにはっと気がつくと急速に影響は中和されるのです。

　月はエーテル体ですが、これは見えない肉体です。肉体は既に対象化されています。つまりは内面的な精神とか感情の側には属しておらず、外に吐き出されたものです。エーテル体は普段見ることができません。なぜなら、それは主観的な自分で感じるものと外に吐き出されたものの中間にあり、境界領域だからです。

　つまるところエーテル体というのは、主客の間の薄膜の作用なのです。エーテル体があるところ、その人の主体や内側から感じる領域があるということです。この力が希薄な場所は自分との縁を感じないし、内側から実感できない場所です。エーテル体は、主客の薄膜ということは、純粋に強度に白熱した意識的な意識というわけにはいきません。それはかろうじて主体を保ち、うっかりすると客体化されてしまいそうなグレーゾーンだということです。だから、寝ているような起きているような状態だといえるのです。

　エーテル体を強める方法はたくさんありますが、一つのメソッドとして水晶球を見るという練習法があります。最近、私は水晶球透視の講座をしました。この場合、参加者によって体験はさまざまです。中には、いつまでもじっと見ても、何も見えず、何も感じないままという人もいます。感覚にとどまっている間はむしろこれが普通です。目覚めた意識で対象を見る。私たちは目覚めた意識と、外化された客体意識の間がきっぱりと分かれていて、その間には超えられない溝を作ります。すると、私は対象を見ているという関係はずっと変わりません。ここには何も変化はありません。

　水晶球を見ている間、この見ている意識という主体をだんだんとぼうっとさせます。眠りに近くなるということです。すると主体と客体の間の境界線が次第に曖昧になります。想像するという場合、私たちはそれを頭の中だけで考えて、視覚で見る外界に押し出したりしません。しかし、主体と客体の溝が薄れてくると、想像するとこれが主客逆転して、想像されているということに少しずつ置き換わります。「夢を見ている」ということが「夢を見られている」ということになるのです。

水晶球に何か思い浮かべる、それは単に頭で考えているだけですが、しかしぼんやりと主客が曖昧なところで見ていると、それは水晶球の上に何か映像があるように思えてきます。見たいと思う。すると見たいと思う映像に、自分が見られているような気がするのです。映像を外に見るというのはイメージの外化です。主客の溝が薄くなると、見たいもの、それを見るということが地続きができるようになります。それができないとすると、はっきり意識的に見る、そして外化されたものは自分とは関係がないと考える姿勢に固執するからです。私たちは主体と客体に二極化するように教育されています。

　惑星の影響は主体の側に入ってきます。何か思いつくという時に、まさに水星と何か惑星のアスペクトができていることもあります。月が惑星と全く違っているのは、半ば眠った意識、つまり内側で感じる主体性と外化されたものとの境界線にあるということです。

　私たちが外面的な生活の上で何か変化させたい時には、月はどうしても必要です。しかし精神活動を冴えたものにするには、月の作用がない方が足手まといにならないので、スピーディーです。

　6ハウスではその人の勤勉さに関係がありますから、もっぱらこの6ハウスに来た時に、怠けずに勤勉に働くとよいでしょう。それは刷り込まれます。28日ごとに2日半、そうした習慣をつけてみるとよいでしょう。この中に入り、行為として続ける必要があります。

7ハウス

　7ハウスの対人関係、他者との関わり、環境との結びつき、結婚などに関係したハウスにトランジットの月がやってくれば、それらに関して集中することになります。ただし、月は意識的にそこに関心がいくという意味ではありません。うっかりと無意識にそこに引き寄せられるということです。大切なのは、目覚めた意識でなく、かといって完全に眠り込んで外化されておらず、とても中途半端なところで、特定のハウスに引き寄せられていくということです。

　他の天体のトランジットが私たちに直接届く時、それを私たちは内側に精神作用として直接受け取ります。しかし月というエーテル体に惑星が影響を持ち込んだ時、私たちはエーテル体が半分自分で半分外化された領域ということですから、自分が感じて考え、引き起こしたことではない、偶然やってきた現象のように受け止めることです。惑星が直接自分に届くとは内側です。惑星が月に届き、そしてそれを私たちが認識すること、これは外で起きたことに自分でびっくりしている。予定の中にないという受け取り方の違いです。

　7ハウスの月は、身近な親密な関係ということに終始することもあります。新しいものを受け入れるには月は閉鎖的すぎるのです。7ハウスは自己という1ハウスとは反対にあり、リンゴを割ったような場所ですから、ここで自分は二極化され、この二極化された片方の側はあまり意識されていない影の領域のようにも見えてきます。月はこの部分を刺激してくることもあり、そうなると、本人にとっては影を意味するものがここで現れてくることになります。

　しばしば7ハウスは敵対するものとか裁判などの二極化ということを意味します。7という数字は、この二極化による陰影を深めてしまうので、葛藤感が生まれやすいのです。月が来た時に弱点を突かれてしまうということもあるかもしれません。対人関係で感情的になりやすいともいえます。

　環境の中に飛び込んだ時に私たちは二極化されますが、この鏡となるのが7ハウスなので、私たちはそこに自分を外面化して見ることになり、その時に月の力は現象化への道であるということから、自分が向かう先、活性化しようとする方向をここで決めていくことを繰り返すことで、自分の人生の方向を舵取りすることも可能ではないでしょうか。

8ハウス

　8ハウスは死のハウスです。つまり、その人の人格の境界の外にあるものとの関係性を表します。この境界線の外にあるものから何か受け継ぐという意味が出てきます。横のつながりから持ち込まれるのではなく、より深く掘り下げたところから受け継ぐものなので遺産などといわれていますが、精神的なものや知識さまざまなものをここで深く関わったものから受け取ることになります。

　もちろん北の見えない集団性から持ち込まれたものですから、根底的には自分が属している魂の集団で共有されたものから受け取ります。全く異質なものではありません。また同化しているものは意識できないので、何かに取り憑かれているとか一体化しているとかの場合、本人はそれを自覚することは少ないでしょう。

　月は感情という時に特定の感情につかまって身動きがとれないということもあります。そして月はしばしばエーテル的な濃い物質ということで、心霊的な接触ということもあり得るでしょう。知らず知らずのうちにうっかり感情が伝播してきて、それを受け取ることになるということも多くなります。つまりこのハウスそのものが一体化し離れないという意味ですから、常にここで何かに縛られるということになるわけです。対人的にも通常の横の関係の反応が減少して特定のものに没入するので、周囲のことに敏感ではなくなります。限られた人との関係が深まるのです。いつもならば聞き流しているのに、なぜか特定のことにこだわったということもあるでしょう。

　この世界では一方通行はないと考えてみると、遺産のハウスで死の境界の向こうから来たものを受け取る時には、反対にこちら側から代価を支払っているはずです。これは感情の奉仕のようなものと考えてもよいのです。つき従うことや支配したりされたりすることです。月はたいてい自動化していつものものを再演しますが、このことに気がつき意識的になれば、弊害は減少するでしょう。

9ハウス

　ホロスコープでは、10ハウスの入り口の南の扉が立場の頂点です。それを高台だとみなした時に、そこに上がるまでの上り坂をこの9ハウスとみなすとよいでしょう。もともとここは射手座の場所で、火・柔軟サインの場所です。

　火は上昇する傾向があり、そして柔軟サインというのは摩擦や葛藤の中で、上がっていくということです。紆余曲折しながら上昇するのは、上がり道が曲がりくねったり、さまざまなプロセスが含まれていることを表します。また戦いの場所でもあります。学校は進級しますが、9ハウスはそのように進級する場所なので、同じ所にとどまるということはあまり多くありません。ある程度決着がつくと次の段階に進もうとするのです。

　月は自動運動ですから、ここに来た時に、感情や生活習慣、情動的な部分をもっとダイナミックで弾力的、活性化したものに向上させたい、また教養的な事柄に時間を使いたいということになります。8ハウスは何か異物につかまった、そして感情は身動きとれないような深い部分にとらわれる場合もあれば、取り憑かれる場合もある。そういう場合に、それを取り払うのでなく、それを消化してエネルギー源にして9ハウスの坂道を上がる動力にします。そのため、8ハウスで何につかまったかを判明すれば、9ハウスでどこに向かって上昇しようとしているのかもわかりやすくなりますが、8ハウスは無意識になり、無意識にならないことには何かを取り入れることはないので、それを8ハウスの最中に自覚する人はいません。

　月が9ハウスになった段階で、その得体のしれないエネルギーは言語になったり意欲になったりするのです。また、学校や図書館、書店、旅先、精神を高揚させる場所、視野を拡大してくれる場所などとの関わりですから、そのような所に出かけるということもよいでしょう。

　生まれつき9ハウスに月がある人はいつでも高揚感を求めています。本を読むと精神的な高揚感が生まれます。多くの人の意見に刺激されるからです。フォトリーディングなど、大量に本を読む技術を手に入れた人は、たいてい人生が変わります。本を早く読むというよりは精神が活性化し、生活全体をもっと活気にあるものに変えようとするからです。そこで収入が上がり、もっと広い所に引っ越しする人が多くなるそうです。これは9ハウスの活性化ということでしょう。

9ハウスで引き上げて、立場は10ハウスでロックされるのです。7ハウスで何か出会いがあり、8ハウスでその影響を取り込んで取り憑かれ、それを消化してより大きな自分になろうとするのが9ハウスということを考えると、7ハウスの段階から坂を上がる行為が始まっていることになります。しかしグレードアップは自動的に進むものではありません。ここにはある種の向上心や意欲というものが必要とされるのです。

　月は自動運動で能動性は持たないものなので、いつもの自分のやり方がここで再現されます。しかし、もしここで新しい要素を自分で持ち込めばそれは月に刷り込まれます。月は判断力がありません。それは何でも刻印してしまう機械のようなものだと考えてみるとよいでしょう。

10ハウス

　10ハウスでは、月がやってきた時に、集団社会との関係が浮き彫りになります。集団社会ではどうしても縦社会的な要素が生まれてきますから、ここでは上下の関係というものが意識されやすくなります。このような関係を嫌う人は、もともと4ハウスと10ハウスという子午線の関係の場所に惑星が多くならないように生まれてくるでしょう。

　人生の進め方を途中で変更したくなったら、10ハウスに惑星が来るような経度の場所に活動の拠点を移すとよいのです。時々、そのような人もいます。海外で活躍している人は、このように活動的な場所にシフトしたとみなせばよいのです。

　10ハウスは集団的な関係なので、ここで個人は好きなことするわけにはいきません。好きなことをするというのは自己主張を高める場所なのですが、10ハウスはむしろ個人の意欲を禁止します。そして集団のために貢献します。そのため、急に町内会の仕事が舞い込んできたというような場合もこの10ハウスなのです。いつも繰り返している馴染んだものや自分の本来の立場を思い出し、それに力を使います。

　何かトランシットの惑星の影響が入ってこないかぎりは、何か新しいことを工夫しようということにはならず、今までの自分の行動パターンやいつもの癖を自動的に発揮していることになります。もしここで月がトランシット天

体とのアスペクトを持てば、今の社会の中での自分の現状を明確に体験することになります。何か仕事のことで断られた時にも、自分の本来の位置とか姿勢を思い出すための材料になることもよくあります。

出生図で月がここにある人は、いわゆる輸入屋といわれる人が多いでしょう。既にあるものをコピーします。月は自動運動的に繰り返された古いものを再現します。何かをコピーして持ち込むのです。海外で評判になったものを日本国内に持ち込むなどです。この場合、マップではある程度決まりきった場所になります。出生図で月が 10 ハウスにある人は、個人的な 1 ハウスに月が来た場所で個人的に興味を抱き、影響を受けたものを日本に持ち込みますから、大ざっぱに影響の取り入れ口は、90 度とか 120 度くらいまでの東の方面で、アメリカなどが多いということになるでしょう。個人的に吸い込んできたものが日本での地位を作るのです。

トランシットの月の場合も、2 日半という短い期間に何か既にあるものを反射してくることになります。10 ハウスに関連したもの、社会的な立場、公的な姿勢、野心に関係すること、上下関係、また集団性として、家族のこと、会社のこと、地域社会、政治的なものなどにも関わることになります。

月なのでたいてい衝動に押し流されることが多くなります。

11 ハウス

2 ハウスは過去の資産ですが、11 ハウスは未来の希望です。未来はまだ手に入っていないので、それは物質的なものでなくビジョンです。それは達成された過去になるにしたがって 2 ハウス的、すなわち物質的になるのです。

手にしていない、ビジョンでしかないものでもそれは所有物であることに違いありません。つまり欠乏の所有です。欠乏感は、その欠乏したと思われるイメージのものを自分のもとに引き寄せようとします。イメージが引き寄せられるのか、自分がそこに近づいているのかわかりません。対象が大きいと自分がそこに吸い寄せられます。大まかには引き寄せることも引き寄せられることも同じです。

また、そもそも固定サインの位置ですから、それはあまり気分で変わ

るものではありません。多くの人の未来ビジョンというものはなかなか変わらないのです。進化のイメージと考えてもよいかもしれません。人類は猿から人に進化した。このように思っている人は、あらゆることをその尺度で考えます。

　この未来のイメージに共鳴する人が仲間になり、友達になり、サークルへとつながります。11ハウスはもともと水瓶座の場所であり、ローカルな特質を嫌いますから、立場や場所、男女のような違いにとらわれることを嫌って、共通した意志で結ばれるものでネットワークを作ります。

　3ハウスで気ままにうろつき、親しい人と赴くままに会話したような人は、11ハウスもその仲間的な関係ですから、同じようなことをしようとするかもしれません。しかし、11ハウスは基本的には、個人的な関係を作らない場所です。どこか人の集まりなどに参加するとか将来のことに関して取り組む時期になります。関わる相手は複数性が強くなります。

　予想することや未来について考えることというのは、11ハウスには重要なことです。そこで、このハウスに月が来た時には、自分の将来の進み方について思い出し、自分の未来らしくないことを除去しようとする心も働きます。10ハウスの時は、集団社会の関係の中で要求されたことに応えようとします。ところが11ハウスにやってくると、この要求されたことから抜けだし、自分が将来したいことというイメージに向かって進もうとするのです。結果的に、10ハウスで押しつけられた本人から見て好ましくないものから逃れていきます。可能性の一つを切り捨てることは、他の可能性を選ぶことです。会社を辞めたいと感じた人は、また辞めたいという気持ちがぶり返すこともあります。

　11ハウスは余暇や共有された趣味、自由性、義務から離れることなども示します。仕事が終わった後の時間、一生でいえば定年退職後、副業、親戚、支所、サブ的なものなども表します。趣味を持っている人は、それが自分の未来にとって好ましいと思えているものを趣味で引き寄せようとしているわけですから、この月が11ハウスに来た時には趣味や余暇に時間を使うのが正しいのです。そしてただ繰り返すのではなく、そこに少しずつ、新しい要素を埋め込むとよいのです。

12ハウス

　12ハウスではこれまでのハウス体験が総合され、この総合されたものが次の東の扉へとつながり、新しいサイクルのスタートの推進力へと変わります。月の循環では28日ですから大変に速度が速く、これを1年に13回繰り返すのです。

　月は過去の体験をすべて蓄積します。というのも、月には能動性がないからです。能動性はこれまでの記憶やスタイルなどを書き換えてしまう意志が働きます。ところが、月のように完全受動性の性質であれば、ただ受け取り、それを書き換えることも加工することもなく、そのまま蓄積していくと考えればよいことになります。そのため、12ハウスに月が来た時の行為や考え方、気持ち、癖などはそのまま繰り返されて、もっと分厚い記録になっていくのです。

　12ハウスの最後、アセンダントに入る直前は、自己の魂そのもののような実体感を意識します。環境に依存する自分でなく、環境から切り離されて単独で存在する自分を想像してみるとよいのです。あらゆるものを手に入れ、あらゆるものが総合されて、自分という実体がある。それは依存しないという意味では、時間・空間に依存しません。

　私たちは、いつもは時間・空間に依存して、この中で変化していくこと、推移していくこと、忘れてしまうことなどを頻繁に繰り返します。しかしこの最後のハウスの最後の段階では、一瞬、時間・空間への依存から離脱します。時間・空間に依存しきって自分が存在している人は、もちろん、ここで自分を成り立たせている要因が消失するので、そこで意識を失います。意識を失うとその体験を記憶しているわけにはいかないので、そこのページは存在しないように思えてくるでしょう。

　月がこのハウスに来た時には、自己を総合化するという意味で、あらゆるものから離れてみるとよいのです。家族や友人、仕事、時間、空間など私たちは自分に欠けたものを環境に求めます。何か仕事をしている人は、それが自分に欠けているので、環境の中でそれを吸引しようとします。このハウスでは、それら欠けたものがない状態というふうに考えてみれば、ここですべての関わりが奪われたかのように見える場合もあります。つまり、このハウスは他のハウスと違って、あらゆるものを失ったことを充満とみなします。他のハウスはまだ途上にあるために、どんなことも得ていくことを

好ましいとみなしますが、最後に12ハウスに来た時に、それらを総合させなくてはならないとみなせば、もうそこで取り入れるということを止めてしまうのです。

　月はこれまでの習慣の蓄積の再演ですから、このすべてを総合して、依存しているものから自分を切り離す、そして自分単独で存在し、自分をまとめるということの、それぞれの人のやり方を復元します。一人暮らしをするとか、隠れるとか、知り合いのいないカフェに行くとか、野山に親しむとかなど、いつも馴染んでいることに戻ります。

　このハウスはまとめのハウスですから、ここで月が表すエーテル体のその都度の完成の節目というふうにも考えてよいでしょう。エーテル体は身体の周囲に張り巡らされた網の目のようなものです。経絡にはより高次なものが関与していないケースもありますが、エーテル体は七つの次元の受け皿なので、エーテル体そのものは次元の低いものですが、そこにさまざまなものが反射します。

　エーテル体の網の目がうまくできず一部の弱点があるとすると、それはその部分がまだ感覚につかまっていると考えるとよいのです。そこだけが地上の物質表現や感覚表現にこだわり、エーテル体としてはそこにダマができていて通りが良くないのです。それはその部分が12ハウスに行くことができず、どこか途中のハウスにとどまっているという見方でも構わないし、外界の何かに所有されているとみなすのです。次のサイクルでそこが課題になりやすいともいえるでしょう。

　もし、このエーテル体の中に沈んだ、物質的なものに所有された要素が軽減すると、知覚の印象は肉体に縛られにくくなり、飛び込んでくる印象はもっとトータルになり、そして非物質的になってきます。つまり私たちの知覚意識というのは常に一番重たいものに規制を受けるので、エーテル体の網目がきれいに揃うと、それ自身がもっとトータルな世界に同調し、身近なものには支配を受けなくなります。そしてこの場合、地球グリッド全体とも共鳴します。

　ぐるぐると月が何十年も循環している間に、ますます日ごとに離脱し、より大きな世界を認識し、自己が部分化されにくくなり、それにつれて考えることも頭に入ってくる想念もそれにふさわしいものにチューニングするようになってきます。

しばしば12ハウスはオカルト的、神秘主義的な側面だと考えられていますが、それは「環境に捕獲され、外化されたものが減少し、総合化される」故にそうなるのです。私たちが完全に総合化されると、私たちには時間・空間が存在しなくなります。つまり時間・空間があるというのは、私たちが時間の中に、空間の中に分断されていることを意味します。
　地球グリッドを例に挙げると、私たちは日本のある特定の場所にいて、それ以外の所にいません。つまり私たちは分断されて、全部に広がっているわけではないのです。自分の肉体というのは、そこだけダマで固まって黒ずんでいる不活性の場所です。
　12ハウスに月が来た時には、できるかぎり自分をどこにもつかまえられていない、部分化していない状況を思い出すとよいでしょう。それは日々、うまくいきます。水晶球の扱い方を書きましたが、この総合性に近づくほどに、主体と客体という二極化から自由になります。主体と客体という二分化がされている間は、私たちは物事を決してそのままストレートに受けつけたりできず、個人のこだわりで曲げていきます。

⑥ 12サイン

四つの元素に三つのクオリティー
組み合わせることによって性質が作られる

　12サインは、春分点を牡羊座の0度というスタート点にして黄道を正確に30度ずつ区切ったものです。これは星座ではありません。そのため、星座の性質とサインの性質を混同することはできません。サインは地球と太陽の関係で作られた基準だからです。

　12サインはそれぞれ火、風、水、土という四つの元素。次に活動サイン、固定サイン、柔軟サインという三つのクオリティー。男性、女性サインという、奇数番号、偶数番号の区分があります。これはサインの基準の中に、正方形、正三角形という幾何図形が出来上がることを表しています。

　ピュタゴラスは音階を作り出す時に、モノコードの3分の2の場所を上昇5度とし、それは高揚感を表し、次に4分の3のところを上昇4度として、安堵感を表すとしました。音楽は上昇5度を基準にして作られるといいます。三角形は高揚感で四角形は定着ということを意味します。

　これらの組み合わせと順番に数える数字の意味によって、サインの性質は作られています。星座や星の神話はこの12サインとは関係がないのですが、神話的な領域のことを考えたい時には、恒星と星座をあらためて別口で考えることになります。星座や恒星は黄道にはなかなか合致しません。黄道は細い平面的な座標であり、星座も恒星も3次元的に拡散しているからです。地球はこの平面的な循環をしている黄道の中にある一惑星なので、星座や恒星の影響は、黄道に一度変換され、惑星などを通じて持ち込まれる必要があります。

　惑星が在泊することになるサインは性格づけと考えるとよいでしょう。

| 火 | 活性化する精神性です。牡羊座＜♈＞、獅子座＜♌＞、射手座＜♐＞。これを「はじく」性質と呼びます。同化しないで反発する力です。 |

| 土 | 物質的なところに収まります。これを「まとめる」性質と呼びます。牡牛座＜♉＞、乙女座＜♍＞、山羊座＜♑＞。それぞれ自分のメリットの中に収まります。 |

| 風 | 拡散する情報や知性、興味。これを「そらす」性質と呼びます。関心が分散し、一つのことだけに固定しません。火が反発するものなら、風は分散させるものです。双子座＜♊＞、天秤座＜♎＞、水瓶座＜♒＞。 |

| 水 | 情緒や感情などです。これを「くっつく」性質と呼びます。蟹座＜♋＞、蠍座＜♏＞、魚座＜♓＞。結合して混じります。また、水はまとまった場にないと分散して機能しなくなります。そのため土の器が必要です。これを聖杯のシンボルで考えることもできるでしょう。 |

　例えば、事故で身体の一部が裂傷を起こすという時には、くっつく組織を分散させるか、切り離す作用が働いた。そのため、くっつく水のサインにはじく火のサインが90度で関与したという意味で考えます。もちろん強い痛みが発生します。

　トランシット天体同士のアスペクトは、許容範囲は3度までで使っていますが、人によってはもっと広い範囲で使う場合もあるでしょう。影響そのものはサイン同士のアスペクトで働きます。それは雰囲気としてやってくるものです。

活動サイン

春分点、夏至点、秋分点、冬至点という敏感な扉からスタートするサインで、牡羊座、蟹座、天秤座、山羊座に当たります。このゼロポイントの十字から外部の影響が入り込むために、これらの力が入り込む太陽の道、すなわちレイラインに神社を置き、その場所で管理するということが考えられました。これは放送局として機能しますから、その場所で発信すれば多くの人に受け取られます。それぞれ火、水、風、土の元素においての力の始まりの場所です。そのため、この四つのサインの天体はじっとしていられません。何らかのアクティブな動きを始めることになります。

固定サイン

活動サインの次に続くサインで、それぞれの活動サインからすると2番目に当たるので、活動サインの抵抗体になります。2番目というのは反対のもの、また素材、反射という意味になるからです。土の牡牛座、火の獅子座、水の蠍座、風の水瓶座。それぞれの元素を固定し、所有し、つかんで離さない性質だといえます。そのため、ここでは繰り返しや継続の力が働きます。世界を安定させているのは固定サインの人々です。経済価値にしても、牡牛座や蠍座の力がなければ常に変動して全く当てにならないものになってきます。

柔軟サイン

活動サイン、固定サインと続いた後やってくるのが柔軟サインです。これは調整するサインで、常に柔軟に変動します。固定サインが頑固に維持するとしたら、柔軟サインは隙間を埋めたり、また応用的になったり、要求に合わせて変化します。その結果、活動サインのように自分から始めるという性質がなくなり、また固定サインのように継続する力も失います。例えば、仕事をする時に、自分から考え出すのは活動サインで、人から何かいわれたくない。その前に自分でやりたい。固定サインならば自分のやり方があり、それを変える気はない。クライアントから要求されたことをこなすのは、柔軟サインということになります。職場に柔軟サインの人がいなければ、いかなることにも誰も答えないことになります。情感を表すのは水のサインで、水のグループの中で柔軟サインは魚座です。これは変動する水を表し、また希薄な境界線のない水という意味では、空気を含んだ雲・霧などが魚座のシンボルになります。漠然とした雲のようなものから

イメージがわき上がるという霊的ビジョンは魚座そのものを示す事例ということになりますが、これは水のくっつく性質の方向づけをしておらず、受けに回ることができるからこそ、自分には関係のないビジョンでも受け取ることができるわけで、活動サインの蟹座、固定サインの蠍座は、このような受容性を持っておらず、特定のものにのみ同化しますから、ビジョン受信能力としては使いにくいのです。実務で受けに回るのは、土の柔軟サイン、つまりは乙女座です。自分から何か打ち出すということはなかなかできませんが、いわれたことをこなせます。

　四角形は場であり、それは四つの元素のすべてを含みます。三角形は活動、固定、柔軟サインの互いの循環で、運動性質です。四角形は場を作り、三角形は運動する。このすべてを組み合わせて12サインが作られます。

　また奇数である男性サインは外に打ち出しますが、これは火と風のサインです。常に外に拡大しようとします。偶数である女性サインは内に向かい、これは水と土のサインです。着地したり、狭い範囲に収縮する性質があります。外に飛び出す風と火のサインは、必ず水と土のサインで着地させないと、拡散したまま、戻れなくなってきます。

　そのため、12サインの循環の中では、火は次に土に落とされ、風は次に水に落とされます。そのことで、火と風の飛び出す性質は緩和され、ちゃんと現場に戻ってくることになります。反対に、土は次に必ず風に、水は次に必ず火に向かい、じっと狭い範囲にとどまろうとする水と土の元素は反発されるか、分散して、拡張することになります。例えば、アーサー王伝説でエクスカリバーが湖の中から出てきたという時には、水から現れた火ということになります。水の元素は限界までいくと必然的に火に変化するのです。

　なお本書では、それぞれの天体のサインについては説明していません。これは応用的に推理してみてほしいと思います。

火……はじく、はじける	活動サイン……始める
土……まとめる、かたまる	固定サイン……維持する
風……分散する、そらす	柔軟サイン……調整する
水……くっつく、まじる	

7 惑星のアスペクト

アスペクトは幾何図形の一部
三角が高揚で四角が着地を表す

　惑星のアスペクトは、代表的なものに0度、180度、120度、90度、60度などがありますが、これらはみな幾何図形の片鱗です。したがってアスペクトができたというのは、その幾何図形の一部が作られ、そこから幾何図形の性質にふさわしい影響が持ち込まれたとみなします。

　基本として、三角形は高揚感で四角形は着地を表します。しばしば90度とか180度は障害のようにみなされている場合がありますが、それはこれまでのそれが奪われて、違うものに持ち込まれてしまうからです。これはエネルギーの変容で、成就とか実現というのはたいていそういう意味を含んでいます。その点では三角形は120度ですが、成就には関わりません。同じ状況を続け、この中で加速、盛り上がりがあるというような印象で考えていくとよいのです。

　食事をしたいと思った人は、食事ができたらそれははじめの意図の通りですが、食事の場で知り合いに出会いそこで楽しい会話ができてよかった、しかし食事がうまくいかなくなってしまったという場合には、食事が中断されたということになり、食事というテーマにおいては挫折、しかし新しい楽しいハプニングが生まれたことになります。これが90度の性質です。もし90度を不幸とみなす人がいるとしたら、はじめの計画の食事に頑固にこだわっていることになります。そういう点では不幸と解釈することができます。

　物事の達成というのは、例えば、考えていたことを本にしたいという時には、風が土に変化したことを表します。本はモノですから土の元素です。そしてその結果、持っていた風の元素の力は失われます。会社を作って自分の城を手にする。これは火から土へです。意欲が不動産のある特定の場に定着するからです。夢を形にするとはじめの夢見る力は犠牲にされます。このように成就、

達成はたいてい90度アスペクトが関与しています。失い、そして得るのです。得るために失います。事態は変わらず加速し盛り上がるのは、三角形の120度です。また間接的な違う元素の協力によって運動がリズミカルになるのは、六角形の60度です。
　異なるシーンに受け渡されて形になるのは、四角形という「着地の」図形に関わる90度です。しかしこれまでの気分を続けることはできないという意味では、現状維持の目的からすると、ハードアスペクトに感じられます。
　環境やターゲットに積極的に飛び込むのは、卵を二つに割る180度です。「自分の殻を割って」というのは、卵を割る180度そのものを意味しています。180度のアスペクトがなければ、歩くことができません。片足を前に出すというのは、180度アスペクトを意味します。方向が決まり、そこに踏み出すということなのです。
　アスペクトは特定の惑星のエネルギーを違う惑星に受け渡します。その場合、主役的な立場はより遅い公転周期の天体です。速いものははけ口としての立場です。例えば、冥王星は非常に遅い天体のため、その影響が何か特定のイベントに降りてくるのは、より速度の速い天体が、それにアスペクトを作ることで、受け取ったということになるのです。
　太陽が冥王星に90度になった時、太陽はカレンダーのように規則的に移動しますが、冥王星とアスペクトを作った時、計画変更などが生じることになります。それは冥王星の意図を受け取ったための計画変更です。山羊座の冥王星は、土の活動サインの冥王星。そのため、仕事などで今までのやり方の死と再生です。例えば太陽が牡羊座で、冥王星と90度のアスペクトを作った時、その土・活動サインの冥王星の趣旨を火・活動サインのところで受け取ったことになります。それは山羊座という冬至点的なものから、牡羊座という春分点的なものへの干渉で、成果を意識した上での種植えです。成果を確実にしなくてはならないので、計画変更が起こります。牡羊座ははじめから成果を考えていないサインですが、ここで山羊座を意識すると、結果を考えた動機ということになるのです。
　地球グリッドが図形的であるということは、アスペクトは特定のグリッドに共鳴していることになります。

8 恒星

人間が恒星を理解するには太陽系の太陽の意識が必要

　通常のホロスコープでは恒星というのはあまり使われていません。恒星と惑星には次元の段差があります。全太陽すなわち複数の恒星、太陽すなわち一つの恒星、全惑星、惑星、全月、月、物理次元という次元の連鎖が成り立つと考えてみます。

　恒星は私たちが住んでいる太陽系の太陽と同じく、動いていません。そして私たちはこの太陽という次元の内部にある一つフォルダが下位の次元で、ぐるぐると動く惑星の中の一つに住んでいます。惑星のすべてを統合化すると、つまり第4密度の意識に至ると、太陽意識の一つ下に入ることになります。太陽意識をここで第5密度と考えてみます。

　私たちは惑星意識の一つに住み、そこでは相対的に他の惑星との関わりがあり、時間の動きの中で休みなく考え、動き、堂々巡りもしている中で生きています。そのため、何か目標を抱いても、それはある一定期間が経過すると消えてしまいます。家が欲しいという夢も土星周期に似た動きをすると思いますから、29年程度を節目にして循環している「相対的な意識、思い」です。

　こうした中で、太陽系の太陽、あるいは太陽系の外にある恒星は、巡ることのない発光する天体です。それは惑星とは異なる時間の中で生きていて、やはり時間はありますが、しかし少なくとも、ぐるぐる巡る惑星の意識の上から見ると、恒久的で永遠なものを感じさせます。

　つまりは、私たち第3密度の生き物から見ると、継続的で永続的な意志や意識の力を表しています。何かの都合で消えたり弱められたりするものではないのです。

　私たちが恒星を理解するには、恒星と同レベルの、すなわち太陽系の太陽

の意識に到達しなくてはなりません。しかしそのためには、前準備として、全惑星の統合が必要です。

神話意識に生きていない現代人は
太古と比較して一つ下の次元で生きている

　次元連鎖は、「上にあるものは下にあるものと似ている」ということからすると、太陽系の内部の複数の惑星は複数の恒星の作り出すネットワークの模写であり、恒星が硬化したものとみなされます。

　私たちが成立するには、無数に存在する恒星ではなく、いくつかの代表的な恒星があり、それらがあたかも魂の親元のように働いていることになります。そのため、当然特定の恒星と似た性質の惑星があるということになります。恒星の力は、それに縁のある特定の惑星を通路にして、私たちに降りてきます。しかしいくつかの複数の恒星が、惑星のグループの親元であるとすると、この代表的な恒星と惑星の組み合わせを組み替えたとしても、通路として活用できるのではないかということもいえます。

　センターにある恒星は私たちの太陽系の太陽です。そもそも私たちはこの腹の中に住んでいるので、この太陽系の太陽は私たちの存在の中心点にあり、チャクラでいえばアナハタチャクラという胸のセンター以外に配当することは不可能です。この太陽の軸を視点にして、外の仲間の恒星と内側の惑星は共鳴し、少し似たキャラクターを持ち、また太陽の力を通じて外の恒星の力は弱められ、嚥下され、有害でも危険でもない状態に中和されて差し込んできます。

　いかなる恒星の力も太陽系の太陽という中心軸のフィルターを突破して入り込んで来ることはできません。太陽系の太陽の色に染められて入ってきます。もちろんこれはもっと下の次元でも同じ手順が進行します。惑星の中では、アナハタチャクラに該当するのはもちろん地球です。私たちは地球に住んでいますから、これがアセンブリッジ・ポイントそのものだからです。そして他の惑星の影響は、地球というフィルターを通じてしか私たちのところに差し込んで来ることはありません。

　太陽系の太陽の許可を通じてしか恒星の力は入り込んできませんが、しかし

高次なものは常により高い浸透性があるという点では、恒星の力は惑星がぐるぐると回転するように、ぐるぐると動く思惑を度外視して継続する意志や夢、希望、試みなどを作り出すことになります。つまり惑星の影響がいろいろと変化する状況でも、恒星の力はそれらに振り回されずに、同じ信号を発信し続けるのです。

　希望の星という時には、これは恒星を表します。古代には人類は神話的な意識と共存して生きているといわれていました。ミヒャエル・エンデは、個人神話に生きようといいました。現代、私たちは神話意識に生きてはいません。これは私たち人類が昔に比較して、一つ下の次元で生きているということが関係します。かつての基準ではとうてい人間と認められないような、つまりは細胞レベルのような段階にある基準を、今の私たちは人間と呼ぶのです。

　個人的な好みとか欲求、これらは肉体が持つ感覚のレベルと深く結びついた欲求でそれらを人間性の領域だと思うことはできませんが、今ではそう思う人も増えています。社会が植え込んできた集団的な欲求を満たすことや、人間の感覚の満足に意義を与えているところとは、神話意識で生きるというのは同次元ではないのです。

　かつて道具にすぎなかったものが今では目的になっている、と考えるとよいでしょう。このことを、今では魂は希釈されているというような言い方で説明する人たちもいます。恒星は神話的な意識に関係しやすいのです。それは魂のことを考えるということに似ている面があります。

恒星に同化したクラスターは長く続く意識
日本では継続する意識を神様や柱と呼ぶ

　惑星のレベルでの思惑というものに埋もれている間は、恒星のことを考えるのはリアリティーが薄いのです。しかし割れた皿を集めるように惑星を統合化して太陽に近づこうとした段階でならば、恒星の意義が理解できます。太陽は安定した恒星だからです。それを継続的な推進力として考えてみるのは興味深い面があります。

　惑星の総合の影響は月のエーテル体として定着します。月は地球の周囲を回っていて、この影響は地球から外の惑星の領域にさえ出ることはできません。

そのため、この月を地球的なエーテル体と呼んでもよいでしょう。それに比較して、月に対して恒星の力が働き、それが浸透した時には、地球、月の磁気圏から外に出ることのできるエーテル体を育成すると考えてもよいでしょう。

純地球的なエーテル体を少し違うものに変成するには恒星の力が必要です。惑星の影響は、エーテル体に対しては新陳代謝の影響に他ならず、それは常に働いていますから、変成という目的では恒星の力の関与が必要で、それは古代エジプトの再生神話などと深く結びついています。恒星は一定時間継続するエーテル体の綱を作り出すことができる可能性があります。綱が切れない限り、魂意識は連続する。つまり遠い時間の中で死者は再生したり死んだり、また再生したり死んだりするけど、糸は切れていないのです。

惑星の右往左往する磁場に破損を受けないで、しかも歳差活動に持ちこたえられるのは、恒星のボディを必要とするという話になります。意識の世界あるいは魂の世界では、想念を抱くだけでその対象は私たちに飛び込んできます。恒星と共存し混じり合った意識は、恒星と同じような継続期間を持つことになります。

私たちが希釈された魂で生きている場合には、死んだら死後は存在しません。しかし、希釈される前の「I／there クラスター」あるいは「I／there スーパークラスター」には回帰するので、この希釈された段階で作られた自己意識そのものは消失したとしても、元の魂という希釈されていないものとしては死後が存在します。

私たちが希釈された個人意識というアイデンティティーを解放して、この元のクラスターの意識と共存しつつ個人意識を保つことができれば、それは死後存在するというふうに解釈されます。とはいえ、それは死後とはいえません。継続したクラスターは、個人の寿命のような短い時間ではない、もっと果てしない長い時間の中で働いているものだからです。

惑星意識は循環のサイクルの中で姿形を変え、それは一つのサイクルはその周期で死んでしまうということを意味しますが、恒星に同化したクラスターは長く続く意識だといえます。というよりも、そもそも時間の基準が違うのです。日本では、こういう継続する意識を神様とか柱と呼んだりします。例えばある神道家が自分は竜宮乙姫と接触したという時、ある人は妄想的な人だと判断

するだろうし、また他の人は、もう少し話を聞きたいというかもしれません。なぜか竜宮乙姫に接触した人のかなりの数の人が黄金(きん)の話を持ち出されます。いつもの決まりきった型があるのです。

5次元的な領域や4次元的な領域では、3次元の個体のように、特定の時間に縛られているわけではないので、4次元的な意識ならば多くの時間に、5次元的な意識ならばさらに多くの空間に、その影響を拡張することができます。

自分の恒星を探索してもそこに驚きはない
新鮮な刺激と興味を呼び起こすのは地球

ヘミシンクに熱中している人は、ある時にヘミシンクの開発者であるモンローに出会います。ある時期から、そういう人が続出しました。自分はモンローに会ったという人がたくさん出てくるのは不思議でもありません。

ヘミシンクはモンローの痕跡を残しています。そのため、ヘミシンクをした人はヘミシンクの糸をたどって、「フォーカス27」のカフェなどで実際に彼に会う体験をする方が多いのです。

竜宮乙姫もモンローもこれらはみな普遍的な存在であり、つまりは3次元的な「いま、ここ」というところに閉じ込められているわけではないので、どこにでも千人でも1万人にでもなっていきます。これを千の風というのかもしれません。それは彼らが増えているのでなく、それを反射する人間の数が増えているということです。接触する人の数が増えるほど、それはより制限のない普遍的なものになっています。

恒星意識を考える場合にはこういうことがよけい増加します。3次元的な「いま、ここ」という感覚的な身体の考えを捨てきれない人は、死後のモンローも特定の時間・空間の中に凝固した存在であると考えてしまう癖が残り、その結果、たくさんの人がモンローに会ったといった時に、妄想的な人が増えたと感じてしまうでしょう。

モンローの本を読むと、彼はプレアデスからやってきて、やってきた理由はプレアデスが退屈だったからだそうです。体外離脱で元のプレアデスに90回以上行き、その場所や状況について確認していたそうです。「プレアデスは退

屈な場所だ」ということがモンローという個人を地球に生み出した理由なのかもしれません。つまりはプレアデスの集団意識クラスターから離れて違和感のあるものに接近しようとする意志そのものがモンローという突起をクラスターの中に生み出したのです。

クラスターは巨大な蜂の巣のような形のもので、この中で細分化された意識群は焼きそばの麺とかスパゲティの麺のような形でたくさん伸びています。特定の時間で切り取るとそれは個人のようにも思えますが、時空連続体としては決局、麺とか蛇のような形になってしまいます。これは球形が移動するとか、螺旋運動が全体として筒に見えるというものです。

モンローという好奇心は、モンローという触手をこの蜂の巣から出し、モンロー状の意識の筒の突起を出したということになります。そして特定の時間で切り出してみると、モンローという個人が存在しています。

私も自分のクラスターには退屈と感じることもあります。たとえていえばいつものじいさんやばあさんたちが、目黒の老人憩いの家で集会をしているようにしか見えません。私のクラスターは旧型です。この人たちは私に気を遣う様子もなく、モンローの場合もプレアデスで自分の去った後に穴が開いていたように、私がいるべき隙間というものがあって、時々そこに何事もなかったかのように、私を押し込みます。

何かもっと別なものという関心が私個人を生み出したために、初期の段階では、個性的でオリジナルなどこにも似ていないものを探索したいという強い衝動が発生し、これが自分からクラスターを隠す結果になりました。この宇宙のどこにもオリジナルは存在しなかったという見解に馴染むにつれて、クラスターの記憶が戻ってきます。それは新鮮味を持っているわけではありません。

時々他のクラスターとニアミスを起こしそうになります。例えば、オーラソーマのヴィッキー・ウォールとか、オショーとか、モンローとか、ブルース・モーエンなどが所属するクラスターに接触しそうになる時に、すれすれ接近した段階で引き戻されます。出向でない場合には、興味を抱いても、そこに干渉してならないルールがあります。

クラスターと恒星は共鳴しているので、あなたが自分に関わる恒星を探索した時に、そこに新鮮な驚きはなく、「いつものあれ」的感覚を呼び起こされる

可能性は高いでしょう。これは新発見ではありません。何といっても新鮮な刺激と興味を呼び起こすのは、この特殊でリスクの大きい地球世界であって、これ以上のものはないのです。恒星は発見するものでなく、思い出すものです。人間は高次なレベルは十分に完成していて、問題は低次の領域だといわれますが、恒星レベルでは既知のものが多く、新規で、あまり慣れていない領域とは地球ということなのです。

恒星と惑星のパラン

1日という範囲の中での分布を考える
生まれ時間がわからない場合でも適用できる

　恒星の影響を考える時、パランを使ってみましょう。既にホロスコープのマップで惑星のパランについては紹介していますが、今度は惑星と恒星のパランについて考えてみます。

　惑星のパランでは、四つの敏感なゼロポイントに入ってきた影響を考えました。東の地平線、西の地平線、カルミネート、アンチカルミネートでした。これは大きな枠組みとしては、春分点、夏至点、秋分点、冬至点の仕組みのミニチュアです。

　惑星のパランは、生まれた時間に、地球の球体に分布した惑星の影響を考えました。今度は恒星と惑星のパランに関しては、1日という範囲の中での分布を考えます。そのため、生まれ時間がわからない人の場合には、特に便利です。生まれた場所と日付によって、この四つの敏感な扉の場所、すなわち脆弱な縫合部の位置が決まります。その穴に、防衛網を突破して、恒星の力が侵入してくると考えるのです。

　僧侶は午前0時、朝6時、正午、午後6時の四つの時間にお祈りをするという発想がありました。その国の状況を考える時に、春分図、夏至図、秋分図、冬至図という四つで作りますが、雛形理論で、構造は大が小へ投影され

るという考え方から、今度は1日の図の中に一生が現れるという考え方なのです。生まれた瞬間の図は、肉体が生まれた時のピンポイントです。

　しかし、その人の人生マップは、この生まれた瞬間の図よりも一段範囲の拡張した、地球の自転の範囲で考えることになります。そのため、似たような地域に生まれた人の場合には、その日生まれた人たちはかなり共通しているということになります。そもそも恒星の影響力というのは、全惑星よりも一つ上の次元にあり、このような広範な力は、個人的すぎる範囲の中に取り込むのは難しい面があります。

　惑星が恒星とパランの時、恒星の力を地上化するのに、惑星が通路として選ばれることになります。四つの扉から入ってきたものは、そこでどんな種類のものであれブレンドされて受け取られるのです。例えば金星であれば、それは愛情面とか芸術、金銭面、豊かさなどに関わる部分で、恒星の力が持ち込まれるとみなされます。この惑星が通路になると、恒星とパランになった時間が影響の焦点になることは事実なのですが、その影響はその前にも働くとみなします。影響力というのは波動的に考えた時には、出会う前からもう始まっています。ある日、誰かと夕方会うことになっているという時、朝から、あるいは当日の明け方の夢の中で、既にその体験が始まっていたとみなすのは、おかしな考え方ではありません。波のように盛り上がり、そのピークで現実に出会いがあり、そして終わった時、波は去っていくのです。

　感覚には鋭いエッジがあり、感覚面で相手に会う時は空間的にもくっきりし、時間も限定されていますが、エーテル体のレベルではエッジはもっとぼんやりしていて前にも後にも影響は続くのです。このように考えると、その人が生まれた瞬間の図を作ったとして、そしてその人が夕方に生まれているとしても、実際には、その前からもう影響が入り込んでいるとみなしてもよいのです。

　生まれた瞬間の図を作成し、すべてはそこから始まると考えるのは、時間の始まりと終わりがある思想、直線時間の反映と考えてもよいのです。事実は、その人は出生時間に生まれたのではなく、そこを顕在化の敷居にしていたということなのです。鋭いエッジを持つ肉体は生まれた時間に始まる。しかしその前の原肉体的・エーテル体的なものは、もう少し範囲の大きな1日の単位で考えてみる。当日生まれた人は集合魂で、それは共有されている面がたくさんあ

ります。この共有されているものの中で、誰かが代表になって傑出した成果を上げるという場合には、はじめは候補としては誰でもよかったが、一番可能性の高くなったところにその波が集中したと見なしてもよいのではないでしょうか。可能性はみなあり、結果として、それはどこかに噴出すると考えるのです。

ヒンドゥーの四住期

人生を四つに分けた四住期
林棲期の始まりは定年定職の時期

　四つのゼロポイントはヒンドゥーの四住期に近いサイクルだと考えてみるとよいでしょう。これはもともとはマヌの法典に出ていた考え方です。ここでは人生を「学生期」「家住期」「林棲期」「遊行期」の四住期に分け、それぞれの住期での守るべき規則を書いています。

　「学生期」は師についてベーダを学ぶ。これは学校に行く、生きるための規律を学ぶという時期です。学生期を終えた者は結婚して子を産み、仕事をして、家に住む「家住期」に入ります。「己の職業に従事して、肉体を不当に苦しむることなく、財を積むべし」と書いています。その後、家を出て森林に移り住む「林棲期」に移行する期間が始まります。「家住者、顔に皺より、毛髪灰色となり、その子に子息を見るに至らば、その時、彼は森林に赴くべし」と書かれ、人為的な生活から徐々に離れていくのです。最後に森の民としての林棲期を経た後、身にある物を捨て去り、無一物になった「遊行期」が始まります。伴侶もない天涯孤独の身に戻り、「死を希ふことなく、生を希ふこと勿れ。下僕がその報酬を待つが如く、時期をのみ待つべし」ということになります。団塊の世代が大量に退職を迎える時期には、この四住期の考えが流行しました。現代では、「林棲期」の始まりは、定年退職の時期に対応します。

　恒星と惑星のパランについて説明しているベルナデット・ブレディの考えを、ここに当てはめてみましょう。

アセンダント

「学生期」の始まり。生まれてから20代後半まで。先天的な要素も現れます。親とか周囲の人の影響も取り込みます。

カルミネート

「家住期」の始まり。20代後半から60代初めまで。家住期の終わりを定年退職とした時には、人によっては、これは50代くらいに早まる場合もあると思われます。重要なのは、家住期の家とは国家集団、社会などに対応すると考えてもよいことです。カルミネートは社会集団を意味します。そのため、社会という「家」の歯車に組み込まれた時期と考えてもよいのです。

ディセンダント

「林棲期」の始まり。60代初めから晩年まで。西の地平線は太陽が沈む場所であり、主体が消えていく場所です。こういう時には、個人の力に余裕が出てのんびり「個」が解放されていき、より大きな精神に開かれていきます。折口信夫は、『死者の書』で、夕刻の二上山を描いていますが、そこは生きたものが執着を逃れて、解放されていくのです。

アンチカルミネート

「遊行期」の始まり。これは世捨て人になる時期を表していますが、現代人の場合、このような生活をする人はほとんどいません。むしろ個人を支える集団無意識との関係を考えてもよいでしょう。アンチカルミネートは、4ハウスの入り口ですが、4ハウスは死を意味します。個人の死を通じてより大きな集団意識に開かれるのです。ブレディは、このアンチカルミネートを死後残る影響としていますが、個の活動がより集団的なものに受け取られられるのです。現代人は個ということにすべてを集約させる人もいます。そのため、個が死んでしまうとその後には何も残らないとみなす人もいます。そのように考えると、そのように考えた水準の部分で自我が形成されますから、その人格の線上では、確かに死後は存在しないし見えてきません。

このパランの天体計算は今のところ少数の占星術ソフトでしか計算できません。あるいはインターネットサイトの＜ astro.com ＞などでは無料で計算可能です。私が使っているのは、「ソーラーファイア」です。例えば、金星とスピカがパランの時、そして金星がセッティングの場合には、それは60代以後の定年退職後から影響が出ると考えるわけです。絵を描くのも楽しいかもしれません。

　恒星はパランがたくさん出てきます。一つの惑星に数個あるのは珍しくありません。この場合プトレマイオスが注目したロイヤルスターなど代表的なものをまずは重視します。次にオーブはロイヤルスターのレベルならば1度。それ以外は0.5度の範囲にします。

　また、恒星の数を増やす場合には、ブレディの50個の恒星が適切な範囲かもしれません。出生図は惑星の配置の図ですが、この出生図の惑星にそれぞれパランで関わった恒星の力が投射されるとみなしてもよいでしょう。特定の恒星には類似した相性の良い惑星がありますが、特にそれにこだわる必要はないかもしれません。

　一つの惑星には、複数の恒星が関与することも多くなります。その場合、四住期で時期を分類します。さらに、同じ時期に複数の恒星がある場合には、それは意味を複合します。複合することでその人の特有の個性の発揮というものが明確に浮き彫りになります。例えば、ある占い師の場合、太陽とのリンクで、カルミネート位置にアルフェッカとスワロキンがあるとします。スワロキンは占い能力としては最高の恒星です。この能力を買われてアルフェッカ、すなわち注目され、あたかも分不相応に持ち上げられたかのような地位を手に入れます。それを維持するには犠牲が必要で、結果的に高い支払いをしなくてはならないということになります。

☽ 月

パランにおいて最も重要な天体
月を見れば前世もわかる

　恒星のパランにおいて最も重要なのが月です。恒星が月と関わる場合には、その人の身体性としてのエーテル体に恒星の力が持ち込まれます。気質や規則的な暮らし、感性、無意識に働くもの、人生全体の運営の仕方などです。ほとんど身体に等しく、第2の身体といってもよいようなレベルなので、それは極めて密接な影響を与えます。地球に生まれた素材をこねてその方向に作り直すという具合にです。

　いわゆる「マカバ」というのは腰を中心に作られる六角形ですが、これはエーテル体に関係します。腰はエーテル体のベースで、生命の樹ではイエソドと呼ばれ、チャクラでは2番目のスワジスターナ・チャクラと1番目のムラダーラ・チャクラに関係しています。私たちは心理的には胸を中心にしていますが、第2の肉体である低次アストラル体並びにエーテル体の領域でないと、生活はできません。そこで、肉体に代わる肉体的な磁気身体という意味では月が大切です。地球、月の磁気圏からしか飛び出せない身体に対して、恒星は異なるアプローチをします。

　また月は過去を表しているもので、前世はどこかの宇宙にいて、そこから来ましたという人がいる場合、月と関わる恒星を参考にしてみるとよいでしょう。モンローは、自分はプレアデスから来たと述べていて、90回以上体外離脱で元の故郷を調べたようですが、月はプレアデス星雲のアルシオネとパランになっています。冗談めいていますが、私の勉強会には、シリウス人、オリオン人、プレアデス人など多数います。

　眠れる預言者といわれたエドガー・ケイシーは、アルクトゥルスの影響を受けているといわれた人の多くは、今回の人生で肉体の輪廻転生が終了するか、あるいはそもそも肉体への輪廻転生をする必要のない魂が、何かの特別な目的で一回こっきりの形で地球に生まれてきたということを説明しています。イエ

スが誕生した時夜空に輝いていたベツレヘムの星というのがアルクトゥルスなのだそうです。こういうケースも月とアルクトゥルスの関係で考えます。

　また、ジュール・ベルヌは、月が下降している時に、鷲の飛翔に関連づけられたアルタイルが上昇しています。新しい未知の世界への冒険はほとんど執筆活動で果たされているはずですが、月と関連づいているために、頭脳的な想像力というよりも、ほとんどバイロケーションによって、半ば現実であるかのように旅していたのではないでしょうか。

　通常の占星術と同じく母親に投影されることもあり、ブレディのクライアントで月とアルゴルのパランの人は、母親を怪物として描いたそうです。

　ヘミシンクのスターラインズなどで意識は宇宙に飛び出すことができます。ヘミシンクは身体性を伴うことなく、上昇していくことも多いので、リモートヴューイングでいう AOL も増えてきます。坂本政道さんのたくさんの本を読んでみても、かなりの部分が思い込みか想像の体験に属していて、本人も後の本でよく撤回しています。

　オーディオアンプの世界では信号の歪みを修正するために、出力信号を逆相にして入力に取り込むネガティブフィードバック(NFB) という技術があります。NFB しすぎると、おとなしくなって音楽が楽しくありません。しかしノン NFB は歪みが大きすぎて聴くに堪えないこともあります。モンロー研究所のヘミシンク体系には、基本的にこうしたノイズ除去のためのチェックというものが手薄なようです。あらゆる宗教では、こうしたチェック方法が備わっているのですが、ヘミシンクではノイズカットしないところがアメリカ的な方法なのかもしれません。確かに放置しておけば、だんだんとノイズは淘汰されます。

　前から感じたことですが、占星術とかこうした恒星のパランなどは、ヘミシンクの旅で行きすぎたところをうまく着地させる力があります。これまでの常識の世界観に着地させてしまえば、ヘミシンク体験はことごとく否定されます。現代でも体外離脱すると、心療内科では病気と判断されて薬を処方されます。その点では、旧来の常識観に着地させず占星術レベルに着地させれば、妄想ではないエーテル体的リアリティーのところに安定させて落とすことができると思います。

☿ 水星

知性の在り方を表す水星
ヒトラーの弁舌にも影響を与えた

　水星は、知性の働き方や仕事能力、何が傑出しているかということに関わります。例えば、多くの作家にカストール、ポルックスなどが関与しているといわれていますが、確かにそのような恒星の影響は、書きたいということに対して息切れしない諦めの悪い意志を与えていくので、反復練習でいつの間にか強い実力を手に入れていることになります。

　惑星の影響は、より強い惑星によって阻まれたり打ち砕かれたりします。しかし、恒星の影響を断ち切るものはないのです。惑星にはタイミングがあります。しかし恒星はそれを無視しているかのようです。ルイス・キャロルの水星はフォーマルハウトとパランで、ブレディは魅力的な配置とみなしたようですが、確かに、不思議の国のアリスのファンタジーからフォーマルハウトの性質を推理してもよいくらいです。不思議の国はフォーマルハウト国といえます。

　また催眠術のように弁舌で人を魅了する例としては、アドルフ・ヒトラーの水星とベガを挙げることができます。オルフェウスの竪琴なので、それを聞いた人はつかまえられてしまうのです。

♀ 金星

芸術家にとって最も大事な天体
金星は未来の身体に関連する

　感性やセンス、恋愛、金運などに恒星の働きが関与してきます。金星は牡牛座と天秤座の支配星なので、牡牛座的な方向ならば芸事や才能に、天秤座的な性質ならば対人関係での楽しみとなります。その人流儀のやり方が出てくることになります。

　金星はそれ自身の本性をもっと深く発揮すると、海王星に似た作用も出てきます。基本的に生活レベル、すなわちサバイバル的な要素には恒星は関与してきません。サバイバルを考えるならば、惑星との関わりのみに着目しなくてはなりません。例えば、木星とのアスペクトで収入を上げるとか、火星との関係でもっと流行の商売方法に携わるとか、具体的に考えることになりますが、恒星はそれの頭ごしに、生活がどうあれ続く影響力なのです。とりわけ金星は人から見えるところの存在の輝きです。

　金星が地上生活に執着することから逃れて海王星的な要素を持ち始めた時から、タロットカードのパスワークでの星のカードのように天空の力をそこで受信しようとします。感性はそこに開かれてその力を取り込もうとします。

　劇作家のサミュエル・ベケットは、晩年にシリウスが天から落ちてくるといいました。世界がシリウスに飲み込まれるのではなく、シリウス意識に彼が飲み込まれていくことを表しているのだと思いますが、ベケットの場合、シリウスは金星とパランで、なおかつライジングで早期から現れていることになります。シリウスを取り込む星のカードの人ということになります。芸術家の場合、従来の占星術の考え通りに金星は重要ですし、地球に一番近いために、頭脳的にでなく感性や半ば身体的な実感として、恒星の影響を吸い込みます。

　月に関連するものが過去の身体だとすると、金星に関連するものは未来の身体なのかもしれません。ブレディはエリザベス・テイラーの金星がプロキオンとパランで、それが彼女の休みない結婚の試行錯誤と無鉄砲でその場かぎ

りの異性関係を物語っていると説明しています。ツバンは財宝を守るとか確保したら離さないという恒星ですが、金星と結びつくと、異性に対する所有欲や嫉妬心、性的な執着心を意味するようです。

　レオナルド・ダ・ヴィンチの金星はアルシオネとパランです。アルシオネの神秘的なエネルギーは芸術活動にいかんなく発揮され、『モナリザの微笑』こそ、アルシオネのシンボルと考えられるようです。プレアデス人は芸術に長けていると噂されますが、プレアデス人の芸術という時、ダ・ヴィンチと『モナリザの微笑』を思い出すとわかりやすいでしょう。

◉ 太陽

太陽はポジティブな活動を表し
西の地平線のパランは定年後の計画に影響を与える

　月と共に太陽にパランの恒星は重要であると考えるべきでしょう。というのも、その人の積極的なメインの活動であるからです。

　四つのサイクルは、まるで切り分けてあるかのように、くっきりと切り替わることも多いはずです。切り替わった時にまるで別人のように方法が変わったりもします。そしてこの四つの区切りが曖昧な定義でしかないにもかかかわらず、本人からするとはっきりとこの時期から変わったと自覚できます。

　占星術で使われる太陽は地球の公転周期の投影に他なりませんが、それでも、本来の太陽の片鱗があります。それは恒星の諸力と似ていて、他のどの惑星よりも恒星の力を解放しますから、他の惑星とのパランよりもずっと強調された形で表現されます。自分の活動期の予定や方針、また定年退職後の身の振り方などを計画する時に参考にしてみるとよいでしょう。

　危険状態を示す恒星があった時、無意識に警戒して身を潜めているケースがあります。つまり地球潜伏です。しかしその場合でも抜け道はあるので、模索してみるとよいでしょう。

♂ 火星

火星の燃やす力に恒星の神話力が加わる
火星と恒星のパランは戦車のカード

　火星は防衛力や活性化、積極的な行動、自分を外界に打ち出す力です。恒星の力はまるで取り憑いたかのように、この火星の加速力に影響を与えてきます。燃やす力に恒星の神話力が加わるのです。太陽系の中では、この火星の力の発揮のし具合は、惑星のアスペクトで反映されます。

　これらの惑星のアスペクトは、日常レベルにおいての行動特性として表現されます。そこに神話的な力が乗ったものが恒星のパランです。つまりは実質の内容はこの関わる恒星の方にあり、それが日常的な表現では惑星のアスペクトに乗るということになります。

　本書の前に、私はタロットカードのパスワークの本（『あなたの人生を変えるタロットパスワーク実践マニュアル』説話社）を書きましたが、カバラの生命の樹では、ビナーとゲブラーつまり火星の間のパスは戦車のカードにたとえられます。恒星の力は、生命の樹の中ではビナーに近いものもあり、火星と恒星のパランは、その人の戦車のカードの表現に関わると思います。

　火星のエネルギー源が他の惑星から持ち込まれている時には、それはしばしばいろいろな事情で止まったり動いたりしますが、恒星からの力を源流にした場合には、そこに浮き沈みはなくなってしまいます。

　ブレディはアルシオネの例を挙げていますが、アルシオネは実際性に欠けた観念に走る影響力です。つまり火星という生々しい闘争力は、アルシオネと関わることで崇高な理念に興奮して走る性質を与えます。具体的にはエマヌエル・カントの例があります。

♃ 木星、♄ 土星、♅ 天王星、♇ 冥王星、♆ 海王星

木星は発展で土星は終着点を表す
天王星、冥王星、海王星は考慮外とする

　木星は恒星の力を大げさに広げてしまいます。木星は発展、拡張、増殖、繁栄です。発展の仕方に恒星の特色のバイアスがかかることになります。この場合、良いものも悪いものも広げてしまいます。

　土星は人生の終着点イメージです。月で始まり、太陽で拡張し、土星でまとめます。価値観や哲学、こうあるべき落ちというものに、この恒星の力が関与してくるのではないでしょうか。また制限ということに関わるので、条件づけがあると見なしてもよいでしょう。土星は人生の柱のようなもので、人生を築きあげるためにしなくてはならないことを恒星が提示してきます。私個人は土星のパランを人生全体を統一する「要(かなめ)」の方針と考えています。

　天王星、冥王星、海王星の三つに関しては、今のところ恒星とのパランを考慮に入れる時には、それはあまりにも集団的すぎて、個人的なものではないとみなしてもよいでしょう。特にカルミネートとアンチカルミネートはそうなります。そのため、いったん、この三つの惑星に関しては考慮外とします。

⑨ ヘリアカルライジング

毎年繰り返されるヘリアカルライジングは
人の一生にも大きな影響を与える

　「ヘリアカルライジング」はローマ字読みで、正確には「ヒライアカルライジング」と読むべきなのですが、習慣的に日本ではヘリアカルと読んでいます。

　古代エジプトでは、夏至に近い時期になるとナイル川が増水し氾濫しました。この氾濫の始まりには、いつもシリウスが日出の直前に上昇しました。これがシリウスの「ヘリアカルライジング (Heliacal Rising)」です。シリウスは大犬座のα星で、恒星の中で最も明るい星です。

　アセンダントの力は、東からやってくる生命力そのものを表していて、そこにシリウス、次に太陽という通路ができるのです。恒星は動かないので、ヘリアカルライジングは毎年繰り返されます。エジプトではこのシリウスを重視して暦を作り、それをソティス暦と呼びます。「ソティス (Sothis)」とは、シリウスを意味する古代エジプト語「Spdt」をギリシャ語で表記したものだと考えられています。

　太陽とぴったり重なると、そもそも恒星は全く見えなくなるので、少しズレた位置で視認できることが重視され、これは見かけのヘリアカルライジングといいます。しかしパランの考えからいえば、視認できなくても重なっているわけですから、見かけだけでなく、計算上の実際のヘリアカルライジングは、その人の一生に影響を与える特性です。

　日本ではこのシリウスのヘリアカルライジングは原子爆弾に関係し、そもそもシリウスは犠牲になることで通路になるという意味で、日本人は、世界でも有数のシリウスに影響を受けた国民ということにもなるでしょう。

　「ソーラーファイア」では算出できませんが、インターネットサイトの＜astro.com＞などではすぐに算出できます。

ソーラーリターン

1年の範囲で考える時に便利なソーラーリターン
四半期ごとの恒星の影響を見ることができる

　生まれた時のパランのチャートは一生の範囲を考える時に使いますが、1年の範囲で考える時には、ブレディはソーラーリターンを使うことを取り上げています。

　ソーラーリターンとは、生まれた時の太陽の位置にぴったり重なる、毎年の図を作ることです。太陽の度数をぴったり合わせることで作られるので、誕生日の前後1日程度のものが多いでしょう。この場合、このスタートから1年を四つの区画に分けるとよいでしょう。四住期と似たような区画を3カ月ごとに割り当てるのです。これで3カ月ごとの恒星の影響を考えることができます。

　出生のパラン図とソーラーリターンのパラン図の組み合わせのみでかなり大ざっぱですが、その人の人生の方針を考えてみるとよいのです。具体的な諸事に関しては、もちろんこれまでのホロスコープの惑星の影響などを考えます。太陽系内の諸事は惑星が得意分野なのです。

　恒星の影響を元にして細かすぎることを考えるのはあまり意味のあることではありません。継続的に差し込んで来る影響力という点で恒星を入れます。また突き動かす夢や取り憑いた執念、採算や都合を度外視した推進力などは恒星の力です。恒星は生きたり死んだりということに関心がない、というふうに考えてみるとよいのです。生きたり死んだりということに配慮のないものだからこそ、何度もやってくると考えてもよいのかもしれません。

恒星の意味 IV

〜それぞれの恒星を深く理解するために〜

本書で紹介する恒星の説明はBernadette BradyのBrady's Book of Fixed Stars"を元に適宜加筆・修正をしています。詳しい内容を知りたい人は、この本を読んでみてほしいと思います。恒星に関しては研究者は少ないため、書籍よりもインターネットの情報で読んだ方がよいかもしれません。ただし、キーワードのみの記述が多く、実感的に意味をつかむのは難しくなります。

アルゴル
ALGOL

　ペルセウス座のアルゴルはペルセウスの持つメドゥーサの首に当たり、最凶の恒星といわれています。女性のクンダリニーに関係しているといわれていて、性的なものも表していますし、また爆弾のような爆発力、とことん強い欲深さも関係します。

　キリスト教の思想の中で、リリスは悪魔的な強い欲求などを示していますが、これはアルゴルに結びつけられます。ヒトラーは、太陽が天底にある時にアルゴルが下降し、この下降の場所にはデネボラもあり、これが反社会的な行動や脱線することを表す恒星なので、アルゴルとデネボラのセットによってヒトラーの末期を示しているのだと考えるわけです。

　パランの場合、恒星はセットになった惑星を通路にして入り込んでくるわけですが、惑星の通路ということは、恒星の力はその分、弱められていることになります。そのため、アルゴルをパランとして持っている人でも、ダイレクトに出ることはそう多くはありません。

　それは他の恒星にもいえます。惑星群に対応するものが開発されるにつれて、やがて恒星の力も露呈してきます。アルゴルは結果として必ずしも破壊的でなく、このエネルギーをどこに振り向けるかによって結果はかなり違います。

　創造的なことに強烈な力を発揮するということもいわれていて、クンダリニーの意味を持つわけですから、ブレディはベルヌの夢見る力を執筆に走らせたパワーだと説明しています。収益を上げるとか儲けなどのテーマではアルゴルはなかなか強いと思いますが、他の人に分け与えない要素も強いので、他の恒星との組み合わせが大切なのではないでしょうか。

トゥバン
THUBAN

　竜座のトゥバンは、紀元前 2790 年頃には北極星でした。地球の歳差活動により天体の配置は少しずつ変わります。1万 2000 年後にはベガが北極星になります。ギリシャ神話では 100 の頭を持つ竜はリンゴを守っています。ヘラクレスはそれを取ってきたという話です。

　竜座で最も明るい星はエルタニンで、トゥバンは2番目に明るい星です。ギザのピラミッドはいつできたのかわかりませんが、トゥバンへの直通の穴が開いています。かといって、その時期にピラミッドができたとはいえるわけではありません。

　北極星の交代は、ある意味で地球の支配者が交代するというイメージで考えてもよいのです。しばしばファンタジーでは、いにしえの時代、竜が支配していた時代があったという書き出しで始まるものは多いでしょう。こういう古い世界観の中で支配的な力を表すのがトゥバンではないでしょうか。

　ブレディの考えでは財産を守ることに関係し、権利を強く主張する行為に出るという性質です。物質的な財産とは限らず、それは知識の場合もあります。また孤独性というものが強く現れるとも。買いだめをすることや何か蓄積するということに関わりますから、これは竜が何か財宝を守っていたという話に結びついています。小さな範囲で所有欲を主張するとそれは醜い争いをもたらしますが、閉鎖的でない場合にはより大きな財産を引き寄せ、所有するという意味が働きます。もちろん物質的な意味もあれば、精神的な意味もあります。

　遠い所から、あるいは古い時代から失ったものを探しにきた。そして見つけた、という印象があります。

ベテルギウス
BETELGEUSE

　ベテルギウスは屈折もなしに自由な発展力と成功を意味しています。エジプト神話では神というのはオリオンのことを示していたので、このベテルギウスの一帯の天体は、有名になるとか成功するということの象徴そのものです。天底にあれば、死後の影響あるいは集団無意識に働きかける力です。

　ブレディによると、エイブラハム・リンカーンは木星が上昇している時に、マーチン・ルーサー・キングは月が上がっている時に、それぞれベテルギウスが天底にありました。死後に名声が高まることにも関係します。いわゆる早熟の天才という場合には上昇の場所です。これもブレディの例によると、ジェームズ・ディーンは木星と共に上昇し、マリリン・モンローは火星がMCに来た時に。火星とのセットは、彼女がセックスシンボルとして有名になったことに関係するとブレディは説明しています。

　人生の中盤の最も活動的な家住期はカルミネートですが、チャールズ・ディケンズは、木星と共にカルミネートなのだそうです。下降は人生の終わり間近になるほど強まる影響で、ウィリアム・ブレークは太陽が沈むと同時に。彼は若いうちはあまり知られておらず、晩年に近づくほどに知られてきました。

　ベテルギウスは頂点的な位置に立つという構造を持っているので、派手な展開が一番適していますが、それなりに態度も大きくなり、傲慢さということを発揮することも多いです。また、集団社会の中で協調するというよりは、スタンドプレー的な才覚です。

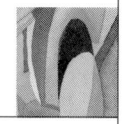

ベラトリックス
BELLATRIX

　ベテルギウスが神の右肩ならばベラトリックスは神の左肩です。アマゾンはギリシャ神話の中での小アジアの女性戦士軍団ですがベラトリックスと関係します。成功はベテルギウスほどには急速ではないのですが、それでもオリオンの輝かしさを持っています。左肩は無意識の影響力を表すので、無意識の働きに対しては注意深くしていなくてはならないのです。

　マリリン・モンローは太陽と共に沈む時に生まれましたが、悲惨な最期を迎えました。またヴィンセント・ヴァン・ゴッホはブレディによると典型的なベラトリックス的人格で、火星が天底にある時にベラトリックスは下降しています。影の領域との関係によって運は変動するのですが、無意識との関係を直接扱うような分野では、むしろ有能さを発揮することが多くなるでしょう。自分の中に潜む魔物をうまく扱うと成功しそれと対立すると、急激な失墜をするという対比の激しさがあります。カルロス・カスタネダの著作に「盟友」という言葉がありますが、それがはっきり出るのがベラトリックスです。

　無意識の領域を扱う仕事であれば、内面のデーモンを常に意識することになるし、人助けではとりわけ大きな成功を導くことになります。

　ギリシャのダスカロスは世界でトップのヒーラーだといわれましたが、治療にお金を取りませんでした。太陽が天頂の時ベラトリックスは天底にあり、太陽が天底の時ベラトリックスは天頂にあり、典型的なオリオン型タイプということになるのかもしれません。占いなどで人の相談に乗るというのもベラトリックスにとってはよい運動です。ベラトリックスの働く年齢になると、急にそうしたことに興味を抱くようになる人も多いでしょう。

リゲル
RIGEL

　リゲルはオリオンの足先です。この星はオリオンの中で研究や教育、学者的な面を持つ要素です。

　ブレディの説明によると、ケプラーは木星が下降する時にカルミネート、カントはリゲルが天底にある時、ダ・ヴィンチは月が天底にある時にリゲルは下降。下降しているか天底の場合には、知識は晩年に近づくほど高まってきますし、このリゲルに関しては、ベテルギウスのように早熟というのはあまり意味がなさそうな気もします。折口信夫は金星と火星はタイトな合ですが、そこにリゲルが関与していて、やはり研究者・教育者として大成したことと関係があるでしょう。

　文章を書いたり作家になったりするのは、カストールとかポルックスあるいは他のいくつかの恒星が関係するでしょうが、そこに学者的なものや教育者というリゲルが加わると、その分野での継続力が発揮されます。

　日本の岐阜県ではベテルギウスを平家星と呼び、リゲルを源氏星と呼ぶ習慣があったということが発表されていますが、北尾浩一さんによるとそれは反対で、本来はリゲルを平家星と呼ぶのだそうです。性格上ではベテルギウスは非常に派手で、リゲルは地味です。

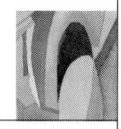

オリオンの三つ星
MINTAKA/ALNILAM/ALNITAK

　オリオンの三つ星とは、ミンタカ、アルニラム、アルニタクですが、プトレマイオスは、このうち、アルニラムのみを取り上げています。オリオンは古代の神の元型ですから、そのベルトは神のベルトとみなされます。

　ブレディは、ユングやムッソリーニはこの星の影響を受けているといいますが、しかしどういう意味があるのかはまだわからないと述べています。不敬な姿勢や攻撃的な略奪心などを表しているという説もありますが、プトレマイオスの時代から軍人に関係するイメージが多かったと思われます。

　日本では宗像三女神を表し、西欧よりもはるかに特別視されていますが、やはり軍隊や戦闘に関係します。日本では、アメノヤスノカハ、すなわち天の川は私たちの太陽系がある銀河のことで、オリオンはエジプトではオシリスですが、日本ではスサノオとなり、直列しているように見えるオリオンベルト、すなわちカラスキ3星はスサノオの剣を意味していました。エジプトのピラミッドはこの三つ星の配列を模していると主張したのはロバート・ボーヴァルですが、今では定説化しています。つまりこの三つ星は、実はベテルギウスやベラトリックスよりも重視されていて、エジプトやマヤの世界観からすると宇宙の創造の起点なのです。

　北沢方邦は、三女神に関係した宗像神社、厳島神社、江ノ島神社などは北西角を指していると指摘しています（『古事記の宇宙論』（平凡社））。特に江ノ島神社は山頂の奥津宮（おくつのみや）と正三角形を作るように建てられ、三女神は常に三つ星紋、三つ鱗紋、三つ巴紋などに関連づけられます。

　戦闘的女性というのは、現代のアニメでは少女戦士に変貌します。この中に、私たち日本人の持つ神話イメージ、三人の弁財天が潜んでいることを思う人もいるでしょう。弁財天は竜とセットに語られるのが多いのですが、竜のイメージは、日本では第2次世界大戦時代には戦艦に重ねられたと思います。

シリウス
SIRIUS

　大犬座にあるシリウスと、オリオン座のベテルギウス、子犬座のプロキオンをつないでできた三角形を冬の大三角形と呼んでいます。シリウスは最もよく知られている恒星です。この太陽系の太陽の次に明るい恒星ということにもなります。

　エジプトでは、このシリウスがヘリアカルライジングになった日を年の始まりにしました。この日は犬の日といわれています。エジプト神話では、オシリスがオリオンで、イシスがシリウス、ホルスがアルデバランです。

　小さな個人の行動が集団的に大きな成果をもたらす。これは個人が燃え尽きることで、永遠のものへと変化するということも関連しています。個体が分解することでそれは拡大された影響力になり、集団へと働きかけるのです。

　冥王星と一緒にヘリアカルライジングの時、広島と長崎に原子爆弾が落とされ、この土地は今でも神聖化されているという話をブレディは書いています。リンカーンは金星が下降した時にシリウスがカルミネートしました。個人の犠牲によって、大きな目的が達成された事例で、ずっと後まで神話が残るという話になります。ダイアナ妃は太陽と共にカルミネート。彼女も死後、伝説として残っています。

　惑星がこのシリウスとパランの配置の場合、その惑星が表す事象が犠牲になりやすいといえます。日常的に、他の人が楽しむべきものを与えられず、しかしそれ以上のものを手に入れるのです。シリウスがパランの関係になった惑星は、人の形をはみ出して集団に働きかける力を持った拡張力とみなしてもよいでしょう。

　エジプトでは動物神はみなシリウスの魂だといわれていました。動物神は、人体からはみ出したエーテル体を表します。それはシンボリックな存在として、通常の人間の感覚的な身体をはみ出してしまうのです。現在でもその意味では、エーテル体では動物神のままの形をした人はたくさんいます。エジプトの動物神のように、あるいは海の中からやってきたシリウス人伝説のように神話的なの

です。ちょっとしたことが集団に影響を与えることも多いと考えられています。

　日本でならば、天理教の中山みきが太陽が沈んだ時、同時にシリウスも下降します。中山みきは自分の財産を他の人に与えるような性格で、特に自己犠牲的です。

　神社の聖域は最もシリウス的です。狛犬なのかもしれません。

スピカ
SPICA

　乙女座のスピカは農業的な知識といわれていましたが、現代では知識と洞察力に関係し、特に専門的な分野に関係するわけではないとしても、スピカがパランの関係になった惑星に輝きを与えます。

　スピカのキーワードは、天賦の才能です。アイザック・ニュートンはスピカが上昇した時に生まれたといわれています。そのため彼の人生のすべてにスピカの影響が及んでいるといえます。スピカは必ずしも成功を約束しないかもしれませんが、しかし潜在的な資質を提供します。

　ヴォルフガング・アマデウス・モーツァルトは、木星と一緒にカルミネートし、また太陽が沈む時にスピカは天底にありました。木星は拡大する天体なので、これはスピカの力を過剰に強調し、盛りの時期の輝きを作り出します。

　四つのアングルは、ヒンドゥーの人生の四つのサイクルに似た考え方なので、もしスピカのパランがあるのならば、このどれにスピカが接触するかで、どういう時期が輝いているのかを考えてもよいわけです。世界に何を提供できるのか。つまり作物の実りを表すわけですから、実ったものを多くの人々に与えるのです。

　日本ではこれを真珠星といいます。アルクトゥルスとデネボラ、スピカの三つを春の大三角と呼び、またアルクトゥルスがオレンジ色、スピカが涼しい白青で、セットで春の夫婦星とも呼びます。

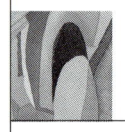

アルシオネ
ALCYONE

　アルシオネはプレアデスの中にあります。オリオンとプレアデスは精神世界では最も話題になりやすいセットですが、日本でもオリオンはスサノオ、プレアデスはアマテラスということで、一番注目度の高いグループです。

　ギリシャ神話では、プレアデスは7人娘ですが、日本では、アマテラスの息子5人を表しています。とはいえ、そもそも日本でも7人いて、一人は地上に降りる。また次男にもう一人子供がいるということになっていると北沢方邦は説明しています。長男オシホミミはギリシャではエレクトラのことですが、その息子ホノニニギは地上に降りて、天皇の祖先となりました。プレアデスは北半球では太陽の最盛期としての夏至点にあるために、太陽の代理人のような扱いを受けることが多く、日本でもプレアデスはアマテラスとして太陽神の扱いを受けます。

　この中でアルシオネは、1990年代には、人類のアセンションを促すフォトンベルトの発祥ポイントだと思われていました。内的な洞察力とか第三の眼に関係するという意見もありますが、霊的な能力とか想像力を表しています。世知辛い物質的な世界観に対して、スピリチュアルなところを訴えかける力があり、多くの人が説得されます。

　精神分析を発展させたジークムント・フロイトも水星とアルシオネのパランです。極端に行った場合の例としては、ブレディはガイアナの人民寺院のジム・ジョーンズの例を挙げています。この教団は結局900人以上が一気に死亡し、そのうち500人前後が星へ旅立つために自殺したのです。もう一つの極端な例として、オウム真理教の教祖だった麻原彰晃は、テロを首謀したことで逮捕されましたが、太陽が天底にある時にアルシオネは下降点にありました。この二人の教祖の例を挙げると、まるで催眠術か洗脳力の星のようにも見えてきますが、影響が一気に広がり、魔術的な力、死に関連したパワーがあると考えられています。

　ブレディはローレンス・オリヴィエの例も挙げていますが、カルミネートしたアルシオネは、シェイクスピア劇での神秘的な表現力による名声ということと関

連づけられています。またダ・ヴィンチの神秘的で謎の表情を持つ『モナリザの微笑』が、アルシオネのシンボルであるとも。

　身近な例では、ビジネス分野でのカリスマ神田昌典さんの水星はアルシオネとパランで、やはり言葉の巻き込み力に大きく特徴があると思います。

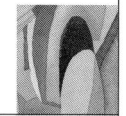

シェダル
SCHEDAR

　カシオペアは日本では天の二上山といわれています。折口信夫の『死者の書』は、二上山に葬られた大津皇子の魂が処刑の寸前に見た耳面刀自に執着して、死後百年近く経った後に蘇るというものですが、春分と秋分には、檜原神社の鳥居から二上山の上に日没する光景を見ることができます。太陽の道の有力なポイントの一つです。二上山から葛城に連なる山々の領域は、まがまがしい神の支配する領域で、大津皇子は死後そういった悪霊を鎮める目的で二上山上に葬られたといいます。

　二上山は、アメノフタガミヤマとしてのカシオペアの地上投影と北沢方邦は述べています。アメノフタガミヤマは、タカミムスヒ、カミムスヒの御座所で、天の川の水源です。山が二つの頂点を持つと、これは支配点が二つ存在することになり、受容性を持つようになります。浅利式の児童絵画分析では、一つ山は父を表し、連山は母を表すのです。

　シェダルは、贅沢な暮らしをすると困難が伴うといわれています。神秘主義的な性質です。実質的な行動力ではなく、権威とか立場、名誉によって支配力を発揮するので、見えない世界からの圧力ともいえます。実際に行動するよりも、品位の良さを保ち、黙っている方が相手に対しては強い力を発揮することになるわけです。特に女性の力に関係し、女性のホロスコープではストレートに出やすいといえます。

アルヘナ
ALHENA

　アルヘナは双子座のポルックスの傷ついた踵といわれています。踵は物理的な、大地の世界との接触に関わっています。この物理的な世界が不純な面を含んでいたために、踵が傷ついたという伝説です。
　神聖なものが物質的な世界に接触する時に受けるダメージと、またその問題点を修復するということに関係します。目的に向かって集中的に進む。何らかの使命というものがあり、それを忠実に実現していくことに労力を使いますが、このために逆境の体験をして、後に達成という体験もします。達成により、傷ついた要素を癒すということになるし、また目的から見ると、自分が負ったダメージはたいした問題ではないと考える傾向です。
　もちろんこのアルヘナがパランの関係になる惑星のテーマに関連したところでそれを考えてみるとよいでしょう。積極的なやる気があって改革を目指すことになります。純真さが傷つけられるとしても、それを他の人にあまり大げさにはいわないことが多いのです。

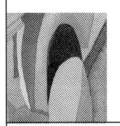

ベガ
VEGA (WEGA)

　ベガ(ヴェガ)は琴座のα星で、全天で5番目に明るい恒星です。日本では七夕の織女星としてよく知られていますが、古代エジプトではマートに関連づけられています。魂を異なる場所に運ぶという力です。アラビア語で「(木の枝に)とどまっているハゲワシ」という意味になります。
　19世紀までは、ラテン語の呼び方である「リラ (Lyra)」という名前も使われ

ていて、私にはこの方が馴染みがあります。しかしベガでなく、琴座全体を表す言葉でもあるので使われなくなりました。リサ・ロイヤルの著作も、雑誌に掲載されていた初版では、リラという名前が使われていましたが、書籍ではベガと書き直され、タイトルのみ、『プリズム・オブ・リラ』（キース・プリースト共著、星名一美訳、ネオデルフィ）というふうになっています。

「琴星（the Harp Star）」とか、「空のアーク灯（the Arc-Light of the Sky）」などとも呼ばれています。オルフェウスの竪琴に関連づけられていて、音楽の星だともいわれています。この竪琴の音により動物たちはおとなしく飼いならされる。

モーツァルトはこの星がライジングの時に生まれたといわれています。ヒトラーの水星はこのベガの上昇とリンクされているので、人々を魅了する話術であるとみなされています。プレアデスのアルシオネも似たような催眠力があるとみなされますが、ベガの場合には、ネット(織物)に取り込むような力でアルシオネは扇動する性質です。

007シリーズのジェームズ・ボンドのモデルはカサノバといわれ、カサノバは太陽が沈む時にカルミネートしているということです。人を魅了するという意味ではフォーマルハウトに似ているという説明があります。

リサ・ロイヤルによると、人間型宇宙人の発祥が琴座にあり、この中でベガ文明は支配欲の強い種族となり、母体の琴座意識と対立を始めたといいます。琴座が陽、ベガが陰という分裂を発生させ、その融合のためにエイペックスという文明が作られたのですが、核爆発で崩壊したとあります。人間型の発祥地ということは、その前の形態を残している領域で、私個人はこれをハゲワシの形とみなしていますが、母体の琴座とベガが入り混じったような印象があります。

また織女というのは、織り込まれたネットワークを拡大し、また全体を包み込むネットとして働きますから、オルフェウスの琴という以外に、勢力のネットを拡大するということもあるでしょう。ベガの勢力はアルタイル、ケンタウルスに広がったとあります。

磁力的でカリスマ的な人格。あるいは反対に、だまされやすく、容易に人に惹きつけられてしまう人の両面を意味します。琴で魅惑する、ネットに取り込むという意味で、取り込むか取り込まれるかですが、私が見た例では、取り込まれる人の方が多いです。

☆アルヘナ☆ベガ

Ⅳ 恒星の意味

アルデバラン
ALDEBARAN

　アルデバランは、支配者や強い誠実さ、自分の役割に真面目に努力する、高貴な人格ということを表します。ロイヤルスターの一つですから、この影響は重視するべきです。古代では雄牛をシンボルするもので、日本でも牛を祀るところはいくつかありますが、アルデバランはそもそもゾロアスター教のアフラ・マツダに結びつけられたものです。

　日本の神話に出てくるスサノオは牛王ともいわれます。スサノオは一説ではペルシャから来たとも、またエルサレムの本来の聖地エルズレムから来たという説もあります。これはスサノオに対してオリオンとは別個の定義ですが、アルデバランはホルスとも結びつけられますから、オリオン的でもあります。物質界においての浄化や公正さということを表しますから、ビジネスとか商売では、この恒星は強い安定した、信頼感の高い力をもたらします。

　取引・交換などに関係するという点では、価値の値踏みということにも現れます。力を維持すること。時には決断力と諦めの良さも発揮することになりますが、これは価値の交換ということに関連していて、これを手に入れるためには、これをきっぱり諦めるというような姿勢です。

　ジョージ・バーナード・ショーは禁酒主義者ですが、その主義においては潔癖で、これもアルデバランと結びつけられています。何か妥協があった時に、それが原因で地位や名誉を失うという意味があり、判断の曖昧さが後で傷になってきます。

　天理教の教祖の中山みきの場合、太陽とリンクしているアルデバランは上昇しています。次にデネブはカルミネートの形でリンクします。19歳の時に浄土宗の僧侶になりたくて五重相伝を受けていますが、活動期になってから、デネブに推移していく段階で、新しい自分の宗教を育てる方向に推移したということになるのでしょう。アルデバランは独自のものを作り出そうとはしませんが、潔癖で頑固に信念を貫くという意味になります。手堅さは誰もが驚くものがあります。

フォーマルハウト
FORMALHAUT

　魚座にあるフォーマルハウトは夢見の星です。芸術や哲学、形而上学などで高いセンスを発揮します。それらの能力によって社会的な地位を築くことになります。

　成功の前にいくつかの落とし穴があり、それをクリアすることで達成するという意味が含まれています。魔法または神秘主義に関係が強く、他の人からは非現実と思えるような理想を掲げて、その方向でのカリスマ性を持つことになります。この理想に対する対立的な勢力と衝突する可能性は高くなります。ガリレオやリンカーンなどが例に挙げられています。しかし、この理想が実現できなくなると、それを芸術の分野などに持ち込むことになるわけです。そこに一つの世界を作ってしまうということもあります。

　フォーマルハウトは非常に強力な星なので、理想や夢に駆り立てる力は強いといえますし、それが抑圧されると自己憐憫的な要素も強くなってきます。童話的でファンタジー的な妖精が飛び交っているような世界は、このフォーマルハウトそのものです。『不思議の国のアリス』がこれを理解するのに一番わかりやすいとブレディは説明しています。

　私の知っている人で、事務所に妖精の人形があちこちに置いてあり、若い頃に宝塚女優を目指していた人は、このフォーマルハウトが上昇で月とリンクしていました。今でも事務所にはさまざまなパスーストーンがたくさん置いてあります。自分の場所をフォーマルハウト空間にしてしまったかのようです。そこにアルヘナが結合することで世俗性から一線を画したいということになるのです。

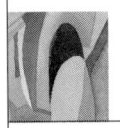

ファシーズ
FACIES

　ファシーズは弓の射手を象徴しているので、攻撃する時の射手の正確で鋭い目を表します。他の意見に動じることなく、ターゲットを決めると誤りなく射ぬくこと。独裁者や支配者を作り出す場合もあれば、このターゲットにされるという意味もあります。

　人生のコンセプトには戦いというものがあります。慈悲がなく無情といわれています。月と関わると人格そのものが好戦的で、軍人的で、サド的なものになるとブレディは述べています。ヒトラーやジム・ジョーンズ、マーガレット・サッチャーの3人は月とパランの関係として取り上げられています。情が入り込むと何か目標が乱されるような印象を抱き、個人的な温情などを故意に除外する傾向があります。ハードボイルドなイメージに惹かれて、そうした本や映画を読んで感化されたりする傾向もあるでしょう。

　パランでは人生を四つのサイクルに分けているので、この力がある年齢の時期に表面化したり、まただんだんと影を潜めていったりもすることになりますが、年齢によってこの恒星のイメージも違ってきます。若年であれば素朴に劇画の人物のように出てくるし、晩年だともっと複雑で巧妙です。

　本人の生活の中でこうした恒星がうまく噛み合わない時に、このイメージは外部に投影されて、ガイドの存在のような形で出ることも多いと思われます。これは他の恒星に関しても同じです。スピリチュアルな世界においてのガイドなどは、ほとんど本人の今の状況では表に出しにくい、潜在化している要素を形にしたものが多いと思われます。惑星は生活の上での10個の部品のようなものなので、これらがガイドに出てくるということは考えにくいのです。出てくるとすれば、それは本人の生活の中にそうとうに欠けたものがあることになり、それなりに問題です。

　しかし長期的な夢とビジョン、神話的な力である恒星ならば、それが本人に自覚されていないことはあるはずです。実際になくても生活できるので、物質

的に生きる人間から見ると贅沢品です。自分の見えない部分を視覚化して、ハイヤーセルフやガイドとしてそれらを見る場合には、そのイメージからどの恒星に対応しているのか、年齢や惑星との関わりなどで推理してみるとよいでしょう。

　私個人の例では、土星にリンクしたファシーズが上昇にあり、子供時期から30代初めくらいまで、いつも夢の中とかビジョンの中で黒服の軍人が出てきていました。自分が生まれた場所である呉市が原因と思っていましたが、ずっとなぜ軍人なのか理解できていませんでした。うたたねしている時に、ふと目を覚まして、その姿を見たこともあるくらいです。20代の頃には二人の若い軍人になり、私が依頼したことを夢の中でレポートしてくるというような体験を何度もしました。しかし30代の前半に消えてしまい、それ以後登場してきません。上昇点にあるサイクルが終わってしまい、リンクが完了してしまったのでしょう。

　ファシーズは精神性という要素も強く、ハードなメソッド、武士道のような要素、厳しい修行にも関係しています。本人がそれを無意識に活用しているとしても、他の人に恐れられる傾向は出てきます。

ドゥーベ
DUBHE

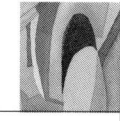

　北斗七星は大熊座の七つ星で、中国では、輔星（ほせい）と弼星（ひつせい）と合わせた北斗九星と呼ぶこともあります。メラクとドゥーベの間隔を5倍にすると北極星が見つかることから、日本でも北極星へ案内するものとみなされていました。

　北沢方邦によると、神道のアメノトリフネはこの北斗七星のことですが、伏せられた船の形をしていて、アマテラスが隠れた岩戸の前で、アメノウズメが踊る時の「ウケ伏せて踏みとどろこし」というのが、船を逆さにした上で踏んだり叩いたりパーカッションとして使ったことを示すそうです。

　アメノウズメと猿田彦は能の始祖ですが、能の金春流では、中心者が秦河勝であり、その軍団が北斗七星だとみなされていました。そのため、秦河勝の

流れ着いた坂越の千種川は北斗七星の形、すなわち柄杓型に治水工事されたといいます。北斗七星はもともとは8人でしたが、そのうちの一人アメノウズメが地上に降りたために7人になったといいます。

タロットカードでは、天空に星がある所で地上に降りたった裸の女性がアメノウズメと関連したものと考えられます。そのため上空の星は、北斗七星であるということになります。

それ以外にも、北斗七星は羽衣伝説に関係します。地上にとどめられた娘は最後にまた天に戻りますが、『丹後国風土記』では、この乙女はずっと地上にとどまるといわれているそうです。それがトヨウケとして祀られ、伊勢神宮の内宮と外宮は、五十鈴川を隔てて、ウケフネの北斗七星と猿田彦の蠍座が向かい合っているという配置になります。猿女と猿男です。

ブレディは、この中で最も明るい天体であるドゥーベだけに言及しています。プトレマイオスはこれを好戦的な恒星だとみなしましたが、ブレディの意見では、女性の力を表し、直観や粘り強さ、受容的な力とみなしています。

ホロスコープでは赤道下で生まれた人以外は、カルミネートのみに使われ、乙女座の24度前後にあります。女性に特に重要で、ダイアナ妃の場合には、金星が下降している時にドゥーベはカルミネートしています。イギリス王室の大混乱の中でも忍耐強く振る舞い、地位を継承した姿勢というものは、このドゥーベの力が関わっているのではないかと説明しています。

奈良のキトラ古墳の壁画では、地球から見た天玉図があります。中国や古朝鮮、昔の日本では、地上の身分制度はみな天の配置と同じ考えをしました。北極星は何物にも動じない天帝。その周囲に、円卓の騎士のように最も重要なスタッフを配置し、そこから王妃、宮廷、大臣、皇太子などを配置します。さらに外に、軍隊と民衆が配置されていくことになります。

韓国ドラマの『朱蒙』は、熊女（ウンニョ）が檀君を生み、この檀君の子孫にヘモス将軍、その子にチュモンが生まれて高句麗を作るという物語です。熊女は、王を育てる母としての大熊座の北斗七星に関係します。

アーサー王の場合には円卓の騎士が北斗七星に該当します。エソテリックアストロロジーという分野では、宇宙は7光線（Seven Rays）でできていて、その光線は彼方から北斗七星のある大熊座にたどり着き、順番にプレアデス、

北極星、シリウスを通過して、12星座に入ると考えられていて、これは檀君伝説を思い起こさせる話です。

アンタレス
ANTARES

　アンタレスは蠍座にあります。太陽系の中の惑星では、赤い星である火星はみかけの逆行が多く、公転周期は平均2年にもかかわらず、例えば、2009年から2010年にかけて8カ月もの間、獅子座にあったりします。この不安定な動きが地上での事件や争いを作り出すと考えられていたのです。

　火星はギリシャ名ではアレスですが、アンチアレスという意味で、同じ赤い星のアンタレスが火星を鎮圧する力として重視されました。蠍座全体を巨大な竜とみなし、その竜に乗って制御する竜使いあるいは火神がアンタレスです。火星の不吉さを打ち消す意味があり、日本では蠍座をオロチと呼びますが、ギリシャ神話では、オリオンを罰するために神々が送り込んだ蠍です。しかし日本では反対になり、オリオンであるスサノオが、カラスキの剣を使って退治したと考えられています。尾の位置にその剣が残っています。

　アンタレスは降雨によって豊穣をもたらすと考えられていますが、竜宮の乙姫は、秘めた音の秘密という意味も兼ねており、このアンタレスに該当すると考える意見があります。それはアンドロメダに通じている領域であるとも。

　猿田彦は「天のヤチマタ（八岐）にをり」と書かれているところから、辻の神様といわれていますが、これは蠍座の右上の八方向の分岐であり、またヤマタノオロチのヤマタなので、猿田彦はアンタレスそのものを象徴しているというのが北沢方邦説です。猿田彦は容貌魁偉で赤く輝くと書かれていて、異様な風体の記述が人目を引いていました。ヨーロッパではヘルメスは越境の神といわれていますが、猿田彦も辻の神で、猿田彦とヘルメスは同じ神話型といわれています。

ヤチマタに拡大するのは、拡大する情報網ということで、このアンタレスを通じて、さまざまなものがつながるネットワークが形成されます。つまりネットワークセンター・案内センターのようものです。
　ブレディは、エジプトでは西というのは仏教の西方浄土と同じく死の領域を意味していましたが、アンタレスはこの西の死の神と考えられていたといいます。死後、魂は広大な領域を旅するのです。アンタレスの意味は、現世的な欲求に埋もれず、死を鏡にした浄化された魂の世界に向かうということです。
　ジャンヌ・ダルクはアンタレスが天底の時、火星が上昇していました。もちろんアンタレスはアンチ火星ですから、火星とセットになると火星の暴走をより大きなものへと昇華する性質があると考えてもよいでしょう。つまりは聖戦です。
　ブレディによると、アガサ・クリスティやネルソン・マンデラは、アンタレスが上昇の時に水星がカルミネートしました。水星の力が死の領域の向こうまで行って、強烈な力を得るという意味にとらえられます。逆境にしろチャレンジ精神にしろ、死の境界線の限界を突破して変容するという体験が大きな成果をもたらすのです。
　ヤマタは八つの股があるので九頭を。そしてオロチは「地におろす」という意味も含まれると思うので、これは地球グリッドのことであると思われます。猿田彦あるいはアンタレスはそれを制御する。そのため、アマテラスを伊勢に案内できたということになります。
　ここで私の体験を述べます。私は2009年の9月頃から、タロットカードのパスワーク講座をしました。その時、愚者のカードで、宇宙の外に出てしまい、星のきらめく宇宙空間をエジプトの船に乗って移動していました。これはカノープスかもしれません。ある星に到着し、「アンタレス」という声が聞こえてきましたので、躊躇することなくこれはアンタレスなんだと思いました。気がつくと、私の隣に小さな幼稚園生くらいの女の子がうずくまっています。そこでなぜか女の子を九つに切り分け、それをアンタレスの空間に貼りつけました。上下三つ、横三つ、均等に並べたのです。そこから私の間には、赤い血の糸がつながっていて、私は九つの血の糸を手に持っています。これで接続完了だと思い、元に戻りました。深いトランス状態に入っているので、いつもの自分では想像もつかないようなことをしてしまいます。それまでアンタレスは自分には縁のないもの

だと思っていました。

　このパスワーク体験で、体調が異変を起こしてしまい、何か枠組が変わってしまったように思えました。自分の中の一部が機械化したような感覚です。半年後に本書を書くことになって、自分のパランを「ソーラーファイア」で計算してみると、月はカルミネートの時にアンタレスが下降しています。ちょうど私の今の年齢くらいから晩年まで、私のエーテル体がアンタレス的になるということです。小さな女の子は月の象徴です。これも原稿を書いている時に気がつきましたが、アンタレスはその先に赤いヤチマタを持っていますから、九つの区画です。パスワーク体験の中では、女の子を9分割して捧げ、「赤い」血の糸が九つできたのです。この段階でやっと、パスワークの中でなぜ女の子を九つに分割しなくてはならず、また赤い血の糸を持つことになったのか理解できました。

　アンタレスに関わる人は、人間交差点になります。月はそもそも気ままで感情的なものですが、こうしたグリッド機能に浸透してしまうと、エーテル体の区画整理がアンタレス流にされていきます。感情は常にネットワーク上で働き、そして竜使いなので、いつも近くに竜がいます。つまり惑星グリッドのことですが、このパスワーク以後から急速に地球グリッドのことに没入するようになりました。

デネブ

DENEB

　デネブと単純に呼ばれる時にはこの恒星を示していますが、他のデネブと区別するため、時々「デネブ・シグニ (Deneb Cygni)」、「デネブ・アリデッド (Deneb Arided)」、「デネブ・アデジ (Deneb Adige)」と呼ばれることがあります。

　天の川を逆さまに堰き止めていて道を塞いでいるのは、イザナキの剣アメノヲハバリで、これは白鳥座を表していると北沢方邦は述べています。この剣の柄の部分にデネブがあります。ヲハバリは尾と羽を張ったという意味です。そのため、鳥という意味と剣という意味の両方が使われています。アメノヲハバリの子供はタケミカヅチです。白鳥というと平和でおとなしいようにイメージを抱く人は多いと思いますが、古代においては日欧両方で攻撃的で、剣の意味が強調されています。自分の陣地を守るために、天空で鷲と戦うといわれており、北半球では必ず勝つわけです。

　文字通り、堰き止めて自分の場所に力を溜め込むという意味では、学習能力も早いといわれています。白鳥の敵意と世界卵創造のシャーマニズム的な伝説を両方兼ね備えた性質は、表現の難しい複雑さを持っているとブレディは考え、その例として、マザー・テレサを挙げています。太陽がカルミネートの時にデネブが上昇し、月が上昇の時にデネブがカルミネートとなりました。保護力と育成力、そのためにある程度影響を堰き止めてしまうというのは特に矛盾する意味に思えません。攻撃性と霊的性質が同居して、変成していくことへの力強さを持つことになります。自分が作る世界を守るのです。

　独自の世界を小さく作ることもあれば、もっと大きなものに育てることもあります。セキュリティーの厳重な地下作業室という映像をパスワークした人もいます。

デネブ・アルゲディ
DENEB ALGIEDI

デネブは、「デネブ (Deneb) - 白鳥座α星」、「デネブ・カイトス (Deneb Kaitos) - 鯨座β（ベータ）星」、「デネブ・アル・シャマリー (Deneb Al Shamaliyy) - 鯨座ι（イオータ）星」、「デネブ・オカブ (Deneb Okab) - 鷲座δ（デルタ）星」、「デネブ・アル・オカブ (Deneb Al Okab) - 鷲座ζ（ゼータ）星」、「デネブ・アルゲディ – 山羊座δ星」があり、さらに、「デネボラ (Denebola) - 獅子座β星」もありますから、混同しないように注意する必要があります。

このデネブは山羊座の恒星です。法律に関係するといわれていて、助けたい人のために知識を利用しようとする人のことを意味します。救世主になりたい星ですが、しかしそれ自身強い恒星ではありません。救世主になるための知識や知恵があることを意味しますが、しかし徹底した行動力などを持つわけではないので、他の恒星との組み合わせが必要です。

サダルスード/サダルメレク
SADALSUUD/SADALMELEK

水瓶座の中にあり、サダルスードは幸運の中の最も幸運なものを意味しており、サダルメレクはキングの中の幸運な一人を表し、共に幸運を意味します。

占星術の 12 サインでの水瓶座は風のサインです。星座の水瓶座はこの 12 サインの水瓶座とはあまり関係なく、イメージの通りに水を表し、瓶はそれを運ぶ道具です。タロットカードで、この瓶のシンボルは小アルカナのカップに似ています。そのため、水の運び人としてのサダルスード、サダルメレクは、カップそして運ぶという意味では、何かカップの騎士に似ています。

昔からいわれる白馬に乗った王子様というのは、このカップの騎士のことを示しています。この二つの星がセットとして考えられるのならば、また明暗を作り出すことにもなります。水は乾いている場所にやってくると大きな恩恵や喜びをもたらします。しかし水を愛情とみなした時には、移り変わる愛情という意味も含んでいると思われます。

アル・リシャ
AL RESCHA

　魚座のα星であるアル・リシャは、リボンの結び目に位置するので、アラビア語で「紐」の意味です。

　ユングは、魚座の2匹の魚は反対方向を向いていて、一つは宗教の時代、もう一つは合理主義と科学の時代であると説明していた時期があります。それぞれ千年のアイオーンとしてのものです。その紐であれば、異なった概念などを結合することになり、何かこれはレミニスカートの交点のようにも見えてきます。

　ユング当人が木星が上昇の時にアル・リシャが下降しています。つまり晩年に近づくにつれて強まる影響です。ここで12サインの魚座の性質を持ち込むとかなり混乱すると思いますが、サインの魚座はすべての影響を1カ所に集めようとする水・柔軟サインですから、矛盾するものも集めてきて、現代の量販店のようになってしまうサインです。

　アル・リシャの場合には、このような複合集合のサインの魚座とは違って、対立する二つの概念を結合しようとするという点では、全部ではなく二つなのでもう少しシンプルです。ちょうど宗教と科学のようにです。他の人とは違う視点を持つことで、ありきたりの通念では対立している概念の共通点を探すことになり、そして調和するという力になります。

　中途半端な場合には、当然この作業が最後までうまくいかず、混乱や矛盾などを呈することになります。しかし他の人から見ると矛盾であるが、本人にはそう

ではなかった場合も多いはずです。物質と精神を結合する性質でもあると思われるので、最も微妙な問題に関しての解決のアイデアを持つことにもなるでしょう。

スワロキン
SUALOCIN

　スワロキンは、命名の新しい天体で、イタリア人の天文学者の名前「Nicolaus」をラテン語表記にして反対からつづったものです。狩りへの愛と恩知らずというイルカ座の性質を受け継いでいるとロブソンは説明しています。あれこれと遊ぶ性質で人をやきもきさせるのです。

　ブレディはユングの例を出していますが、確かに、ユングはフロイトと約束したにも関わらずその約束を果たさず、またクライアントとの関わりでは何かとスキャンダラスな足跡を残しました。しかしこういう遊び精神よりも重要なのは、イルカが海の中を自由に動き回ることで、深層心理のガイドの役割を果たすことです。

　こうした集団無意識との関係では、巨大で恐ろしい圧力を生み出す、つまり小回りの利かないメンカルとイルカのスワロキンは対照的かもしれません。この恒星とパランになった惑星の分野で、専門的な技能とか手腕を発揮します。そして何でも教えてくれるような親切心にもなります。パワフルでなく、こまごまと動くような印象を与えますが、しかし確かな技能が支える信頼感というものを特性にします。

　チャネラーとか占い師的な役割の中では、この恒星は最高に有能です。カウンセリングやタロットカード占いなどでは抜群の力を発揮します。知り合いで霊的なサーチをする仕事をしている人がいますが、無意識の海の中に潜り込み、目的のものを探してくることを仕事にしていますから、この恒星が関わっているのは納得できます。依頼者の名前を聞いてから、名前以外の情報なしで、面談の数日前から明晰夢の中に入り込み、サーチを始めるのはイルカそのものです。

メンカルの場合には、このような個人相談とかサーチには適しているように見えない面があります。イルカと鯨はそれぞれ個人無意識、集団無意識と使い分けるとよいのではないでしょうか。動物は無意識との接点としての大脳辺縁系を象徴すると考える時に、その動物が人のサイズよりも大きいか同じか、小さいかなどによって接触する無意識の大きさを考えるというのは、常套的な手段であり、人と動物を同時に絵に描いた時に、そのサイズ比は分析の参考になるのです。ウルトラマンが相手にする怪獣はメンカルの側面で、スワロキンは神社の眷族のようにもっと軽やかです。

アルクトゥルス
ARCTURUS

　「かけ橋」を象徴とするアクルトゥルスは学習し、教え、また導くということの能力で、自分のためというよりも、人々のためにすると有能な力を発揮します。とりわけ前人未踏の領域を開拓するという場合に力が強まり、新しい道を示す役割を果たします。
　ブレディは、『フランケンシュタイン』の作者であるマリー・シェリーを例題に挙げ、金星とアルクトゥルスが上昇、月が上昇の時にアクルトゥルスはカルミネート。彼女は小説の分野で新しいジャンルを作り出しました。ここで、チャネリングの分野では古典に等しいくらい親しまれているリサ・ロイヤルの『ブリズム・オブ・リラ』の内容を加えてみるとよいでしょう。
　ここではアルクトゥルスは「時空の扉」や「時空の交差点」と考えられています。しかしこうなると、アンタレスと混同してしまいます。扉機能そのものはアンタレスで、そこを行き来させる力がアルクトゥルスとみるとよいはずです。個々人や社会の未来像を示すこと。人の存在の奥からポジティブな可能性を引き出す性質。地球型の人類にとっての未来とは、それがもし非肉体的なレベルに突入した場合には、アルクトゥルスの集合意識に近いものになるのが

理想だと考えられているとあります。

　アルクトゥルスの存在はエーテル的な存在で、固有の肉体的な形を持たず、結果的に接触する人の観念の形に合わせて変化します。シュタイナーによると、人類が肉体とエーテル体を合致させたのは、アトランティスの中期だという話ですが、それ以前は、私という個の境界線は明確にありませんでした。アルクトゥルスは、その意味では、この肉体化という歴史を持っていないことになります。アルクトゥルスと地球は次元の扉でつながっているので、死ぬ人、あるいは生まれる人は、全員がアルクトゥルスを通過します。臨死体験で見るトンネルの出口の光はアルクトゥルスのことを意味します。

　ところで、リサ・ロイヤルは、アルクトゥルスには対のかたわれの領域としてアンタレスがあると書いています。次元の扉には、アルクトゥルスとアンタレスを結ぶ線があり、地球に生まれてくる魂の多くはアルクトゥルスを通過するが、その前にアンタレスを選ぶ存在もいるといいます。アンタレスはアンドロメダをつなぐ場所で、これは存在や意識についての抽象的な概念を強化すると書いていますが、これが意識の世界においての幾何図形的な法則とか「区画」という概念を生み出します。そして区画を作らないことには地図が作れません。

　私たちの銀河は竜宮の世界で、水っぽい魚が泳いでいる世界です。それに比較して、アンドロメダは男性的としばしばいわれているのですが、映画や漫画で登場するロボットとかサイボーグのイメージの元型はアンドロメダにあるのではないかと思います。未来に人間とコンピューターが戦うということを題材にした『ターミネーター』は、銀河系とアンドロメダの急接近と葛藤にも似ています。

　またアヌビスはシリウスの性質であるが、冥界へ導くという面ではアルクトゥルスを使うという点から、シリウスとアルクトゥルスの複合魂のことも、リサ・ロイヤルは扱っています。シリウスを固形的なものを形から解放する。そしてアルクトゥルスが案内となるわけです。宇宙のあらゆる存在をスープの具とすると、アルクトゥルスはスープのダシに似ていると述べていますが、占星術で語られるアルクトゥルスは扉を開き、異なる次元を提供し、またそこに導くことなどに関係すること、また、こうした段差とか落差によって傷ついた存在を癒す。つまりは形があるものが被る被害を、形がなくなることで調整するというような意味を持っています。このスープが流れていく地図の区画整理をアンタレスがしていくわけです。

アルファード
ALPHARD

　九つの頭を持つヒドラの心臓部に当たるのがアルファードで、ペルシャ語の「アルファルド」は孤独なるものの意味なのだそうです。古い時代の説明では、毒薬、毒による死、殺人、毒ガス、女性の憎しみ、ドラッグの悪用、音楽や芸術での成功、良くない行いなどを表しています。特に火星と関係すると悪事を働いたり、暴力事件の犠牲なども意味しますが、これをそのままダイレクトに受け止める必要はありません。

　ブレディは、ブレイクが木星が天底にある時にアルファードが上昇していることを例に挙げています。彼の強い印象を与える詩は、アルファードの性質の高められたものといえます。もっとわかりやすい例としては、スティーヴン・キングがいます。アルファードと土星がカルミネートしていました。多くの人が知っているように、これは恐怖小説です。

　悪い例としてはＯ・Ｊ・シンプソンが挙げられます。ただしこれはアルゴルとのセットであり、アルファードは下降点の時に木星はカルミネートしました。人生に終盤に近づく頃の影響です。無意識に蓄積された力をどのように使うかは、このブレイク、キング、シンプソンの比較である程度わかるかもしれません。

　蛇の心臓はいつもは無意識の中に沈んでいて、それがリンクされている惑星の活動を通じて表面化した時に、衝動になったり叡智になったりします。全く無自覚な場合、どういう形で表面化するかコントロールはしにくいでしょう。結局、一度おびき出すしかないのです。

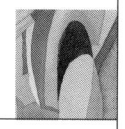

カストール／ポルックス
CASTOR/POLLUX

　日本ではしばしば「金星」、「銀星」と呼ばれています。プトレマイオスは、カストールは水星に関連し、ポルックスは戦闘的で火星と考えていたようです。

　カストールは鋭い知性に関係し、法律とか出版関係では成功すると考えられています。ポルックスはずる賢いとか騒がしいという傾向もあります。この二つのセットはたいていカストールの方が上品で冷静、一方のポルックスは好戦的で我慢強くないという対比になりやすいので、テレビドラマなどで一人は賢く、もう一人は忍耐強くなく悪巧みをする兄弟が出てきたら、これはカストールとポルックスの二人組のイメージ投影かもしれません。

　ツインの発想とか、また裏と表という二面性を活用するという場合、このカストールとポルックスの組み合わせは代表的なものです。ブレイクの場合、土星が上昇した時にポルックスが下降していたといいます。対立したものを両立させたり、また切り替えたりするような意識です。それは天国と地獄の結婚とか、また生と死の結合といわれたりします。

　ブレディの見解だと、このカストールとポルックスの葛藤でもがいている状況は多くの作家を育成するといいます。数多くの小説家がこの星を持っているからだというのです。

　ジェイムズ・ジョイス、ジョン・レノン、ウィリアム・ワーズワース、キャロル、ジョージ・エリオット、アルフレッド・テニスン、チャールズ・ディケンズなどの例を挙げています。

　物書きの前に、まずは良いことと悪いことを織り交ぜたストーリーテリング能力に関係するわけです。ポルックスに似ているとプトレマイオスが選んだ火星は好戦的な天体ですが、しかしシュタイナーの考えであれば、言語能力というのは行動感覚に直結しています。

　火星がないと話をすることができないのです。この二つは4.5度離れているので、パランで計算した時に、どちらかの天体のみが関わることが多いでしょう。

その場合、カストールが表に出てきたら、表と裏の意識のうち明るい側が表面化し、その裏でポルックスが動きます。またポルックスが出てきた場合には、物事の暗い面に先に目をつけます、そして後に、カストールの明るい側が力を巻き返します。しかしどちらにしても、片方だけがパランになっても、この両方の星は常にセットで働き、切り離すことができません。どちらかが入り口になるということにすぎないのです。

　例えば、太陽とのパランで、ポルックスがカルミネートの場合、20代終わりから60歳くらいまでの活動期に、出版関係などでは成功しやすいということになります。事実、私の知っている人は古本屋さんです。また、物事の表裏を見ることになり、歴史の裏側で動いている陰謀などに興味を持つ陰謀史観の研究会に参加しています。カストールであれば正史で、ポルックスであれば裏の歴史なのです。

　しかしポルックスがいかに否定的で暗い面に目を向けても、いずれは、明るいカストールに舵取りされてしまいますから、その深刻さが限度を超えて深くなることはほとんどありません。深刻なものは、やはりただひたすら深刻に向かう恒星の力によるもので、例えばキングのような恐怖の世界ならアルファードにふさわしく、カストールとポルックスはむしろこの明暗の二面を遊ぶという傾向になるのです。

　神話では、神の子は弟のポルックスのみで、兄は不死ではありません。つまり暗い川の流れの中で、カストールが出たり消えたりするのです。歴史家の柳田國男も、またその影の部分を掘り下げているかのように見える折口信夫も共にポルックスです。

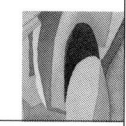

ムルジム
MURZIM

　ムルジムは大犬座の星で、シリウスの前に上がってくるので、アナウンサーの恒星といわれていて、遠慮なく話をするという意味が強く働きます。人目に触れるということも加えるので、人前で話すという意味になるでしょう。

　犬は吠えたり、うるさいというのがこの恒星のイメージです。何か重要なメッセージを持っていて、それを伝えなくてはならないのです。そのメッセージとは何なのかは、共に関わる恒星を考えるとよいでしょう。

　アルベルト・アインシュタインは水星と土星が合ですが、このセットと一緒にムルジムがカルミネートしています。ブレディの説明だと、アインシュタインが相対性理論を考えたのは17歳の時で、それ以後死ぬまで、この理論を他の人に説明し続ける生涯だったということです。

　世界に向けて発信したいという意欲が最も重要なものとなります。本を書く人であれば、果てしなく書くことになります。現代でならブログなどで発表し続ける人もいるでしょう。

アキュレウス／アキュメン
ACULEUS/ACUMEN

　アキュレウスとアキュメンは視覚の障害が出やすいといわれています。また肉体的な意味ではなく、言葉の上や精神的な面で攻撃を受けやすいという傾向があります。スキャンダルとか悪い噂などが出てきやすい傾向です。

　アキュレウスとアキュメンはセットになっていますが、特にアキュメンは影の領域に関わりやすく、ダメージを受けやすい面があります。ゴッホやモーツァル

ト、マリリン・モンローなどが挙げられます。アキュレウスはどちらかというと、ダメージというよりも、攻撃されることから学ぶ面が強調されています。忍耐力が強くなり、打たれ強くなります。サッチャーやエドワード８世が例となります。

どちらの天体にしても蠍の針に刺されるという意味があり、苛立ったり怒ったりしてあがくとダメージが強くなり、悪い噂に関しては動揺しないように訓練する必要があります。耐性は免疫になり、それが度量の大きな人を作り出すことになります。何も悪いことはしていなくても、あることないこといわれてしまうことも多く、弁解すると、さらにそれを裏手に取られたりもします。しかしやがて打たれ強い人格になるのは当然です。

ヒンドゥーの四住期のどこで出やすいかを点検してみてください。幼少期であれば、つまりライジングの場合には、いじめということも関わりますが、かなり頻繁に出てきますから、極端に考えなくてもよいでしょう。

ファクト
PHACT

ノアの箱舟から飛び立つ鳩を象徴と見たり、また船が地図にない海をさまようことで、掻き回されることも意味します。

ブレディによるとユングが、月がカルミネートする時に上昇しているようです。彼は心理的な面での探索を続け、その地図を作ることに人生を費やしたと説明しています。また、ダ・ヴィンチは太陽がカルミネートしている時にファクトが上昇していて、これは芸術的な面というよりは発見などに関係した部分に影響が出ているのではと説明しています。

地図のない領域へのチャレンジや大胆で危険を冒すことを恐れないという意味ですが、関係した惑星によって、その冒険の方向を考えるとよいでしょう。水星であれば知的な、火星であれば行動的な面で、というふうに考えるわけです。知られていないところに興味を抱くわけですから、昔流行した『インディ・ジョー

ンズ』の映画のような世界もこの部類に入るでしょう。

　地図がない場所を探索すると、試行錯誤の中で自分で地図を作らなくてはならないので勘違いも増えてくるし、後で修正したりもします。しかしそこには魔力的ともいえる魅力があり、わくわくしながら楽しむのです。それはしばしば今までの理論を裏切るものもあるのです。

アルフェラッツ
ALPHERATZ

　アルフェラッツはアンドロメダに属していますが、もともとはペガサスの一部で、自由のための闘い、またスピーディーな動きを表しています。

　どんな拘束も受けたくないということと、さまざまなものに多く接触することを好みます。行動力があり、また妥協する性質ではありません。時にはこれは乗り物などに対する愛着にも結びつきます。昔の時代ならば馬ですが、現代ならば乗り物はバイクから飛行機までさまざまです。

　遠い所に旅すること限界を突破することに関係しますが、基本的に落ち着きがないでしょう。これがアンドロメダに属しているとはとういいえないような異質な性格とみなされています。

　ある女性は火星とアルフェラッツがリンクしていて、やはりバイク乗りでした。郵便とか宅配とかに関連づけてもよいかもしれません。

ミラク
MIRACH

　ミラクは、若い肥沃な処女というイメージらしく女性的で、感受性が高く、直観的、時には霊感的、また芸術的なセンスなどに関わります。調和を求めるので、偏ったものに肩入れしません。情報を全方位的に受け取り、それらを発展させる力があります。そのため人の話を聞く姿勢があります。
　自由と公平さを求めるので、時には、非所有に走る傾向もあります。金星との関わりではダンスなどの能力として発揮されることもあるでしょう。
　肥沃ということと処女というイメージを結びつけたものなので、受け入れたものを利用し、発展させることができるという意味になります。飾り気のない、素直な人格とか、老いても少年のような雰囲気を持つ人が多いでしょう。敵を作りませんが、強引な人に取り込まれやすい傾向があります。

アルタイル
ALTAIR

　鷲座のアルタイルは牽牛星のことです。それは鷲の飛行ということをシンボライズしていて、前人未踏の高みに登ろうとする行為を表しています。
　もともと古い時代の鷲は不死鳥と混同されていたために、炎とか再生と結びつけられ、男性的で攻撃的な性質を与えられていると考えられていました。大胆で怖れを知らないキャラクターで自分の力を増やしていきますが、時には危機も体験します。
　また人助けに邁進する人もいます。開拓者としての行動力に恵まれていますが、うっかりミスをすると、古い世界からの反撃を受けるのです。現代では上空

から爆弾を落とすというのが、鷲のシンボルとして使われることもあるそうです。
　敏捷さや大胆さは時には無謀な姿勢へと変化します。その人の行動を封じて閉じ込めてしまえば想像力として発揮され、ベルヌのような未知の旅を描き、未来のことを執筆するような行為になると思われます。

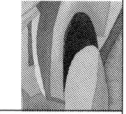

カノープス
CANOPUS

　竜骨座のカノープスは忠誠心を表します。ナビゲートするというような意味もあり、エジプトでの死者の船を運ぶというような意味も含まれていると考えてもよいかもしれません。これはスピリットガイドや死に関係したこと、死後の世界の旅に関係するものです。旅の案内者といっても、それは表の意味もあれば、反対に裏の意味もあります。今までのものを壊して新しい価値を導く性質もあります。そのため、カノープスには内輪での闘争なども含まれています。毛沢東は太陽と、フィデル・カストロは火星とパランです。
　多くの人を導くことにカノープスが使われているのですが、しかしその先は明るい未来なのかそれとも暗いものなのか、判断はつきません。導きには成功するが、それがどういうものとなるのか推理するには、他のセットとなる恒星を考えてみるとよいでしょう。指導者に多い恒星です。

カペラ
CAPELLA

　カペラは肥沃の女神という概念に結びつき、保育することに関わります。また名誉、富、向学心、好奇心、妬みなども。
　速度と飛行に関係するということで、ブレディは、スーパーマンが創作された時の図を挙げて、そこにカペラの関係があると述べています。自由と独立、速度の速さ。しかし好戦的ではなくむしろ女性的です。そのため、女性飛行士というのがこのカペラのイメージを一言で説明するものとして例題に挙げられています。
　動くことそのものの快適さや楽しみというものがあり、風に当たる爽快感というようなものでもあるでしょう。出張が多く、全国あちこちを旅しながら仕事している人にこうした恒星が出てきやすくなります。

プロキオン
PROCYON

　プロキオンは、興奮しやすく気が短い、成功するが突然墜落する可能性、長く続くわけではないメリット、つまりは素早くその場で手に入れる幸運とか富、長期的に継続しなくてはならない仕事ではうまくいかないなどの意味があります。そもそもプロキオンには実体がなく、それが他の恒星を持ち込むためのスピーディーな導入ということであれば、また話は違います。プロキオンの影響そのものは、気が変わりやすいということに関係しています。
　ジェームス・ディーンは、月がカルミネートの時にプロキオンが下降で、月に関わるという点で、これが彼の個人的なキャラクターを物語ることになります。後で評価が変わったりなどということも考えられます。

収入に関してすぐさま手に入れるとなると、それは株とか競馬なども関係する人がいるでしょう。手っ取り早く何か収入にしたいという人は多いようです。恒星は時事的な社会にはお構いなしなので、経済などのような時代の中で時事的にしか成立しない分野にはあまり関わりません。そのため、プロキオンを経済に特に関係させない方がよいのかもしれません。シリウス、ムルジム、プロキオンなど犬から集まった人を見ましたが、ここではシリウスが支配権を握ります。

アゲナ／トリマン
AGENA/TOLIMAN

　アゲナとトリマンはケンタウルス座の二つの恒星です。アボリジニでは、動物に槍を投げつける二人の兄弟とみなされていたようですが、一つの目的に向かって二極化された要素だと考えてもよいでしょう。

　プトレマイオスの初期の意見では金星と木星に関係するという話になり、対人関係に恵まれるのですが、しかし女性に関連したことで問題が起こりやすいという話もあります。情が濃く、恋愛などではスキャンダルを起こしやすいともいわれますが、学習・教育のために犠牲を払うのがアゲナです。

　ケンタウルスは犠牲ということを考慮に入れなくてはなりません。教育とか学習によって、何か修正しなくてはならない要素を表しています。これは個人が修正しなくてはならないという場合と集団の何かを修正する役割を担うという意味のどちらかです。トリマンは医者などケアする人を表し、アゲナは傷を負った部分を表しているとされています。

　ブレディは毛沢東を挙げています。月とトリマンのセットは、初期段階では彼が中国の人々に愛されていたことを物語っているといいます。しかしアゲナは火星がカルミネートした時に沈んだので、晩年あるいはそれ以後の評価に関わります。目的を達成する力にはなりますが、同時に傷を負います。社会の歪みあるいは問題を修正するための行為をするのですが、そこには犠牲を伴います。

アルデラミン
ALDERAMIN

　ケフェウス座のアルデラミンは成功する王、あるいは権力から離れて孤独になる王を意味します。古い時代に力を持ち、ソロモン王のシンボルでもありますが、今ではあまり力を持たないものとみなされます。
　男性的な性質が強い恒星でナチュラルなものから遊離する傾向があります。成功例としてはネルソン・マンデラが挙げられています。礼儀正しい性質があり、また特定の技能を持つことになります。

メンカル
MENKAR

　ヨナを飲み込んだ鯨。鯨は現代では癒しのシンボルですが、古い時代の鯨は人を食べるモンスターと定義されています。鯨は集合無意識のシンボルで、それはウルトラマンが退治する怪獣というようなイメージも含んでもよいかもしれません。それが強烈に働きかけてくるので、鯨座のメンカルがあると集団無意識の扱いに対しての出来事を意味します。
　このパランを持つヒトラー、毛沢東、ムッソリーニなどは政治的な意味で集団に働きかけ、フロイトは無意識そのものを扱います。この恒星とパランになった惑星の性質を通じて、集団無意識の鍵をこじ開けます。これは荒々しすぎるので、ブレディはメンカルを通じて開いたものは、他の恒星の力を借りて扱わなくてはならないと説明していますが、メンカル単独であれば鯨に飲み込まれた後の対処のしようがないという意味になります。
　探究とか扇動の恒星があると、集団無意識との接点をつけた後に、何かを

しようとするのです。能動的な働きをすると集団へ何かを提供する。しかしまた受動的であれば、集団無意識の力の犠牲になるのです。このパランになった惑星は個人としてはほとんど閉じておらず、常に集団無意識に敏感に反応するので、自分でも理解できない行動をとることもあります。例えば水星であれば、集団無意識から拾ってきたものを自分の言動として無意識に話してしまうことになります。集団ヒステリー的な現象に巻き込まれるということも多いのではないでしょうか。

ディアデム
DIADEM

　髪の毛座のディアデムは有名人のチャートにはなかなか出にくいと説明されていますが、そうでもありません。自分が関わる共同体のために働き続ける人々であり、そのために物静かに犠牲を払う人という意味です。例えば、家族のために自分の夢を諦めるということもあるでしょう。
　そういう点では、恵まれない人に対しても親切で、福祉的な要素も強く現れます。良き働き手という意味です。女性が大切な髪を切って、それを捧げるという意味から始まった神話的イメージなのです。常に何か我慢しなくてはならないことがあったり、支払いをしていたりします。

アルフェッカ
ALPHECCA

　アルフェッカは、必ずしも自分の努力によるわけではない栄光や女性の王冠をシンボルにします。自分の努力ではないということは、この成功や栄光にたどり着くことに必要な心理的な耐久力の準備ができていないことも意味しますから、栄光を手にした段階での茨の道も予感させることになります。

　ダイアナ妃とグレース・ケリーが例となりますが、いずれにしても予想以上の高いポジションにつくために高い支払いをしなくてはならないことを意味します。ジャンヌ・ダルクは19歳で火あぶりになりましたが、アルフェッカは太陽が天底の時に上昇していて、これは年齢的に早期に影響が発揮されることを表します。誰かの引き立てで高い地位を手に入れたりすると、周りの人が引っ張り下ろそうとして、上げ足取りが始まります。それをうまくこなすのに大きな労力を使った例をよく見ます。

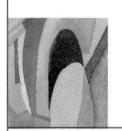

アルケス
ALKES

　コップ座のアルケスは礼儀正しく、予言的な資質があると説明されています。ローマ法王を象徴とする天体と考えてもよく、つまりはキリストの力を受け止める「カップ」というわけです。

　西欧では虹のふもとに幸運のカップがあると考えられていましたが、このコップ座のアルケスは継承する、遺伝する、何か特別な価値を受け止める器として生きることを表します。

　ブレディはチャールズ皇太子を例に挙げていますが、スコットランド全体の

力を受け継ぐものであるということになります。予言は予測することで、預言というのは、神の言葉を預かるものだという違いがあるのだそうです。この点ではアルケスは預かるカップであり、神秘的・霊媒的な能力があるとしても、それは何者かの勢力を地上で受け止める役割として能力が与えられることになります。

　何らかの正統継承者なので、自分が属しているネットワークが何かをはっきりさせておくとよいでしょう。純粋に遺伝や遺産の場合も多いでしょう。何人かの兄弟がいて、この中で誰かがアルケスを持っている場合には、その人が正当継承者です。

アクルックス
ACRUX

　南十字星の中ではアクルックスが最も明るい星です。南十字座を含む五つの星の一つとしてオーストラリアの国旗に描かれています。

　アクルックスという名前は、単純にアルファのアと南十字の「クルックス(Crux)」を組み合わせた命名です。十字型をシンボルとするので、それは具体化の力であったり、秩序をもたらすものであったり、精神的な労力がお金に変わったりします。物質的な富をもたらすと考えられています。

　実行力があり、自己表現は曖昧でなく形あるものの中に表現されます。堅実で着実な性質で、努力しない人を見ると批判する傾向は強まります。

　あまり夢見しない傾向もありますが、それは単独のケースです。この星は仕事を選り好みしません。

アケルナル
ACHERNAR

　アケルナルはエリダヌス座の川の終わりにあり、文字通り洪水を表すといわれています。これは個人のホロスコープというよりも、イベント図においての話です。山火事や氾濫などを体験しやすい人の中に、このアケルナルがあるとブレディは述べています。

　アケルナルは激しい星で、危機管理に関係しやすいということになります。もちろん災害を受けるということと、災害に対処するということは両方セットで、救急救助とか緊急で対処する能力、仕事などに関わりやすいことになります。それはこの星とパランになった惑星の分野で考えてみるとよいでしょう。

　突然中断したり、人生に浮き沈みが激しいようです。それを乗り超えて相談者になってもよいでしょう。

ラス・アルゲティ
RAS ALGETHI

　ヘラクレス座のラス・アルゲティについては、私は西川式の算命術で覚えているのでどうしても最強のヘラクレス的なパワーを連想してしまいます。自然を崇拝し、自然の中にある潜在力を受け取るというふうに考えてもよいでしょう。自然に比較して、バランスが崩れているものを見た時、それを本来のものに戻そうとする力を発揮します。

　ブレディは、オショーも例に挙げていて、太陽はこのラス・アゲルティと共にカルミネートとしました。つまり社会の中で、他者から見られたイメージがこのラス・アゲルティに集約されているという話になります。しかしそれ以外にもか

なり多くの恒星が太陽にリンクしているので、太陽はさまざまな恒星の受信器として機能しています。

　ラス・アルゲティは自然な正しい崇拝に関係するので、オショーに対する信者（「サンニャーシン」といいます）の崇拝や、またオショーが何を重視しているかということに、ある種のまっとうさがあるのかもしれません。

　オショーが活動していた時代はちょうどニューエイジが流行を始めた頃で、のびのびしたナチュラルな世界観がとても有難がられていた時代で、世の中のニーズとマッチしていました。日本では団塊の世代が熱中したのです。死後もその影響は、種々のメソッドに残っていることもあります。

ラス・アルハゲ
RAS ALHAGUE

　ラス・アルゲティと混同してしまいそうな名前ですが、ラス・アルハゲは蛇遣座のα星、ラス・アルゲティはヘラクレス座のα星です。

　ラス・アルハゲはアラビア語で蛇の頭を持つ者という意味です。ギリシャ神話のアスクレピオスに関係したものとして、蛇は医療と再生のシンボルとされています。

　ジョン・レノンはアメリカがドラッグに耽っていた時に、世界を癒す歌を作り、リンカーンは奴隷制に対して自国を治療し癒すことを試みたとブレディはいいます。傷つけられたものを癒すとか修正するという作用があり、治療することに関係した職業に就くとその能力を発揮できることになるでしょう。もちろん、セラピストとしても有能です。

アンカー
ANKAA

　フェニックスの中にあるアンカーは、挫折することのない強い野心を表すといわれています。ブレディは、ジョゼフ・キャンベルが太陽と共にカルミネートしていることを述べています。彼は神話に関しての理解という点では、全世界の認識を高いレベルに引き上げました。
　反対の例としては、アメリカの女優パトリシア・ハーストです。金持ちの娘に生まれたが、テロリストとして事件を起こしたことで有名になりました。この場合、月とリンクしていて、人格にアンカーの影響が出ます。キャンベルのように太陽の場合であれば、人格というよりは業績として現れたということになります。特にカルミネートということもあります。
　この二人の例のどちらも共通しているのは、これまでの常識を書き換えてしまうということです。あっと驚くような変容ということを意味しています。

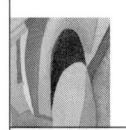

ハマル
HAMAL

　牡羊座のハマルは、新しい価値を持ち出す時に、それまでの古い価値を突き落とすような事柄に関係します。強い独立性を持ち、邪魔する要素を打倒します。
　マダム・ブラヴァッキーは木星とリンクしている例として挙げられています。ブラヴァッキーは神智学の創始者です。基本的にハマルは宗教に関係しやすいようで、しかも宗教的な価値の交代ということに関係します。一つの思想に集中してそれを強く押し出し、同時に、他の影響力とそれらを分離することに邁進します。妥協することは難しいので、人と衝突することも多いかもしれま

せん。周囲とうまくすり合わせるのは不得意でも、徹底して自分の道を追求するのはそんなに難しくないのです。

ブレディは面白い例を挙げていて、『スター・トレック』のカーク船長はファンから見ると神話的な人物でもありますが、これを演じたウィリアム・シャトナーは、この恒星のパランを持っているそうです。カーク船長は勇敢で、未踏の宇宙領域にどんどん積極的に飛び込んでいきます。危険な賭けになる時には、必ずといってよいほど冒険の方に走ります。

現代で、企業活動などではこのハマルがあると、営業力などに大きく貢献することになるかもしれません。ただし妥協というのはほとんどできません。他の恒星とのブレンドによって性質を中和するしかありません。集団に関わらなくても集団に影響力を発揮することが多く、唯我独尊的になりますが、しかし思い込みが激しいというわけでもありません。孤独性を全く気にしない、強い性格です。

アクベンス
ACUBENS

アクベンスは、厳しい状況を通り抜けて復活することに関係するといわれています。

ミケランジェロ・ブオナローティは海王星、アクベンス、ポルックスがリンクしている例として挙げられていますが、ミケランジェロの『最後の審判』にこの集団的な意味を示す海王星とアクベンスが表現されているとブレディは説明しています。ポルックスはしばしば否定的な見解に支配される性質がありますが、それが海王星という魂を象徴するものに関わり、後に昇華されていくということにアクベンスが関与することになるわけです。

レグルス
REGULUS

　レグルスはロイヤルスターであり、非常に強力な恒星です。ペルシャ人は王の星と考えていたようで、ギリシャのゼウス、エジプトのオシリスなどと似たような神格です。報復的な行動をすることや地位を失うことといわれていて、これは自分がすることも相手からされることも同義語という面になります。つまりこの恒星は高いプライドを与えるために、不当な扱いなどを受けた時に、それに対して報復行動をとりやすく、それが結果的に高い地位から失墜する原因を作るということになります。

　ちなみに王の星といっても、ペルシャ的な世界観においてということになります。目立ちたい、という意志も強まります。

デネボラ
DENEBOLA

　デネボラは大胆不敵な姿勢を持ち、社会の本流から外れるということに関係します。部外者・アウトサイダーのような性質です。

　ブレディはアンリ・ド・トゥールーズ＝ロートレックを例に挙げています。子供時代に両足を骨折したために傍観者として生きることが彼の能力を伸ばしたという理由です。この本流から外れるというのは、人によってそれぞれで、極端なケースもあれば、むしろそれが良い結果になる場合もあります。

　他の人と違う意見を主張する傾向に強気で一方的な性質が加わると、他の人も巻き込むし、自分が主流と言い張る場合も出てきます。凶暴さの恒星とセットになると人を巻き込む反社会的な運動になります。しかしおとなしい場合に

は、少し世捨て人的な姿勢で人前に出ない、しかしちゃんと見ているという生き方になることも多くなります。

ゾスマ
ZOSMA

　ゾスマは、社会とか大きなシステムによって犠牲になることを表します。
　J・F・ケネディはゾスマのカルミネートが月とリンクしている例として挙げられています。まずは社会の中で虐げられた人を助けることに使われ、次に彼が犠牲者になることで終わるという形です。
　ゾスマに関わる惑星は、何らかの形で苦しむことに関係します。マイノリティーグループや犠牲になった人々を助けることに貢献する傾向が強くなります。社会システムと自分との関係に注意深くしておく方がよいし、自分の考え方などがいつの間にか自分を犠牲者にしてしまうという傾向があるので、それがどういうものなのか理解する必要があるでしょう。たいていは、「自分が踏み台になればいいんだ」という考え方になりやすいです。
　福祉などでは有効に働きます。孤児院や福祉施設、老人ホームなど作る人にこのゾスマは多く出やすいといえます。
　実例を見るかぎり、その惑星に関することで犠牲者になりやすいので、例えば、月とリンクすると全く身動きがとれない私生活という現象になることもあります。土星とのリンクでは、祖母の犠牲者ということも。考え方を変えると状況も変わるでしょう。

ビンデミアトリクス
VINDEMIATRIX

　ビンデミアトリクスは、収穫期に関連づけられていて、一つのものが大きな成果へと連鎖していくことを表します。収集することや結果を出すことなどです。ただし代表的で強力な恒星ではないので、補助的な意味として考えた方がよいかもしれません。

　現代的には、この星はその人をコレクターにしてしまい、何かを採取したり発掘したりすることになります。植えたものの成果を待つこと。美術品を集める人や切手を集める人などです。モノを集めるだけでなく、ギャザリングそのものがテーマという点では、人々を集めることやサークルをするということも関係します。集会好きということです。

ズベン・エルゲヌビ
ZUBEN ELGENUBI

　ズベン・エルゲヌビは、アラビア語の「アル・ズバン・アル・ジャヌービヤー（南の爪）」の意味で、これはこの星が蠍座の一部とみなされていた頃に命名されました。もう一つの「ズベン・エルシェマリ（Zuben El Shemari）」は「北の爪」といわれています。二つセットの場合には、常に明暗に対比され、一つは公式的で表にあり、もう一つは裏の面を表します。

　世直し的な発想で不正を正すことに関係します。とりわけ南の爪の方が積極的で、その例としてマーティン・ルーサー・キングが挙げられています。太陽の上昇の時にカルミネートしました。

　反対に、太陽が上昇で下降の例としては、カール・マルクスが挙げられます。

北の爪の側は影があり、物質的な側面を持つ場合もあります。私利私欲には走らないで社会正義に燃えるのは、明らかに南の爪のズベン・エルゲヌビの側で、さまざまに誘惑に打ち勝つことができやすいといえます。
　もちろん関わる惑星によってその活動の分野は違ってきます。著作などによって運動をする場合には、水星とのリンクとして考えればよいでしょう。無償の奉仕と犠牲は南の爪で、報酬を求めて犠牲になりたくない人は北の爪という違いが出てきますが、たいてい両方が出ることが多いはずです。

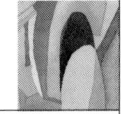

ルクバト
RUKBAT

　ルクバトは「射手の膝」という意味があります。戦闘的な安定性という意味で考えてもよいかもしれません。安定してなければ射的に当てることができません。
　首尾一貫性と安定性は、トレーニングには適していて、その場かぎりの成功よりも、長く時間をかけて大きな目標を達成することに貢献します。周囲の評判や噂などに振り回されず、自分の目標に取り組むことになります。
　どの惑星とリンクしても、その惑星に継続力を与えて、職業的成功を生み出すことになります。姿勢をキープする、疲れても、また痺れてもじっと続ける忍耐力に多くの人は驚くでしょう。不自然な姿勢でも持ちこたえるのです。しかし、おそらく本人はそのことを意識していません。本人からすると普通のことなのです。良い意味での「鈍感力」にも関係します。

エルナト
EL NATH

　エルナトは牡牛座で2番目に明るい恒星でβ星です。牡牛座と馭者座の境界線上に位置しているため、かつては馭者座とみなされていました。
　アラビア語で「角で突く」を意味しています。攻撃力でもあり、また命を助けるという意味もあります。
　ヘンリー・キッシンジャーが例に挙げられていて、水星とリンクされたこの星の力は、戦争を回避するために使われ、また鋭い知性を持つことになります。
　はじめは爆撃するという意味に使われていたようです。例えば、合気道などは、現代ではほとんど殺傷目的ではなく、むしろ精神的な修養の道として活用されています。攻撃力を平和のために使うことが可能です。武力とか兵器に関係しやすいのですが、その結果は方向性次第といえるでしょう。

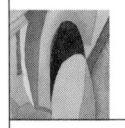

マルカブ
MARKAB

　マルカブは帆座にももう一つありますが、これはペガサスのα星です。馬の鞍と考えられていて、動くものの中で安定したポジションを持つという意味になります。そのため、継続的なリズムなどにも関わることになるでしょう。動きの安定性という意味です。現代的にはこれはサドルを表します。
　ブレディは、ニュートンがツバンとマルカブのブレンドであることを説明しています。財産を守るツバンと、安定した基礎、つまり馬の鞍を作り出す理論ということに現れているわけです。
　動くものの中にある安定性というのは、さまざまな応用が効きやすいという

ことになるので、シンプルな基礎を形成し、それが後にさまざまな発展をしていくという意味になります。特定の圧力の中でバランスを保つという意味にもなりやすいし、反対に流動する状況の中で常に自分の力を維持しようとする執着心に変わる場合もあります。

シェアト
SCHEAT

ペガサス座のシェアトは知識の本質に関係するといわれていて、ペガサスの正方形に関連させて考えます。これはペガサスの秋の大四辺形のことです。

基礎について考え、それが異なる可能性を孕むことを意味します。理論のベーシックな部分に関係し、論理や知性の変容と挑戦を刺激します。

教育や知識、技術などにこだわり、そのことで人生観そのものを作り出していきます。正方形は結局人生の台座だということになります。

ミルファク
MIRFAK

ミルファクはペルセウス座のα星で、「アルゲニブ」と呼ばれることもあります。戦利品を獲得し、自慢できるような戦闘力に関係します。

いかなる挑戦に対しても逃げ腰にならず受けて立つという若い男性の活力を象徴していて、実際の実力よりも高く評価されたり、またチャレンジしたりする性質です。若々しく強力な力が自分に与えられるので、時には無謀なことをしたり、何も考えずに走ったりすることもあるでしょう。

カプルス
CAPULUS

　ペルセウス座のクラスターであるカプルスは、集中力と鋭い動き、また攻撃的な性質を持っています。

　アルゴルが女性的なものならば、このカプルスが男性的な性質と考えるとよいでしょう。映画の『羊たちの沈黙』のモデルになった大量殺人者のエド・ゲインは、水星が上昇の時にカルミネートしている例です。

　しかし否定的な意味ではなくもっと肯定的に活用している人はたくさんいます。強い男性的な性エネルギーはコントロールしにくい面はありますが、放置していれば無情で破壊的な要素を持ち、うまく扱うと強力な推進力に変わります。結局それはアルゴルと似たようなコントロールの必要性があるということになるのでしょう。

　ライジングに出て、若い頃は不良だったという人もいます。その印象がとても強かったので、私はこの星を「カツアゲ星」と名づけたい衝動に駆られました。

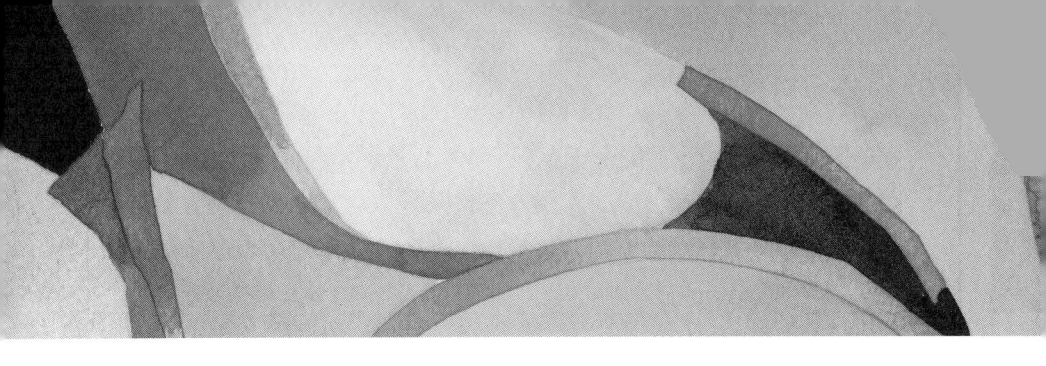

ケーススタディ V

〜会社も個人もリーディングすることは可能〜

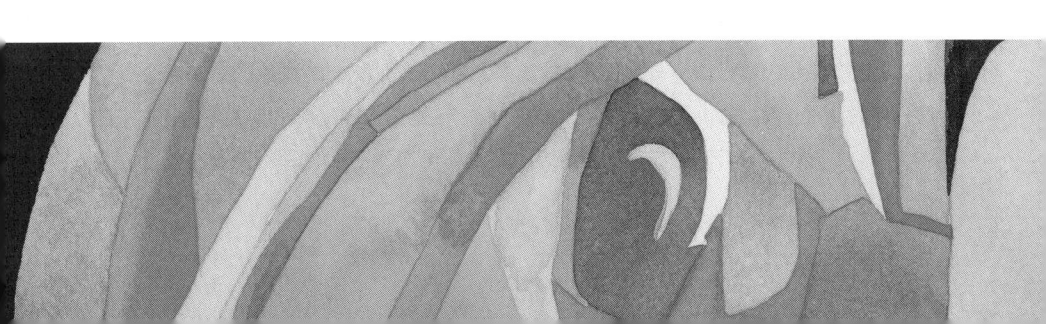

1 会社のケーススタディ①
〜恒星の読み方を中心にして〜

**チャートを立てる時は会社の設立年月日がベースとなる
個人とは違いマヌの法典の四住期の考えを使わない**

　会社の場合、設立図などで状況を考えます。占星術は天体エネルギーの集合図ですから、人以外でもホロスコープを作成することができます。この場合、スタート時間はわからないことも多いでしょう。

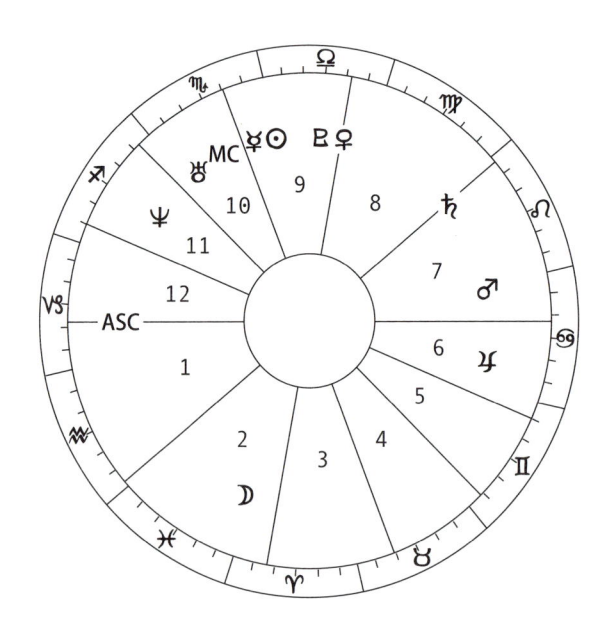

　上の図は正午で作成してあります。インターネットで、会社の設立の年月日を見て、そのまま作ったものです。時間がわからないとハウスを考えることはできません。その場合、サインと天体、天体のアスペクトのみで考えます。それでも感じとしては七割程度はわかるでしょう。

恒星のパラン図は、その日の1日の配置をフルに使いますから、時間がわからなくてもよいということになります。ただし、出生の場所は正確でなくてはなりません。
　「ソーラーファイア」でパラン図を作成してみます。本来はまずは出生図を読んでから、その上で恒星を加えるべきですが、ここでは通常の太陽系内惑星の配置については解説しないことにします。読み方については他の本を読んでください。

	Rise	Upper	Set	Lower
Parans to Mon	15:18	21:18	03:23	09:20
Upper - Star Rise	21:17	アルヘナ		
Upper - Star Rise	21:17	カストール		
Upper - Star Lower	21:18	デネボラ		
Lower - Star Upper	09:20	デネボラ		

　これは月の配置です。会社の場合、個人ではないので、マヌの法典のような四住期の発想を持ち込むことはできません。しかし起承転結というような変化の位相には対応します。実際にはこの四つのサイクルは、一つの会話の中でも、また1時間、数十分という単位の中でも復元される構造です。そのため、生涯を四つに分けて、その時期ごとに読むという方法だけでは、この構造について正確に理解したことにはなりません。
　月は会社のもともとの土壌や風土などを考える時に役立ちます。人でいえばエーテル体ですが、会社でもそれを包む雰囲気や基礎的な体質と考えればよいのです。
　初期にはアルヘナとカストールが結びついています。それがやがてカルミネートとしてのアッパー、そして最終的な段階のアンチカルミネート、つまりロウアーにあるデネボラに推移します。アルヘナは双子座のポルックスの傷ついた踵といわれています。
　精神的に理想を抱き、神聖な使命を持って地上に降りてくるのですが、物質的な世界は混乱しているので、着地した時に多かれ少なかれダメージを受け

てしまいます。その問題点を修復することそのものの中に、使命を全うする鍵があるともいえます。理想と現実という対比で考えてもよいでしょう。この場合カストールも同時にリンクしています。複数の恒星がある場合にはそれを組み合わせます。文章を書いたりすることに最も適しているのがカストールで、なおかつポルックスのように屈折した書き方はしないので、素直な表現をしていきます。アルヘナと結びつけると、神聖な価値を書き物で表現していくという意味になります。

　それは次第に、デネボラへと推移していきます。社会の中心にいることよりもロートレックのように傍観者的な立場になりやすいということですが、そもそもアルヘナでスタートしたのですから、どっぷりと世間の中に埋もれてしまうことはありません。この会社らしい、あまり世俗的すぎないポジションがあるのではないかと思います。会社の場合には、この月は社員の気風なども表します。競争社会には関与したくないという現れでもあります。

	Rise	Upper	Set	Lower
Parans to Sun	06:00	11:25	16:50	23:23
Upper - Star Rise	11:24	アキュメン		
Upper - Star Set	11:25	プロキオン		

　太陽は発展力です。アキュメンとアキュレスは、蠍の毒を表します。社会的な活動の始まりの段階で、何かと攻撃対象になりやすい面があったということです。

　初期の段階では、これはいじめに遭うという意味もあるでしょう。しかしはじめにこのような星が来ると免疫ができてしまい、打たれ強くなります。その後はほとんど動揺しないというのが通例です。

　その後、プロキオンに推移します。これは素早く成功したいという意味を持ち、初期のアキュメンの時期の受動的な姿勢に比較して、積極的に手を広げていく傾向を示します。しかしプロキオンは行き過ぎると一つのことにじっくり取り組みにくい傾向も生み出します。

	Rise	Upper	Set	Lower
Parans to Mer	06:17	11:39	17:01	23:37
Upper - Star Lower	11:37	ハマル		
Lower - Star Upper	23:35	ハマル		

　知性や技術を表す水星は双子座と乙女座の支配星であり、特に乙女座は仕事のサインですから、この会社の仕事能力を表します。

　ハマルがあり、これは独自な力を発揮します。孤立してもあまり気にしないし、思い込みでもなく、オリジナルなものを開拓する勇気を持ちます。知性の面において、周囲にほとんど迎合することがありません。

　ここで月のところを思い出してください。神聖な価値を持ち込むアルヘナと、後になってアウトサイダーになるデネボラがありました。それらは独自性を作り出すハマルと気の合うセットではないでしょうか。ハマルは、周囲の意見にびくびくしないで、大胆な自説を打ち出します。

　金星は0.5度オーブでは何もありません。それでは1度にしてみます。

	Rise	Upper	Set	Lower
Parans to Ven	04:13	10:06	15:59	22:04
Rise - Star Upper	04:17	シリウス		
Set - Star Set	16:02	デネボラ		

　するとこのように、シリウスが入ってきます。これは犠牲になることで、集団的に大きな影響を与えることを意味します。その天体はたいてい神聖化されます。

　その後、月の向かう方向として出てきたデネボラがここにも出てきます。金星はシリウスによって、その常識的な欲求を犠牲にします。その天体の価値がありきたりの範囲を超えて過剰に重視されるということもあります。

　例えば、金星をお金とみなすと金銭的には犠牲が生じます。あるいは儲け主義になりにくい体質かもしれません。会社でそんなことをしているのもなかなか奇妙です。その後、月でも登場したデネボラが出てきます。このあたりは月と似ています。

	Rise	Upper	Set	Lower
Parans to Mar	22:29	05:37	12:42	17:35
Lower - Star Rise	17:33	カペラ		

　火星はカペラです。これは休みなく行動する性質です。これについては、私はこの会社の業務についてはまだあまり詳しく知らないのでわからないのですが、休みない出張・移動、機動力を発揮したものを意味しますから、それをうまく生かすとよいということになります。

　そもそも女性飛行士がカペラの基本元型であるかのようにブレディは説明しています。火星は軽やかな性質を持っていると考えてもよいでしょう。

	Rise	Upper	Set	Lower
Parans to Jup	20:46	03:59	11:09	15:57
Set - Star Lower	11:08	アケルナル		

　次に社会的に拡大する力のある木星ですが、アケルナルが関与しています。災害に対処することという意味が与えられています。災害を受けるということはそう多くないかもしれません。むしろそれに対処する力の方が重視されている恒星です。木星の場合、マイナスでは出にくいのです。

	Rise	Upper	Set	Lower
Parans to Sat	00:59	07:36	14:14	19:34
Rise - Star Set	00:59	スアロキン		
Set - Star Set	14:14	レグルス		

　土星は全体の枠です。太陽は発展力ですが、この発展力は土星の枠を超えてまで広がることはありません。太陽といっても占星術で使われている太陽は地球のことに他ならないので、土星の枠を超えることはないといっても、それは不自然には見えないはずです。

　太陽は打ち上げる力ですが、土星はそれの最後の落としどころです。この会

社が最後にすることは何かという時に、この土星に関わる恒星が参考になります。スアロキンとレグルスを配合した意味を考えます。レグルスは、ロイヤルスターで、ロイヤルスターは四つしかないのです。そのため非常に強力です。

　最後の経歴の段階で、レグルスが出てきて、その前の惑星では、傷つけられる意味のものがいくつか出てきたので、成功した行く末には、仕返しするという人もいるかもしれませんが、レグルスはそれを放棄することでのみうまくいくという意味があります。復讐するとすべてを失ってしまうため、それをしてはならないというのがレグルスの成功の条件です。

　スアロキンは無意識の世界をサーチする能力が高く、精神世界や霊能者、占いの分野では実力を発揮します。最終経歴としての土星に、それがあるということは、最後にはそういう分野に関わると、レグルスと配合されて、大きく成功するという意味になります。

　太陽は未来に向けて可能性を開くのですが、土星はそれに対して枠をつけます。そのため、例えば、太陽がプロキオンの場合、自分らしくない業務にも手を出したり、儲けのために細かく動く場合もあるかもしれませんが、土星はそれをさせない傾向があります。

　そもそも、お金の金星にはシリウスがあって、世俗的な意味での儲け能力はあまり得意でないし、月は何となく世間知らず的な清純さがあります。

　土星はこの会社の適性のコースを提示しているということになります。火星と木星の素早い行動と危機管理的な面に関しては、詳しい業務を知らないので、まだ不明です。スアロキンを探偵的な面とみなすと、火星と木星の意味の組み合わせでもっと違う要素が出てきますが、しかし月の性質が、神聖な価値を大地に持ち込む、また後に傍観者的な立場になるということを考えると、そうした可能性も考えにくくなります。

2 会社のケーススタディ②
~アルマクリエイションズ~

**火星にロイヤルスターのアルデバランがあり
多くの人から信頼感を勝ち得ていることを表している**

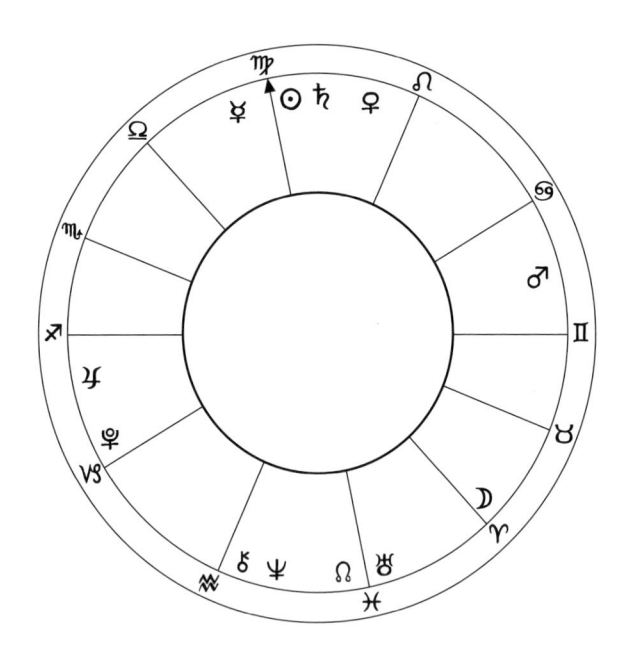

　この会社の業務は、フォトリーディング、マインドマップ、全脳思考、マーケティング等のビジネスに関わるセミナーや出版、広報などです。

	Rise	Upper	Set	Lower
Parans to Mon	19:26	01:53	08:16	13:51
Rise - Star Lower	19:27	ムルジム		

　月は基礎的な地盤です。吠える犬を表すムルジムがあるので、情報産業には生まれつき適していると考えてもよいでしょう。宣伝とか説明、講座、著作などにはよいでしょう。もともとアナウンサーの星で、どうしても伝えたいことがあるという意味になります。

	Rise	Upper	Set	Lower
Parans to Sun	05:17	11:42	18:06	23:40
Rise - Star Rise	05:19	ゾスマ		

　太陽は目的意識を表しています。不当な状況にあるものを助けようというのがゾスマで、ケネディにある恒星ですが、このあたりのことはよく事情はわかりません。あまり重視されていないもの、まだ明らかでないもの、偏見に埋もれているもの。これらを解放したりする性質です。

	Rise	Upper	Set	Lower
Parans to Mer	06:23	12:34	18:45	00:36
Rise - Star Upper	06:23	カペラ		
Rise - Star Upper	06:21	リゲル		
Upper - Star Set	12:34	ムルジム		
Set - Star Upper	18:45	アキュレウス		
Set - Star Lower	18:44	ファクト		

　知性を示す水星はバラエティーがあり、知性・情報の分野では優れた面を持つ会社だということになります。やはり恒星がたくさんリンクしている惑星は、その表現力が一面的ではないということは明らかです。
　カペラは移動の激しさ、リゲルは教育・研究としてじっくり。ムルジムは伝

えたいことがある。アキュレウスは成功する時に、同時に多くの批判も受ける。ファクトは海図にない場所に赴き新しい領域を開拓するという意味ですが、これは無意識の領域まで拡張するという意味があります。

　この会社は全脳思考を提唱しています。知識の伝授においては王道のリゲルがあり、そして未開拓のものを開発するのですから、水星はやはり強力です。

	Rise	Upper	Set	Lower
Parans to Ven	03:56	10:18	16:39	22:16
Rise - Star Lower	03:58	ズベン・アルゲヌビ		
Set - Star Rise	16:38	シェアト		
Set - Star Upper	16:40	アルフェッカ		
Lower - Star Set	22:17	アルクトゥルス		

　金星はお金とか、あるいは人当たりの良さや楽しさ、華のあるものです。

　まずはシェアトが入ってきます。ベーシックなものを確立し、その後いくらでも自由に応用できるような基盤を作るのです。何かお金の回るシステムとか、金星ですから、人脈を回す基盤システムがあるということですが、詳しいことは私にはわかりません。

　次にアルフェッカです。必ずしも自分の努力ではないことで大きな権利や地位を得ます。しかしそれを維持するためにそれなりに犠牲を払うことになります。独占代理店契約のようなものでしょう。それからアルクトゥルス。これはすべての人が変化したり、推移したりする時に、その誘導をし、また変化の段差で傷つかないように調整することを表します。最後にズベン・アルゲヌビ。これは社会運動に関係します。正しい世界へと修正したいという意味です。全体として見ると、ここではお金とか人脈をうまく回すような巧妙なシステムが作られるという印象があります。

	Rise	Upper	Set	Lower
Parans to Mar	22:51	06:01	13:06	17:59
Rise - Star Rise	22:51	アルデバラン		

　火星はアルデバランで、これはロイヤルスターの一つです。アルデバランは、企業とか職業分野では信頼感とか確実な手腕を発揮する印象があります。不正とか妥協があると転落をしてしまいます。

	Rise	Upper	Set	Lower
Parans to Jup	12:49	17:41	22:34	05:43
Rise - Star Set	12:49	ベラトリックス		
Rise - Star Set	12:48	アルゴル		
Upper - Star Lower	17:41	アルデバラン		
Lower - Star Upper	05:43	アルデバラン		

　社会的な広がりを表す木星は、ベラトリックスとアルゴルとアルデバランの配合。なかなかこれは手強いです。人を助けることで、ベラトリックスは内面の悪魔をうまく手なづけます。しかし、強欲なアルゴルがあり、そして信頼のアルデバランもありますから、がっちり収益を上げるという特質が現れます。人助けをするが、しっかりと収益も上げるという印象です。

	Rise	Upper	Set	Lower
Parans to Sat	04:38	11:14	17:51	23:12
Upper - Star Upper	11:14	レグルス		
Lower - Star Lower	23:12	レグルス		

　最後の落としどころの土星はレグルスです。これもまたロイヤルスターです。アルデバランも既に何度か出ていますから、企業としては弱々しくありません。そもそも水星が大変に優れていて、これは貴重な企業だと思います。

3 会社のケーススタディ③
～ユニクロ～

**アルタイルを持つユニクロは
競争相手を負かす程の勢いがある**

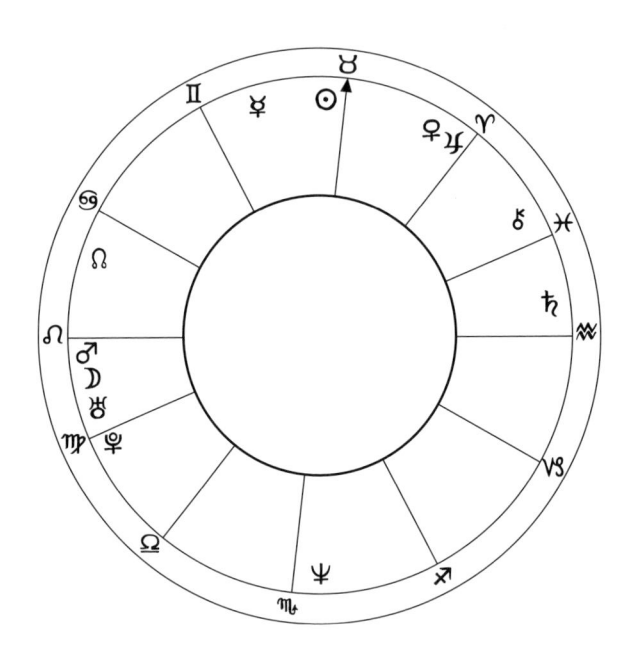

　　ユニクロの前身は株式会社　ファーストリテイリングという名前の会社です。本社がある山口県山口市の場所で図を作成してみます。時間は不明です。

	Rise	Upper	Set	Lower
Parans to Sun	05:31	12:11	18:52	00:13
Rise - Star Upper	05:31	アルタイル		
Set - Star Set	18:53	ハマル		
Set - Star Set	18:51	メンカル		

　月にリンクする恒星はありません。太陽は、勢いの良い強烈な性質の星が組み合わされています。アルタイルは鷲の限界的な飛行で、強い攻撃力も持ち、現代においては、爆撃機から爆弾を落とすというようなイメージにも結びついています。競争勢力を撃ち落とすような性質です。これはカルミネートつまりUpperの位置にありますから、初期の段階ではなく、企業として活動期に入った頃から発揮される性質です。

　またその後、setの二つの星の性質が加わってきます。ハマルは独自性と孤立した性質を持ち、周囲に合わせる気がありません。それにメンカルは集団意識との関係を表します。ハマルとメンカルのセットは孤立していて、独自であれ、集団意識に広く働きかける力があることを意味します。そのため、多くの企業と肩を並べるようなものでなく、この会社のみが独自にぽつんと立っていて、それでいて攻撃力に恵まれているという状態です。

	Rise	Upper	Set	Lower
Parans to Mer	06:21	13:26	20:30	01:28
Rise - Star Upper	06:22	デネブ		
Rise - Star Upper	06:20	スアロキン		
Upper - Star Upper	13:26	アルシオネ		
Set - Star Set	20:30	リゲル		
Lower - Star Rise	01:27	ルクバト		
Lower - Star Lower	01:28	アルシオネ		

水星は技術力とか技巧を表します。0.5度のオーブにもかかわらず、大量に星がリンクしてきます。それはバラエティーを意味することになるでしょう。
　デネブは自分の陣地を囲い込み、総合的なものを作り出し、邪魔するものと戦います。早くから海外の工場を開発し安いコストで回すというシステムを作り出すのは、明らかにデネブです。スアロキンは調査能力です。アルシオネは多くの人を魅惑するような性質で、水星と絡むと丸め込む説得力という意味です。リゲルは教育的なものを表します。ルクバトは長期的に維持することを表し、ずっと同じことを続ける力があります。水星が豊かですから、工夫と巧みさがあるということになるのです。あまり単純な戦略ではないでしょう。

	Rise	Upper	Set	Lower
Parans to Ven	04:11	10:14	16:18	22:12
Rise - Star Rise	04:09	フォーマルハウト		
Rise - Star Set	04:10	デネボラ		

　金星は感性で、ファッション関係では最も重要です。この会社の通常のホロスコープでは、金星は牡羊座で隣に木星がありとても派手です。フォーマルハウトはやはり代表的な美意識です。服飾関係では、金星へのこだわりは重要だと思いますが、水星が優勢だと機能性が強まります。
　デネボラは社会を敵に回すか傍観者になるという意味があり、つまりは常識に順応的ではありません。フォーマルハウトもそもそも社会的にあまり順応的ではないので、自分の夢や理想を追求したいために、社会に迎合しないという意味で考えるとよいでしょう。しかし金星ですから、これはデザインの趣向に関しての傾向です。

	Rise	Upper	Set	Lower
Parans to Mar	12:02	18:53	01:48	06:55
Upper - Star Set	18:53	ハマル		

推進力としての火星には、また孤立しても独自性を追求するハマルが入ってきました。商業的な拡大力には木星は欠かせません。ムルジムはいいたいことがあり、常にメッセージを発信しようとします。そしてアクルックスは現実主義的で飾り気のない実行力を表す星です。

	Rise	Upper	Set	Lower
Parans to Jup	04:03	10:06	16:09	22:04
Rise - Star Lower	04:03	ムルジム		
Upper - Star Lower	10:06	アクルックス		
Lower - Star Upper	22:04	アクルックス		

　木星は拡大・増殖を意味する惑星ですが、無駄を省いて拡張していくので、シンプルなパターンを量産するということになりやすいでしょう。おそらく多くの人が考えるユニクロのデザインはこのアクルックスであり、金星が示すフォーマルハウトではないと思います。

	Rise	Upper	Set	Lower
Parans to Sat	02:04	07:21	12:38	19:19
Lower - Star Rise	19:20	ズベン・エルシュマリ		

　土星は最終的な面を表します。社会正義を発揮しようという性質が加わりますが、犠牲を払ってまでするわけではありません。太陽は攻撃的で木星も実際的です。そのため、勢力を拡大する力は強いのではないでしょうか。

4 会社のケーススタディ④
~スターバックス・ジャパン~

プレアデス的な性質を持つスターバックス
開拓してチェーンを拡大する背景にファクトがある

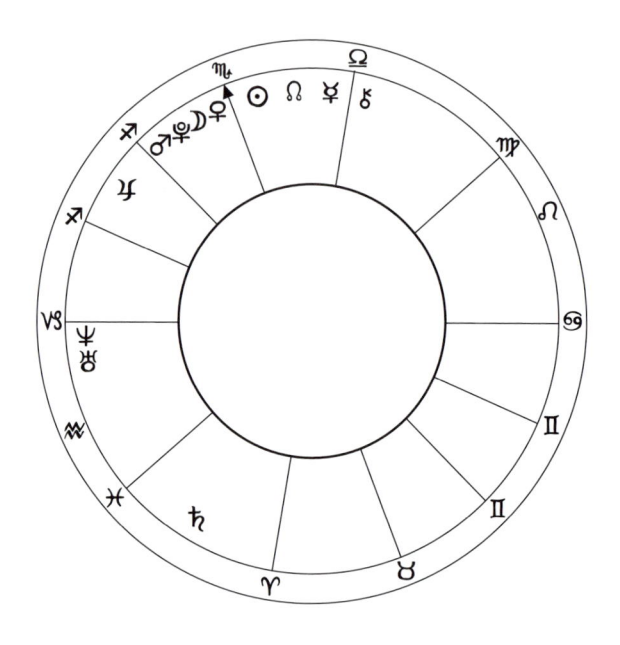

	Rise	Upper	Set	Lower
Parans to Mon	08:03	13:11	18:19	01:13
Upper - Star Lower	13:12	アルシオネ		
Lower - Star Upper	01:14	アルシオネ		

　月はアルシオネと関わっています。これは魅惑的で、多くの人を取り込む力を表します。それに食品や憩いの場という意味では月が重要ですから、日本の

スターバックスはみなプレアデス的な性質を持つ場であると考えるとよいでしょう。そもそもコーヒーは実用的な食品ではありません。かつてコーヒーが初めて西欧に持ち込まれた時には、麻薬のような力を持っていました。その強い覚醒作用についてはギ・ド・モーパッサンが詳しく書いています。初めて飲んだ時には火花が散ったように感じたらしいのです。こうした強い精神作用はアルシオネにぴったりです。アルシオネは非実用的です。

	Rise	Upper	Set	Lower
Parans to Sun	06:02	11:25	16:48	23:23
Set - Star Upper	16:48	ルクバト		

太陽は地道な継続力を表します。もともとが蠍座のため、共同して作り上げるという意味がありますが、そこに根強い継続する力が現れてくるということになるわけです。同じものをいつまでもしっかりと供給します。

	Rise	Upper	Set	Lower
Parans to Ven	07:27	12:34	17:40	00:36
Upper - Star Lower	12:33	アルゴル		
Lower - Star Upper	00:35	アルゴル		

水星にリンクする恒星はありません。金星はアルゴルが関与しています。これは物欲とか強欲を意味します。もし、お金関係を考える時には金星を主役として考えるということになると、ここではアルゴルが関与していますから、分け与えないで独占するような性質があることになります。しかし、アルゴルを持つと必ずそうなるかというと、使い方次第です。生々しい単純な出方をするというのは、むしろ原始的で珍しいことですから、そのまま読まない方がよいでしょう。確保する力やまた女性がもっぱら感じる快楽を意味します。

	Rise	Upper	Set	Lower
Parans to Mar	08:38	13:31	18:24	01:33
Rise - Star Upper	08:39	ゾスマ		

　火星の部分では、社会福祉などを考え、虐げられた人を保護しようとするゾスマが関わっています。定期的に福祉などにも関わっているようです。

	Rise	Upper	Set	Lower
Parans to Jup	09:28	14:19	19:10	02:21
Set - Star Rise	19:10	アルデバラン		
Parans to Sat	15:05	20:45	02:29	08:47
Rise - Star Upper	15:04	アキュレウス		
Rise - Star Lower	15:04	ファクト		
Upper - Star Set	20:45	ファシーズ		

　社会的な発展を意味する木星では、信頼性のアルデバランによって根強く発展する力があり、最終的な土星では、批判などもされるアキュレウス、地図にないところを開拓するファクト。また軍隊的な非情さを表すファシーズもあります。ここではファクトはチェーンをどんどん拡大するということに関係するでしょうし、そこに厳格なルールとしてのファシーズが働くことになるでしょう。

5　個人のケーススタディ①
〜トランシットの読み方を中心にして〜

個人のリーディングでも
トランシットは常に遅い天体から読む

　本書ではトランシットの天体をハウス配置で説明しています。ですから、太陽系内の惑星のトランシットの動きは、生まれ時間のはっきりとしている個人のホロスコープで最も使いやすくなります。そこで、個人のケースを考えてみます。

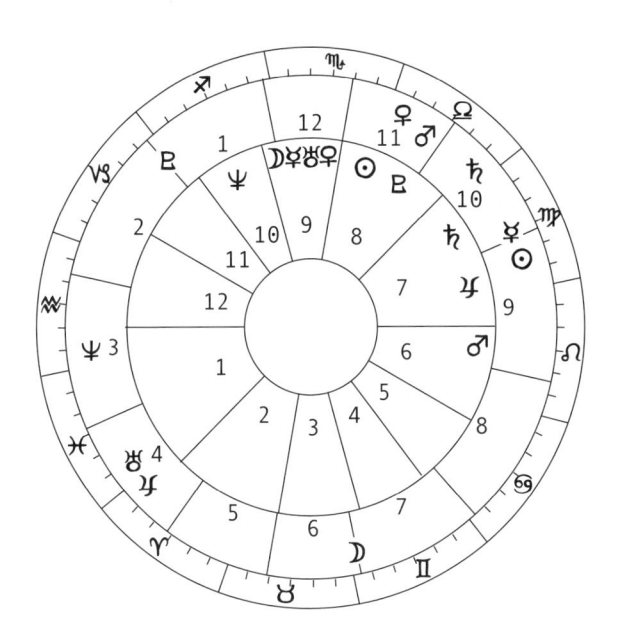

　これはある人の2010年9月のトランシット図です。
　トランシット天体は常に公転周期の遅い方から読んでいきます。
　冥王星は11ハウスに入りました。これから長期的にこのハウスに滞在します。

これは未来のビジョンに関して大きな変化が生じます。今まで考えていた未来図が大幅に変化し、未来のことに関心も向きます。その結果、7ハウスの木星という対人関係の天体にも影響を与えています。つまり、新しい未来図に即した関わりがあるということです。

海王星は1ハウスに入っています。魚座はこの1ハウスの中にすっぽりと収まっていますから、海王星はかなり長い期間、この1ハウスにあります。1ハウスに海王星が入ると、行動とか決断が、海王星の示す直観や思いつき、夢想、未来を見通すセンスなどに裏づけられたものになります。非現実という意味ではありません。目前のことだけを重視しているわけではなく、11ハウスの冥王星も考えると、遠くまでのビジョンを意識した行動になっていくということになります。

太陽は西側の8ハウスで、そもそも知識を誰かから受け取るという配置の出生図ですが、この太陽に海王星はトラインなので、直観によって行動した結果、受け取るものがあるという意味になります。

天王星は牡羊座に入ったり出たりしています。これはかなり2ハウスに近いので、新規の収入源とかバイトのようなものをする時期になってきたのではないでしょうか。また天王星がネットワーク的なものという意味では、インターネットなどを使ったところでの収入ということも考えられます。この三つが時代の中での変化です。

雑誌の占いで使われる太陽星座だけでなく木星がどのサインに入るのかにも注目したい

次に、生涯の中で何度か繰り返される天体に入ります。

土星は天秤座にあります。だいたい土星は一つのサイン、あるいはハウスに2年半くらいとどまります。そしてその場所を定期メンテナンスすると同時に、乾いた「外皮」を作ります。あまりふわふわしないしっかりしたものができるのですが、反面、それは鈍くなったとか、機械的になったと感じることもあります。

8ハウスは、人との固定的な関係、引き継ぐこと、もらうこと、組織に関わることなどです。もともとこの人物には、8ハウスに天体が二つあるだけでなく、

太陽という最も大切な発展力があるのですから、8ハウスは人生の中で最も重要です。ここは天秤座で、その支配星は9ハウスの思想の場所にありますから、受け取るものは金銭的な遺産でなく、思想・教養であるといえます。

太陽は天秤座の最後の度数（29度）なので、総合的な知恵を表します。それを誰かから受け取るという意味になります。そこで土星が入って来ると、土星の表す整理作用が働き、無駄なものを取り除き、重要だと思われたものを継続的に取り入れる体制が確立されます。これこそが重要だと思ったものとの関係が継続すると考えるとよいのです。

木星は1年に一つのサインを移動します。雑誌では占われる人の生年月日はわかりませんから、たいてい太陽の生まれサインのみを扱います。そういう占いでは木星がどのサインに入るかというのは最重要視されます。

木星は、まずは天王星と合の関係になってから、2ハウスに入り、天王星木星の表す新規のアイデアを考えて、そこから収入の増加に入ります。木星は1年しかいないので、それはある意味喝入れで、その後、天王星は数年間はこの2ハウスの新規のテーマを追求していくのです。

未来について新しく考える冥王星があり、そして思いつきを実践する1ハウスの海王星もあるので、そうしたビジョンの中で、新規の収入とか仕事を考えていくということになるのです。しかし天王星はサブという意味もありますから、本業と乗り換えるよりも、まずは副収入という形で考えてもよいわけです。

火星は木星よりももっと早く、2年で12サインを1周します。しかし逆行が激しいので、2009年の10月から8カ月も獅子座にありました。この事例の時期にはもう天秤座に移動しました。天秤座、そして8ハウスを熱くするのです。

火星がある場所は熱が上がり、心拍数も上がり、活発にしていきます。もともとここには出生図の冥王星があり、その上にトランシットの火星が乗ると、外部からやってきた状況的な火星を出生図の木星ははけ口に利用しようとします。機に便乗するということです。

速度の遅い方が主導権を握り、早い方が運び屋にされます。これは出生図とトランシットの天体の関係でも似ています。冥王星は根底にある意志であり、それは個人というよりも集団的なものでもあります。そして8ハウスならば、引き継いだものです。この根底にある意志は、なかなかいつもはわからないので

すが、火星がその信号を拾って行動化したりするのですから、8ハウスの表す誰かとの関係性に衝動的に深入りするということになります。誰かというふうになるのは、そこが天秤座という対人関係のサインだからです。

8ハウスの金星と7ハウスの水星は
強い好奇心と愛想の良さを表す

　太陽は毎年この時期にどういうテーマになるかというカレンダーのようなものです。それは乙女座にあり、7ハウスです。そのため、この時期はいつもよりも積極的に人と関わる時期です。関わる相手は、出生図ではもともと木星や土星があるのですから、年長者とか有力者が多いということになります。8ハウスも人との関係ですが、7ハウスと違うのは、7ハウスはもともと活動サインの場所で、いろいろとバラエティーがある。しかし8ハウスは固定的、契約的な関係のものだということです。新しく人に会うのは7ハウスであり、決して8ハウスではありません。

　金星は8ハウスで水星は7ハウスです。ということは、愛想の良い金星は固定的な関係のものに費やされ、また好奇心とか調査という点では、新しい関わり相手に向かっているという対比になります。水星は言葉を発したり、情報を発信したり受信したりします。ですから、この人物の木星や土星の上に水星が来た時には、速度の水位差によって、木星や土星が蓄積した感情が、思わず口をついて出てしまうということになります。

　例えば、出生図の9ハウスの金星は教養を楽しむという意味があります。トランシットの水星は7ハウスにありつつ、この出生図の金星と60度のアスペクトを作っているので、教養を楽しみたい心で相手と会話をしているということになります。しかし9ハウスは水の元素の蠍座、7ハウスの水星もまとめる土の元素ですから、水・土ということで、ある程度馴染んでいる話題に終始します。もしこれが火・風のサインであったり、さらに柔軟サインの射手座・双子座であったりすると、自分が全く知らない、あるいは親しんでいない新規の話題や分野に飛びついたりもするのです。

一つのサインを2日半で移動する月
他の天体とのアスペクトがどうなっているかを読む

　月は最も速度の早い天体で、28日くらいで12サインを1周します。一つのサインはだいたい2日半で移動します。

　このサンプルを計算した9月1日では、3ハウスの終わり頃、そろそろ4ハウスに入る頃です。3ハウスにある時には思わず誰かと長話をしたり、また出かけたくなる時期です。無意識にぼうっとしていれば、出かけて、誰かと話をしたりしているということになります。ただし牡牛座で、これは土・固定サインですから、やはり馴染んだ話題で、全く自分に無関係のことに頭を突っ込むわけではありません。そしてサンプル計算の時期には双子座に入り、3ハウスの終わりでありつつ双子座になるので、好奇心としては、馴染んだものに飽きてしまい、何か新しい題材に、つまり風・柔軟サインで、周囲を見回していることになります。

　この時、出生図の7ハウスの乙女座の木星とは90度です。つまりいつもは実用的な目的で、仕事になりそうな相手と会話したり交流したりするのですが、双子座の月の好奇心は、それとは違うところに脱線して、興味を向けていることになります。

　それは3ハウスの終わり、つまりは1、2、3ハウスという個人の発達のサイクルの終わりなので、自分の個人的な能力に限界を感じて、いつも同じことしかしていないという気持ちになり、何かもっと違う可能性はないのかというふうに、風・柔軟サインに開かれていくのです。しかし月ですから、毎度28日ごとに、この心理は繰り返されています。

　強力な冥王星は11ハウスで新しい未来を提示し、それとリンクした木星は有意義で実用的なことを推進しています。それに対して、月はふらっと違うことに逸脱したいというわけです。そしてそのまま4ハウスに入ります。

　この人物の家を示す4ハウスは双子座です。そのため、家のイメージは風通しが良く、いろいろな出来事が行き来しやすい場所がよく、重厚な住宅街のような静けさがあるとストレスにもなります。たいてい家というのは眠る場所や落ち着く場所、邪魔の入らない場所ですが、この人物のようにチープな双子座

で、風が吹き込み、しかも柔軟サインという場合には、雑な方がよい場合があります。双子座の支配星の水星は9ハウスにありますから、すぐに9ハウスに行ける場所がよいのです。腰が軽く、すぐに9ハウスに行ける場所。例えば、近くに図書館があるとか学校があるとか、その近くで仮住まいをするとかです。この支配星の影響は逆流して、4ハウスにも持ち込まれますから、家は書庫にしてもよいのかもしれません。

　月はエーテル体であり、無意識にしているとそのまま同じことを繰り返す。しかしまた同時にトランシットの惑星の影響も持ち込むということから考えると、4ハウスに種々のトランシット惑星の影響を「知らず知らずのうちに」持ち込みます。2日半の双子座時期の間、家にいると考えてみましょう。家は双子座ですから、家にいるとじっと何も考えずというよりも、むしろ情報が吹き荒れます。

●まず双子座に入った瞬間から

2ハウスに近い木星と60度

新しい収入の増加は、牡羊座という火のサインで発生し、すると、家という双子座の風のサインに上昇気流が発生する。何か増える、広くなるというイメージが持ち込まれる。

11ハウスの山羊座冥王星と150度

かなり長い時間をかけて未来像が変わる。それは家のイメージに関して、これまでとは違う扱い方を要求されている。冥王星は山羊座の土の変革。土は基本的に風のサインを堰き止めてしまう。ある程度実用性を考えた家にする必要がある。

8ハウスの天秤座土星と120度

固定的な関係を作ることで、安定して受け取る情報や関わり。それは双子座の月のタイミングの時には、規則性や安定性、信頼感を提供する。

7ハウスの乙女座太陽と90度

人に積極的に会う時期で、この時には家にいることとは90度で落ち着かない。

7ハウスの乙女座水星と90度

受け取る情報の水星と、感情の月がちぐはぐになり、表の言葉や情報という土のサインに対して、風のサインの月は裏側とか別の意図を読もうとする。

8ハウスの天秤座火星と120度

火星と120度になると気分的に加速し高揚感も高まる。これは直前で水星と90度ならば、その時の気分を吹き飛ばしてしまうともいえます。

8ハウスの天秤座金星と120度

金星と月の120度はとても愛想が良い社交的なものです。金星というよそいきのものに対して月は親しみ感を与えるので、愛想良く振る舞います。8ハウスの固定的な相手に対してです。つまり月が双子座にあるこの時期には、基本的に7ハウスの乙女座の惑星群に対してはある程度反発心が働き、8ハウスの天秤座の惑星群には親和性を感じるのです。月は4ハウスにあると、いつもの家というところに落ち着こうとするのですから、関わりの相手に対しても、知らない人にはちょっとストレスを感じ、長く関わっている8ハウス相手に対しては親しみを感じるのです。しかし、これが次の5ハウスに移動してしまえば反対になってきます。

1ハウスの水瓶座海王星と120度

4ハウスが終わりかけて5ハウスに近づく時、海王星とトラインになります。すると家にいるよりも、思いつきのまま、ふらっと出かけたくなるということになります。

2ハウスに近い魚座天王星と90度

天王星と月の90度は変化と刺激を求めようとします。つまり天王星はより拾い世界から刺激を取り入れ、それは月のいつも決まり切った機械運動に対してコース変更を要求します。ただしこれは1週ごとに起こるのです。ここでは月は双子座の終わり頃に来ると、海王星や天王星という時代性の影響を取り込むようになり、その勢いで5ハウスに突入するのですから、4ハウスから5ハウスの推移の瞬間、つまり「家を出る」という行為の中に、その印象を持ち込み、住んでいる自分の家に対して、「こんな家は面白くない」という印象を加えてくることにもなるでしょう。

　月はどんなサインでも特定のアスペクトができると考えると、一つのサイン体験の中ですべての惑星の影響を全部持ち込みます。次のサインに入るとまた同じことをしますが、しかしアスペクトの種類が変わります。はじめ90度だったものは、ストレスとして感じても、次のサインに入った時には、今度は120度となり、スムーズな活性化のための題材と受け取られることもあります。

　月は一つのサイン体験の中で、すべての惑星の影響をエーテル体に持ち込むのです。さらに、出生図の惑星とアスペクトができた時には、今度は自分が蓄積しているものを思い出します。このように考えると、月は忙しいのです。日々忙しくいろいろな影響を受けます。

　もし月が四つあるいは七つくらいでもあれば、この一つひとつを拾っていく行為ではなくなり、ポリフォニックに印象が複合されていきます。すると何かに対して怒りを感じたり、不安定になったり、あるいは急に根拠もなく楽しくなったりということは減少して安定します。それは感情が単調になるという意味では

ありません。むしろ豊かさです。

　私たちは一つの感情だけを感じているというのは極めて少ないはずで、同時に複数のものがあり、そのうちにどれかがクローズアップされ、それに「自己同一化」することでその思い一つを重要なものだと思い込んでいます。そうした一つの思いを抱いていると考えるのは間違いだともいえます。なぜなら、慎重に考えてみれば、他の人の感情も住民の感情も、地球全体を覆う感情も、同時に私たちは体験しているからです。月が一つしかなく、順番に惑星一つとアスペクトを作るという体験をすると、たくさんある中の一つを取り上げ、自分はもっぱらそれだけを感じていると思い込んでしまうのです。集団意識の感情は場所によって違うでしょうから、影響を受け止める場所とか住居の違いによってもこれらは変わってきます。

トランジット天体の動きを観察すれば
今まで見えてこなかったものが見えてくる

　エーテル体の安定性や感情の安定性は、まんべんなく食事をすることに似て、生命力の豊かさをもたらします。というのも、一つの感情や印象に順番につかまえられてしまうことは、一つのことをする時に、他のものを排除するという行為をどうしてもしてしまいますから、そこには無意識に否定性が持ち込まれています。今忙しいので、何かに忙殺されていて、その時語りかけてきた何かの話を聞けなかった。これは語りかけてきた者から見ると、そこだけが目に入りますから、無視されたという意味になるのです。それは栄養の取り入れ口を自ら狭くしていることになるのです。

　肉体は一つだけしかないので、行為として同時にたくさんのことをこなすことはできません。しかし、この肉体の単一的な性質にエーテル体まで同時に合わせる必要などありません。エーテル体は広範囲に機能し、そして全方位的に印象を受け取ります。肉体は一つしかないので、「いま、ここ」にしかおらず、今は食事をしている、話をしている、何か書き物をしている、歩いているということになります。エーテル体が肉体にぴったり張りつき、あたかも「エーテル体は肉体の随伴機能である」という体主霊従型の生き方になると、エーテル

体は一つの感情や印象だけに夢中になります。その人のオーラは肉体と同じサイズの小さなものとなります。そして人生の拡大のきっかけを失います。何かをすると他のことは見落とし、人生にたくさんの影を作り出します。

　エーテル体、そして月が持ち込むエーテル物質の扱いをもっと洗練させるとしたら、同時に複数の感情や印象が持ち込まれていることを感じるとよいでしょう。トランジット天体の動きを日々観測すると、一つのことに振り回されていることがよくわかり、そしてそこからもっと自由になることの手がかりも見つかります。感情はぎくしゃくした鋭いエッジを持たなくなります。自分の身体の網の目が均質化して発展すると、今まで見えてこなかったものがたくさん見えてくることになるでしょう。

　また、パワースポットや地球グリッドの支線、レイラインなどに行くとエーテル体の力がチャージされますから、惑星から月に飛び込んで来る影響力も強調されることになります。

　次に、この人物の恒星のパランを見てみます。

	Rise	Upper	Set	Lower
Parans to Mon	07:48	13:06	18:25	01:08
Set - Star Rise	18:26	メンカル		
Set - Star Set	18:25	ズベン・エルシュマリ		

　月はその人の基礎的なエーテル体の部分であり、過去から持ち込んできたものも表します。ここにはメンカルがあります。集団無意識と接触し、そのことで被害を受けたり、また能動的になると、それに影響を与えたりします。個人無意識はもっぱらスアロキンで、集団性はメンカルだと分類するとよいでしょう。うまく使えば多くの人に働きかけることのできるものです。

　ズビン・エルシェマリは社会正義を発揮し世直しに貢献しますが、ズベン・エルゲヌビに比較すると、あまり献身的ではありません。しかし後で見ると、このエルゲヌビもありますから、裏も表も両方揃っていると考えるとよいでしょう。

	Rise	Upper	Set	Lower
Parans to Sun	05:59	11:26	16:52	21:24
Upper - Star Rise	11:27	ファシーズ		

　人生の可能性を発展させる太陽はファシーズだけあります。目的を明確にして鋭く射抜くという性質。また、軍隊的なハードさを持っていることになります。仕事ぶりとか、目的の追求において妥協がなくなるのです。

	Rise	Upper	Set	Lower
Parans to Mer	07:57	12:53	17:49	00:55
Upper - Star Upper	12:53	ズベン・エルシュマリ		
Upper - Star Set	12:51	ポルックス		
Lower - Star Lower	00:55	ズベン・エルシュマリ		

　知性を表す水星では、活動期と晩年にズベン・エルシェマリ。またポルックスがあります。物書きとか分筆、研究関係では、ポルックスは大きな能力を発揮します。例えば、折口信夫のような研究者にして教育者、執筆家の場合には、リゲルとポルックスの組み合わせなどがでてきます。もっぱらポルックスは物書きとしての能力だと思います。そこにズベン・エルシェマリが加わると、それは社会に働きかけるという目的で書いていくことになるでしょう。月に関わるメンカルは多くの人が関与する集団無意識に働きかけるのですから、多くの読者がいるとよいことになります。

	Rise	Upper	Set	Lower
Parans to Ven	07:15	12:26	17:38	00:28
Rise - Star Rise	07:15	ズベン・エルゲヌビ		
Upper - Star Upper	12:27	ズベン・エルゲヌビ		
Set - Star Rise	17:39	カペラ		
Set - Star Set	17:38	ディアデム		

| Set - Star Set | 17:39 | ズベン・エルゲヌビ |
| Lower - Star Lower | 00:29 | ズベン・エルゲヌビ |

　金星には恒星が豊富に関わっています。ズベン・エルゲヌビが頻繁に登場します。社会正義のために、献身的に働きかける恒星です。カペラは動き回ること。
　ディアデムについては、ブレディは有名人にはあまり出てこないといいますが、そのくせ有名人のサンプルで説明しています。身近な人や身近な共同体のために喜んで犠牲になる人という説明がありますが、もちろんこれはズベン・エルゲヌビとミックスされると、この金星が多くの人に貢献するキャラクターということになります。

	Rise	Upper	Set	Lower
Parans to Sat	03:00	09:13	15:02	21:11
Upper - Star Rise	09:13	デネボラ		

　天の川を堰き止めて力を溜め込み、そこに世界卵を作るというのがこのデネブです。そして邪魔する存在に対しては強い攻撃力を発揮します。
　月は基礎で、太陽は発展力、そして土星は最後のまとめや落としどころです。月はメンカルによって大きな集団性と関わります。太陽はファシスで、目的を決めると鋭く推進します。土星は一つの総合的な世界を作り出す。そのためにエネギーを溜め込むことを表します。
　これらを考えるとシャープでハードな人物です。これらの力がより細かい日常の生き方に反映される時のやり方は、太陽系内の通常のホロスコープで細かいことを読めばよいということになります。本人のホロスコープは9ハウスが強化されていますから、物書きなどの仕事ではポルックスがあることが大きく働きます。

6 個人のケーススタディ②
〜会社社長の場合〜

年齢を重ねるごとにアルデバランが強く出る
晩年にはカリスマ的な教育者・指導者となる

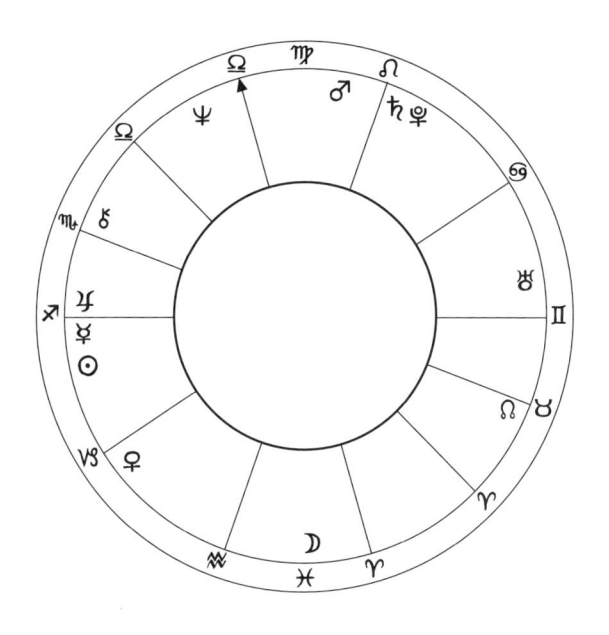

ここではケーススタディ①で取り上げた会社の社長の例を考えてみます。

	Rise	Upper	Set	Lower
Parans to Mon	11:45	17:18	22:50	05:20
Lower - Star Set	05:20	アルデバラン		

個人としての信頼感が強化されています。アルデバランが月とリンクしています。特に年齢を追うごとにこのアルデバランが表面化してきます。

	Rise	Upper	Set	Lower
Parans to Mer	18:22	11:09	15:56	23:07
Rise - Star Upper	06:22	アクルックス		
Upper - Star Lower	11:10	カペラ		
Upper - Star Lower	11:09	リゲル		
Lower - Star Upper	23:08	カペラ		
Lower - Star Upper	23:07	リゲル		

　太陽にリンクする恒星はありません。代わりに水星には豊富に恒星がリンクしています。実用的で着地するアクルックス。移動の動きの速いカペラ。そして教育・研究としては王道のリゲルがあります。

　通常のホロスコープでも、魚座の月は3ハウス。9ハウスには土星と火星があり、特に9ハウス土星は教育者・研究家としては定番的な配置ですから、リゲルも加わるととてもよいはずです。

	Rise	Upper	Set	Lower
Parans to Ven	08:52	13:41	18:30	13:43
Lower - Star Set	13:44	カノープス		

　金星にはカノープスがあり、これは死者を運ぶ船。また案内することや先導することを表します。金星は若い女性のシンボルでもあり、そういう人々を先導すると考えてもよいでしょう。

　ホロスコープでは金星は山羊座で2ハウスにあり、若い女性などは収入源です。その人々を導いて、お金が入るというふうに考えてもよいでしょう。

	Rise	Upper	Set	Lower
Parans to Jup	17:49	10:42	15:35	22:40
Rise - Star Rise	05:47	アンタレス		

　木星にアンタレスがあります。これも交通整理、案内、持ち運ぶものを表し

ます。また竜の力をコントロールする者ということです。こうした活動をすると、多く広がるということになります。

	Rise	Upper	Set	Lower
Parans to Sat	20:52	03:39	10:22	15:37
Rise - Star Set	20:51	ベガ		
Upper - Star Rise	03:39	ズベン・エルシュマリ		
Upper - Star Set	03:41	ファクト		
Set - Star Upper	10:24	アンタレス		

　土星は最後に行き着くところを表します。
　ベガは多くの人を魅了し、カリスマ的な存在となります。晩年に近づくにつれてそうなります。ズベン・エルシェマリは社会教育。ファクトは海図にないところを開拓する。そしてアンタレスは交通整理して、偏りなく網羅することに結びつきます。
　土星は9ハウスに2度前くらいの場所にありますから、9ハウスとみなします。この場所にこれらの恒星が持ち込まれます。会社の本業としては、海図にないところを開拓するファクトが他にないものを打ち出すことになります。そしてアンタレスは混乱を整理し、網の目のように張り巡らされた総合性という観点を打ち出すので、偏らない展開がよいでしょう。
　水星のリゲルを考えると、教育的なものに関わるとよいことになります。この水星と土星はトラインで歩調を合わせています。
　ケーススタディ①の会社の例と比較して、かみ合っているかどうかを読んでみて考えてみてください。

おわりに

　本書は、はじめは太陽系内の惑星の時事的な動きを示すトランジットの惑星のテキストブックの目的で書き始めました。書いている途中から、地球グリッドのことを加えるようになり、さらに恒星のパランについても入れてしまい、はじめの予定から脱線してしまいました。

　私は10代後半から占星術を始めています。ホロスコープというものを目にしてから、40年経過したことになります。初めてホロスコープを知ったのは、高校の帰りにいつも立ち寄る駅ビルの書店で、エル・アストラダムスの小冊子を見た時からです。その時から占星術に関心が向いたのですが、長い間続けていたので、何か節目が来たような気がします。

　私はよく明晰夢のようなものとか、また半眠状態で体外離脱のような体験をします。昨年、太陽系全域に拡張したネットワークを持つ存在めいたものから、「そろそろ太陽系内部から手を引いたらいいのでは」という声を聞きました。あとがきにこんなことを書くのも変ですが、私はその声を聞いて、納得したので、私的にはそれはリアルなメッセージなのです。実際には、「太陽系内から手を引いたらどうだ」というのは、翻訳すると、太陽系内の惑星ばかりを使う占星術の視点をもっと変えてみようよ、という話だと思います。

　手始めに恒星のパランを入れましたが、このパランを計算するだけでなく、先日は、バイノーラルビートを使って、それぞれ参加者に惑星に関わる恒星に飛んでもらうという勉強会をしました。みんな恒星についてはカタカナ名前以外何の情報もないのに正確に見て来ることに驚きました。例えば、デネブを持っている人は、がっちりしたセキュリティーの扉を開けると、内部で卵を作る地下実験室があるのを見たというのです。流れを堰き止めて、世界卵を作るのがデネブです。これは後でそのように説明しましたが、事前には何も聞かされていません。全員がこんな調子で私には大変興味深いものでした。

　たぶん惑星のみでは、今後の時代に要求される次元に満たないのです。昔

は占星術は天空の影響だと思っていましたが、今では惑星だけを使う占星術は、まるで地面に張りついた体系のように見えてしまいます。神話意識ということを考えると、コンステレーションや恒星を取り入れるのがよいのではないかと思います。

エル・アストラダムスの小冊子の話に戻りますが、私はそこに月のことが書いてあるのを見つけて、言葉では表現できない神秘的な感動を味わい、強い衝撃を受けました。月、ダイアナの説明を読んでいる時に、物質とは違う、見えない神秘的な作用というものがこの世にあるのだと感じて、説明そのものはそんなに詳しくなかったのに、そこに激しく惹きつけられたのです。

今思うに、この月の作用はエーテル体のことを示していて、物質に近い非物質的なものであり、惑星の作用とは違う種類のものです。占星術では、確かにそれを扱いますが、しかしもともとは体系的にそんなに詳しくないかもしれません。

その後18歳とか19歳の頃には、当時流行していたコックリさんに私もはまってしまいましたが、それはとても不思議なものでした。確かに誰かが動かしているかのように、私の手を強くひっぱるものがあり、しかも十円玉が描いて出てくる文章は単純でしたが意味のあるものでした。友達と二人でコックリさんをしていて、回答に思わず笑ってしまった時があり、すると、回答者が怒ったのか、腕が痙攣して、テーブルの上にあるものを叩き落としたのです。それにコックリさんに熱中している間、町を歩くと、あらゆる猫が私に対して威嚇してきます。

こうした心霊現象のようなレベルのものは、精神的な成長の足を引っ張るものであり、そうした「低次の」ものに関わってはならないというふうに考える宗教もあります。

これには2種類の姿勢があるのではないかと思います。一つは、こうした低次な情動に関わる領域には接触せず、精神的に高度なものを追求してそれで良しとする人々。

もう一つは、結局どんなものも、ある程度物質的な領域にまで浸透しないこ

とには、成果はやがては失われると考え、この低い領域に関わることもしなくてはならないと考える人々です。前者にはある勘違いもあると思います。関わらないのならば、それはないと考えてしまう姿勢です。

　低次なものに関与しないのならば、それに悩まされることはないというのは道理かもしれませんが、しかし私たちは肉体を持っています。肉体は、この心霊的、低次アストラルのレベル、あるいはエーテル体のレベルよりもさらに振動の低いもので、つまりはより高度な精神と肉体を両方保って生きている間は、そのつなぎ材としての低次アストラル物質はないとみなすことはできないのです。関われば軽くなるけど、無視するとそれは裏側に回って、足を引っ張るものだと思われます。たぶんどんなものも無視したものはすべて影として働きます。

　例えば、長い間精神世界に関わっていた人が、「どんなところにいっても、程度の悪い波動とかに悩まされる。つくづくそんな人ばかりで、私は疲れた。本当にこういう世界に関わるのは嫌だ」といっていました。悩まされているのはその人だけで、他の人には寝耳に水のこともあります。実は反応しているのは当人ですから、当人が持ち抱えているものそのものに悩まされていることを、他の人のせいにしているのですが、これは低次アストラル物質に反発しているからこそ起こるステレオタイプ的な反応です。

　私たちは身体を持っている以上は、それに関わらないことはできないのです。身体は外化されていて対象化していますから、身体の中にある組織のストレスを感じないですみます。精神や感情は内輪にあるもので、それを私たちは内的に感じます。この外にあるもの、内にあるもの、その曖昧な境界線のつなぎ目に、エーテル体、低次アストラル物質などがあり、その境界線は海岸線のように、微妙に変動しています。内面と結びついているので切り離せない、しかし切り離さないと重すぎる。こういうふうにまとわりつくのです。

　昔から低次アストラル的なものを良くない波動という人はたくさんいましたが、こうした考えをする人に共通しているのは、強い自分中心主義です。自分に気

に入らないものはみな良くない波動というわけです。

　最近、私はエーテル体、心霊的に低い振動のレベルに関して、もっと積極的に関わった方がよいと思いました。それはとても生々しい領域です。この領域はたんに、私たちが主体と客体という二極化をする際の、最初のグレーゾーンです。外界にあるあらゆる事物は、もう私たちの主体とは関係なしに、見られるものとして置かれている。私たちはそれらと自分を分離したから、そのような位置関係にあります。

　しかし、主体と客体という二極化をする前の、あるいはする前後の段階では、対象と自分は不可分な関係にあります。この領域を行き来することができると、主体は客体になってみたり、客体は主体になってみたりします。それは十牛図という体系では第八図に当たります。すると、例えば水晶球に、自分が見たいと思う映像を、肉眼で見ることになります。主体が思うものを客体に送り込めるのだから当然です。それができれば、今度は受信状態にすると、そこにくっきりと何かを受信して、その映像を見ることもできます。

　人間が自分の存在の境界線をくっきりと決めた時、つまり世界に始まりと終わりができた時から、この曖昧なグレーゾーンは、主体を押しつぶす危険領域と解釈されるようにもなってきたのです。占星術では、月が最も大きく関与しているということで、本書では月の部分についてはかなりしつこく書くことになりました。

　今回も高木利幸氏にお世話をかけました。トランジット占星術のみの本の予定でしたが、途中から脱線して内容が変わってしまったので、高木氏に相談したところ、「内容は旬のものなので、かまわないですよ」といわれ、「ほんとに？」と思ったのですが、そのまま本になってしまうようです。

　やっぱり今回もびっくりです。

2010年6月6日午前9時、北参道のスターバックスコーヒーにて。

著者紹介

松村 潔（まつむら・きよし）

1953年生まれ。占星術、タロットカード、絵画分析、禅の十牛図、スーフィのエニアグラム図形などの研究家。タロットカードについては、現代的な応用を考えており、タロットの専門書も多い。参加者がタロットカードをお絵かきするという講座もこれまで30年以上展開してきた。タロットカードは、人の意識を発達させる性質があり、仏教の十牛図の西欧版という姿勢から、活動を展開している。著書に『完全マスター西洋占星術』『魂をもっと自由にするタロットリーディング』『大アルカナで展開するタロットリーディング実践編』『タロット解釈大事典』『みんなで！ アカシックリーディング』『あなたの人生を変えるタロットパスワーク実践マニュアル』（いずれも説話社）、『決定版!! サビアン占星術』（学習研究社）ほか多数。

http://www.tora.ne.jp/

トランシット占星術（せんせいじゅつ）

| 発行日 | 2010年9月11日　初版発行 |
| | 2022年8月15日　第6刷発行 |

著　者	松村 潔
発行者	酒井文人
発行所	株式会社 説話社
	〒169-8077　東京都新宿区西早稲田1-1-6
	URL　https://www.setsuwa.co.jp/

デザイン	市川さとみ
編集担当	高木利幸
印刷・製本	中央精版印刷株式会社

© Kiyoshi Matsumura Printed in Japan 2010
ISBN 978-4-916217-86-8 C 2011

落丁本・乱丁本は、お取り替えいたします。
購入者以外の第三者による本書のいかなる電子複製も一切認められていません。